UNITALL

DIE SCHLÜSSEL
DER OFFENBARUNG

– Der geheime Weltkrieg der Illuminaten –

Julian von Salomon

1. Auflage
Oktober 2014

HJB Verlag & Shop KG
Im Kai 1
78259 Mühlhausen-Ehingen
Deutschland
Tel. 0 77 33 – 9 77 34 30
Fax 0 77 33 – 9 77 34 39
www.alternative-realitaet.de
hjb@bernt.de

Dieses Buch erscheint unter dem
eingetragenen Warenzeichen UNITALL®
innerhalb der Reihe *Alternative Realität*

Printed in EU

ISBN 978-3-95634-019-2

Inhaltsverzeichnis

Band 2: Der geheime Weltkrieg der Illuminaten – von Gilgameš bis Obama

Vorwort

Alleine schon die Tatsache, dass Sie sich ein Buch über *Illuminaten* und einen »geheimen Weltkrieg« besorgt haben, zeigt, dass Sie nicht unbedingt alles glauben, was uns in den Mainstream-Medien präsentiert wird und dass Sie bereits auf dem Weg sind, sich ein eigenes, unabhängiges Weltbild zu erstellen. Dieser Wille zur geistigen Freiheit zeichnet Sie gegenüber 99% der übrigen Bevölkerung aus.

Wie ich in diesem Buch zeigen werde, wurden wir alle bereits von Kindesbeinen an mit speziellen Denkmustern indoktriniert, die zwar gut für eine gewisse Machtelite sind, uns jedoch in die psychische und physische Sklaverei führen sollen – und nur wenigen gelingt es, sich aus dieser aufgeprägten Scheinwelt zu befreien. Sie jedoch haben bereits damit begonnen, den Weg in die Freiheit zu beschreiten.

Doch auf diesem Weg lauern vielfältige Gefahren. Wenn man gewisse Erkenntnisse öffentlich ausplaudert, wird man gesellschaftlich ausgegrenzt, wobei das angewandte Verfahren immer das gleiche ist: Wer das System kritisiert, wird als »Nazi« oder – wenn man auch beim besten Willen keine Verbindung zum Nationalsozialismus konstruieren kann – ganz einfach als »Spinner« verleumdet.

Außerdem hat dieser Weg viele Abzweigungen, die nicht zur Wahrheit, sondern in die Irre führen. Natürlich haben diejenigen, die durch Indoktrination dieses System erzeugt haben, ein Interesse daran, dass jeder Wahrheitssuchende scheitert, d.h. eine falsche Abzweigung nimmt, denn auf diese Weise werden zwei Fliegen mit einer Klappe geschlagen:

Der Suchende gelangt nicht zur Wahrheit und er kann aufgrund seines Beschreitens des Irrwegs als Spinner diskreditiert werden.

Die dem Ganzen zugrunde liegende Verschwörung ist 5.000 Jahre alt und sie basiert auf neurobiologischen Erkenntnissen, die der Öffentlichkeit erst seit wenigen Jahrzehnten bekannt sind. Bitte sichten Sie selbst die Indizien und Beweise, die ich in diesem Buch zusammentrage, um diese Behauptung zu stützen. Diese Beweise stützen sich nicht auf »Verschwörungsliteratur«, weil es natürlich fernab jeglicher logischer Konsistenz wäre, eine Verschwörung damit zu begründen, dass jemand anderes die Existenz eben jener Verschwörung behauptet.

Herausragendes Merkmal einer Verschwörung ist, dass sie im Geheimen, d.h. vor der Öffentlichkeit verborgen, also »okkult« ist. Um diesen Zustand des Okkulten aufrecht zu erhalten, sind im Prinzip drei Maßnahmen notwendig: Erstens, die eigentlichen Verschwörer (eine kleine, überschaubare Anzahl involvierter Personen) müssen absolutes Stillschweigen bewahren. Zweitens, die ausführenden Organe (in unserem Falle Millionen Menschen, wie wir sehen werden) dürfen von der eigentlichen Verschwörung nichts wissen.

Sie werden durch neuroplastische Verfahren (erläutere ich noch im Detail) dazu bewegt, die teils massiv gegen ihre eigenen Interessen gerichteten Standpunkte zu vertreten. Drittens, die tatsächliche Verschwörung wird durch ein dichtes Gespinst aus Irrwegen (vorgetäuschte Verschwörungen) verdeckt.

Mit den ersten beiden Maßnahmen befasse ich mich ausführlich im 2. Teil dieses Buches. An dieser Stelle möchte ich auf den dritten Punkt kurz eingehen.

Auf der einen Seite berichten die Medien praktisch jeden Tag von Verschwörungen, definiert als geheimes, d.h. okkultes Bündnis mehrerer Personen, um irgendeinen Plan auszuhecken. Das reicht von trivialen Dingen wie Schwarzarbeit (Verschwörung zwischen Auftraggeber und Auftragnehmer) über Preisabsprachen (Verschwörung konkurrierender Unternehmen) bis hin zu Verschwörungen von globaler Relevanz wie der NSA-Abhöraffäre oder dem Fälschen von Beweisen zum Auslösen eines Krieges, wie z.B. die Massenvernichtungswaffenlüge im Falle des Irakkrieges. Bei den letzten beiden handelt es sich um nachgewiesene Verschwörungen zwischen der amerikanischen Regierung, den Geheimdiensten und der Wirtschaft. Wir können also festhalten, dass Verschwörungen bewiesenermaßen real sind und können uns nur wundern, woher die Arroganz der meisten Journalisten rührt, »Verschwörungstheoretiker« generell als Spinner zu bezeichnen. Diese unzulässige Verallgemeinerung wird pseudologisch durch das die Wahrheit verdeckende Gespinst gerechtfertigt. Denn:

Auf der anderen Seite sehen manche Leute in jeder Abzweigung einen Weg zur Wahrheit und weigern sich beharrlich mit teils haarsträubenden Argumenten, diesen Irrweg wieder zu verlassen.

Übersetzt bedeutet dies, dass sie hinter praktisch jedem Ereignis und jeder gesellschaftlichen Entwicklung eine Verschwörung vermuten und vom Skeptiker den unmöglich zu erbringenden *Beweis* des Gegenteils fordern[1]. Dieses Verhalten wurde recht anschaulich durch die »Bielefeld-Verschwörung« des deutschen Informatikers Achim Held parodiert. Diese Satire postuliert einfach, dass es die Stadt Bielefeld in Wirklichkeit nicht gebe, und wenn jemand das Gegenteil behauptet, sei er eben auch Teil der Verschwörung. Tja, wie soll man dagegen argumentieren?

Leute, die ein solches Argumentationsmuster nicht satirisch sondern ernst meinen, verhalten sich exakt im Interesse der tatsächlichen Verschwörer, denen so Munition für ihre Lakaien (den unwissenden Journalisten) geliefert wird, Verschwörungstheoretiker allgemein als Spinner darzustellen.

Versetzen wir uns nun einmal in die Lage ruchloser Verschwörer, beispielsweise der amerikanischen Regierung und den ihr unterstehenden Geheimdiensten, die sich nachweislich gegen die amerikanische Bevölkerung verschworen haben. Es ist natürlich in deren Interesse, dass Verschwörungstheoretiker

---

[1] Wenn ich behaupte, es gäbe Einhörner, so können Sie unmöglich das Gegenteil *beweisen*.

generell als Spinner gelten. Genau diesen Duktus können wir in den Medien beobachten.

Einerseits wird von Verschwörungen berichtet, die (dummerweise) durch Helden wie Edward Snowden an die Öffentlichkeit dringen, andererseits werden »Verschwörungstheoretiker« wo immer möglich als unseriös diskreditiert. Alleine dieser Widerspruch ist bereits ein starker Hinweis darauf, dass tatsächlich eine die westlichen Regierungen und die Medien beherrschende Verschwörung vorliegt – wohlgemerkt ein *Hin*-, kein *Be*weis.

Vor diesem Hintergrund sind die »Irrläufer« für die tatsächlichen Verschwörer also von hohem Nutzen. Sobald irgendein Detail des Tuns jener Machtelite öffentlich wird, wird denjenigen, die diese öffentlich gewordenen Details zu einem Gesamtbild zusammensetzen wollen, jegliche Seriosität mit Hinweis auf als »Spinner« diskreditierte Wahrheitssuchende abgesprochen, die lediglich einmal falsch abgebogen sind.

Hier wird der natürliche Hang des Menschen (worauf ich in diesem Buch noch ausführlich zu sprechen komme) zur Verallgemeinerung ausgenutzt. Auf Verschwörungstheoretiker bezogen bedeutet dies, dass aus »manche Verschwörungstheoretiker haben eine falsche Richtung eingeschlagen« keineswegs »alle Verschwörungstheoretiker liegen falsch« gefolgert werden kann, was aber durch die Berichterstattung impliziert wird.

Betrachten wir dazu beispielsweise mein Lieblingsthema: die Naturwissenschaften. Wenn es um physikalische Grundgesetze geht, kann man mit noch so viel Geld nicht »falsch« in »wahr« verwandeln oder dauerhaft revolutionäre neue Theorien unterdrücken.

Schließlich kann prinzipiell jedermann an jedem Ort auf der Welt diese Theorien im Experiment überprüfen (Reproduzierbarkeit, das Kernstück seriöser Wissenschaft). Deshalb gibt es auch keine »jüdische« oder »arische« Wissenschaft. Auf einen solchen Gedanken können nur religiös oder ideologisch Verblendete kommen, also die den echten Verschwörern so lieben unfreiwilligen Helfer, nennen wir Sie zur Abgrenzung »Verschwörungsideologen«.

Die »jüdische« Relativitätstheorie beispielsweise wurde durch Millionen Experimente bestätigt und durch kein einziges innerhalb ihres Gültigkeitsbereichs widerlegt. Wer also die Behauptung vertritt, die Relativitätstheorie sei eine jüdische Verschwörung, um was weiß ich damit zu erreichen, der möge einfach ein reproduzierbares Experiment vorlegen, das die Relativitätstheorie als falsch entlarvt.

Als Folge daraus würde die wissenschaftliche Gemeinde nach anfänglichem Zögern (schließlich müssten die entsprechenden Experimente erst einmal reproduziert werden, worauf sich bei einer solchen Sensation Hunderte Forschergruppen stürzen würden) die Relativitätstheorie verwerfen und durch eine bessere Theorie ersetzen, die nicht nur die Millionen vorausgegangenen, sondern zusätzlich auch das »neue« Experiment erklärt.

Ich darf Ihnen, liebe Leser, sogar versprechen, dass Sie für ein die Relativitätstheorie widerlegendes reproduzierbares Experiment den Nobelpreis für Physik bekommen würden.

Wenn jemand behauptet, es gäbe irgendwelche von den *Illuminaten* oder sonst wem unterdrückte Theorien und Technologien von Nikola Tesla[2] oder Viktor Schauberger[3], so ist in

---

[2] Nikola Tesla war ein genialer Physiker, dem wir unter anderem den Zweiphasenwechselstrom zu verdanken haben, der übrigens praktisch zeitgleich von Galileo Ferraris erfunden wurde. Neben seiner Genialität war seine Persönlichkeit jedoch auch von einer Schattenseite geprägt: Er war der geborene Selbstdarsteller und pflegte einen aufwendigen Lebensstil, der ihn in ernste finanzielle Schwierigkeiten bringen sollte. Dadurch wurde er direkt in die Arme des Bankiers J. P. Morgan getrieben. Zu Letzterem lesen Sie bitte Abschnitt 2.4 und urteilen Sie dann, was von den »revolutionären Erfindungen« Teslas zur Freien Energie und anderen Kuriositäten zu halten ist und welchem Zeck diese Behauptungen wohl dienen.

diesem Zusammenhang ein hohes Maß an Skepsis angebracht. Bahnbrechende Entdeckungen werden fast zeitgleich durch mehrere Personen unabhängig voneinander gemacht. Es ist geradezu absurd anzunehmen, jemand hätte vor vielen Jahrzehnten etwas wirklich Revolutionäres entdeckt, was nie wieder von jemand anderem nachvollzogen werden konnte (weil alle anderen dazu wohl zu blöd sein müssen oder allmächtige *Illuminaten* dies unterdrücken).

Etwas wie einen Antigravitationsantrieb oder freie, kostenlose Energie aus dem Nichts ließe sich noch nicht einmal von der *Bruderschaft* zurückhalten. Auch wenn sie den Planeten beherrschen – *allmächtig* sind sie nicht, wobei wir bei dem kleinen, aber feinen Unterschied zwischen absoluter Macht und Allmacht sind (siehe Abschnitt 2.1).

Meine Ableitung der Vril-Technologie[4] – die natürlich nicht von mir stammt, sondern aus meinen Unterlagen –, stützt sich hingegen lediglich auf die Quantenmechanik, die Relativitätstheorie und das Standardmodell der Teilchenphysik – alles Theorien, die millionenfach im Experiment bestätigt und durch

---

[3] Viktor Schauberger war ein österreichischer Förster, der mehr oder weniger intuitiv höchst erfolgreiche Holzschwemmanlagen konstruierte. Dieser Erfolg bestätigte ihn in der Annahme, er habe grundlegende neue Naturgesetze entdeckt, die der übrigen Wissenschaft bislang verborgen waren (und bis heute verborgen sind). Einige Nationalsozialisten (jedoch nicht Hitler, der aufgrund seiner Intelligenz Schauberger durchschaute) griffen diese Selbsteinschätzung Schaubergers dankbar auf, weil sich die Zusammenarbeit mit der Vril-Gesellschaft Ende der 30er Jahre immer schwieriger gestaltete und man hoffte, Schauberger habe den Schlüssel zur Flugscheibentechnologie gefunden. Da die Amerikaner großen Respekt vor den deutschen technischen Entwicklungen hatten und in deren Besitz gelangen wollten, befassten sie sich ebenfalls mit Schauberger nach dem Motto: Wenn sich die Nazis dafür interessierten, muss da was dran sein.

[4] von Salomon (2014), S. 251 ff

keines widerlegt wurden. Das ist eine ganz andere Qualität, als sich mit schwammig definierten Begrifflichkeiten irgendetwas Halbesoterisches zurecht zu spinnen. Witzig ist dabei übrigens, dass dieser Bezug auf bewiesene Theorien von einigen Leuten als »Schulphysik« diskreditiert wird. Die Schule möchte ich sehen, in der die Grundlagen der Sphaleron Baryogenese gelehrt werden.

Kommen wir nun zum Gegenbeispiel: der tatsächlichen Einflussnahme von Verschwörern auf naturwissenschaftliche Ergebnisse. Wenn es nicht um physikalische Grundlagen geht, die eben nicht verfälscht oder unterdrückt werden können, sondern um komplexe Systeme, ist eine solche Einflussnahme zugunsten der Interessen bestimmter Menschen tatsächlich möglich.

Nehmen wir die Hypothese (nicht Theorie!) vom »menschengemachten Klimawandel«. Selbstverständlich haben jene Kreise, die die Billionen empfangen, die für die Maßnahmen gegen den Treibhausgasausstoß ausgegeben werden (müssen), ein beachtliches Interesse daran, dass dieses Geld aus unseren Taschen in ihre fließt.

Bei derartigen Summen brauchen wir uns nicht zu wundern, dass diese Kreise (sie ahnen es: Es handelt sich um die *Bruderschaft)* entsprechenden Einfluss auf die »Forschungsergebnisse« nehmen.

Wie ist das möglich? Die Antwort lautet: Es geht hier nicht um die Entwicklung grundlegend neuer physikalischer Theorien (siehe oben), sondern lediglich um die Anwendung bereits bestehender Theorien, und zwar auf ein in höchstem Maße chaotisches System: das Weltklima.

»Chaotisch« bedeutet dabei, dass viele Zusammenhänge zwischen den physikalischen Zustandsgrößen nicht linear sind. Deshalb führen selbst kleinste Änderungen der Anfangsbedingungen zu riesigen Auswirkungen beim Ergebnis einer Simulation des Weltklimas. Diese starke Abhängigkeit chaotischer

Systeme von den Anfangsbedingungen wird oftmals als »Schmetterlingseffekt« bezeichnet (wenn ein Schmetterling in China mit den Flügeln schlägt, kann daraus Regen statt Sonnenschein in Berlin resultieren).

Folglich kann man durch geringfügige Variation dieser Anfangsbedingungen praktisch jedes gewünschte Ergebnis erzielen.

Das Ergebnis, das eine Wissenschaftlergruppe veröffentlicht, hat jedoch starken Einfluss darauf, ob ihre Forschungen weiter finanziert werden oder nicht. Folglich brauchen wir uns nicht darüber zu wundern, dass diese Forschergruppe die Anfangsbedingungen ihrer Simulation so wählt, dass das Ergebnis im Interesse der Geldgeber ist.

Erkennen Sie die logische Kette bezüglich Verschwörungstheorien? »Klima-Skeptiker« weisen darauf hin, dass die Schlussfolgerung, der Klimawandel sei vom Menschen verursacht, wissenschaftlich auf keinem tragfähigen Fundament steht. Die Hypothese, dass der Mensch schuld ist, kann richtig, aber auch falsch sein.

Folglich ist es ein Irrsinn, Billionen zur Reduzierung des Treibhausgasausstoßes auszugeben, woran die Empfänger der Billionen natürlich ein extremes Interesse haben. Jetzt kommen die Verschwörungsideologen und sagen:

»Seht ihr? Wissenschaft wird für die Interessen einer Machtelite zurechtgebogen (womit die Ideologen Recht haben). Folglich kann man der »offiziellen« Wissenschaft generell nicht trauen (was eine unzulässige Verallgemeinerung darstellt). Deshalb werden uns großartige Entdeckungen (Tesla, Schauberger, Freie Energie) böswillig vorenthalten (was Unsinn ist, siehe oben)«.

Diesen wenig intelligenten Vorwurf der Verschwörungsideologen ziehen wiederum die echten Verschwörer heran und sagen: »Seht ihr? Die ›Verschwörungstheoretiker‹ haben nicht alle Latten am Zaun, denn sie glauben an Freie Energie, Feinstofflichkeit und Implosionsprinzipien[5] (womit die Verschwörer bzw. ihre unwissenden Medienlakaien Recht haben), also sind alle Verschwörungstheoretiker Spinner (was eine unzulässige Verallgemeinerung darstellt), speziell die ›Klimaskeptiker‹«. Auf diese Weise wird jeder, der Zweifel am menschengemachten Klimawandel hegt, sofort in die unseriöse Ecke gestellt. Vielen Dank auch, liebe Freie-Energie- und Feinstoff-Gläubige.

Gibt es ein allgemeingültiges Verfahren, mit dem man Verschwörungsunsinn von echten Verschwörungen unterscheiden kann? Ja. Es handelt sich dabei um die wissenschaftliche Vorgehensweise. Man konstruiert ein Modell der Realität und passt dieses Modell immer wieder reproduzierbaren Beobachtungen an. Falls die Beobachtungen dem Modell direkt widersprechen, verwirft man es sogar komplett und ersetzt es durch ein neues.

Wichtig dabei ist, dass die Beobachtungen von jedermann (zumindest im Prinzip) nachvollzogen werden können, dass die dem Modell zugrunde liegenden Behauptungen also überprüfbar sind. Dabei ist wichtig, festzuhalten, dass immer derjenige, der eine Behauptung aufstellt, in der Nachweispflicht ist, niemals muss jedoch der Skeptiker den Gegenbeweis liefern.

Wer beispielsweise behauptet, Tesla hätte dies oder jenes erfunden, der möge diese Erfindungen bitte vorführen und erklären, wie sie funktionieren. Solange dies nicht erfolgt, haben derartige Behauptungen keinerlei Relevanz für das Modell. Kennzeichnend für ein »gutes« Modell ist, dass es mit möglichst wenigen Grundannahmen möglichst viel erklärt.

Im vorliegenden Buch möchte ich ihnen das Modell vorstellen, dass eine seit 5.000 Jahren existierende Geheimorganisation, genannt *Bruderschaft der Schlange* oder *Illuminaten*, die Herrschaft über diesen Planeten an sich gerissen hat. In diesem

---

[5] Schauberger.

Fall bin ich es, der in der Nachweispflicht ist, dass dieses Modell die Beobachtungen, d.h. den Verlauf der Menschheitsgeschichte und die gegenwärtigen Verhältnisse, sehr gut erklären kann, und ich bin in der Pflicht aufzuzeigen, wie die zugrunde liegenden Strategien der *Bruderschaft* funktionieren.

Mit genau diesen »*illuminierten*« Strategien werde ich mich schwerpunktmäßig im vorliegenden Buch beschäftigen. Dabei werde ich mich an einigen Stellen »ganz bewusst« (um es mit den Worten unserer Kanzlerin zu sagen) wiederholen und zwar, weil die Maßnahmen der *Bruderschaft* zumeist nicht nur einen einzigen Vorteil für diesen Geheimbund haben, sondern gleich mehrere.

Aus diesem Grunde vermischen sich die drei Säulen ihrer Herrschaft: Religion, Finanzsystem und Sozialismus, wobei sie sich gegenseitig stützen. Deshalb kommen bestimmte Aspekte sowohl bei der Diskussion der einen Säule als auch bei der Erläuterung einer anderen zur Sprache. Doch ohne die Strukturierung ihrer Strategie in diese teilweise ineinandergreifenden Säulen wäre eine Durchdringung ihrer auf Verwirrung und Täuschung basierenden Konzepte unmöglich.

Wie ich ausführlich darlegen werde, haben diese religiösen, wirtschaftlichen und politischen Konstrukte die Menschheit in die Sklaverei getrieben. Folglich ist die Lektüre dieses Buches nicht angenehm und mag den einen oder anderen Leser dazu verleiten, es erbost zur Seite zu werfen nach dem Motto: Was nicht sein darf, kann nicht sein! Natürlich möchte ich Ihnen von dieser Vogel-Strauß-Taktik abraten.

Setzen Sie sich mit den Zusammenhängen auseinander, auch wenn's schmerzt! Versuchen Sie, die in Ihnen aufsteigenden Gefühle wie Hass und Verzweiflung zu beherrschen und die Dinge rational zu betrachten.

Das Geschenk dafür ist zunächst einmal die geistige Freiheit, auch wenn ihnen die materielle Freiheit noch eine Weile versagt bleiben wird. Letztere kann erst dann erlangt werden, wenn Erstere von hinreichend vielen Menschen erkämpft wurde. Erst dann ist der Zeitpunkt gekommen, dass die Menschheit sich selbst von dem seit fünf Jahrtausenden von der *Bruderschaft* geführten Weltkrieg befreit – ein Krieg, der oft in spektakulären Schlachten ausgetragen wird, wobei die Beteiligten die wahren Hintergründe der Auseinandersetzung nicht kennen, ein Krieg, der jedoch zumeist durch Unterwanderung und Zersetzung der gesellschaftlichen Strukturen geführt wird, ein Krieg, der nur einem einzigen Zweck dient: dem Ausbau der Macht der *Bruderschaft* über unseren Geist.

Aus diesem Grunde hat es für mich die höchste Relevanz, die Strategien der *Bruderschaft* offenzulegen, wie sie ihre absolute Macht erlangt haben, bis in die Gegenwart aufrechterhalten konnten und weiter ausbauen werden. Nur wenn wir das Spiel der Unterdrücker durchschauen, können wir Gegenmaßnahmen entwickeln.

Der Erfolg des ersten Bandes hat mich zugegebenermaßen überrascht. Natürlich bin ich davon ausgegangen, dass das Buch in einem überschaubaren Kreis Wahrheitssuchender seine Abnehmer findet. Die tatsächliche Resonanz ist jedoch in diesem Ausmaß weder vom Verlag und mir erwartet worden, noch von gewissen Kreisen, die diese Entwicklung mit Interesse beobachten.

Zusätzlich erhielt ich mehrere hundert Leserzuschriften, die ich unmöglich alle beantworten konnte, obwohl ich dies gerne getan hätte. In diesem Fall wäre mir allerdings nicht die notwendige Zeit geblieben, das Ihnen nun vorliegende Werk fertigzustellen.

Die meisten meiner Leser befassten sich ernsthaft mit dem Thema und stellten intelligente Fragen oder machten zielführende Anmerkungen. Von diesen Zuschriften bemühte ich mich anfangs, so viele wie möglich zu beantworten, bis die Flut der Leserbriefe dies nicht mehr zuließ. Nachdem ich das nun vorliegende Buch abgeschlossen habe, werde ich versuchen, zumindest einigen von Ihnen, die Sie sich die Mühe machten, mir zu schreiben, gerecht zu werden.

Der Schwerpunkt meines ersten Buches »Als Agent der Dritten Macht« ist die Offenlegung der tatsächlichen Machtverhältnisse auf unserem Planeten, geprägt durch die beiden Geheimgesellschaften *Bruderschaft der Schlange* und *Artur*, wobei ich mich auf die Geschichte und die Pläne der *Artur*, auch *Deutschtempler* genannt, konzentrierte.

In vielen Zuschriften wurde der Wunsch geäußert, mehr über die *Templer* (die Vorsilbe wird häufig weggelassen, wodurch sich wieder der bis ins 14. Jahrhundert verwendete Name ergibt) zu erfahren, über ihre weiteren Ziele, ihre Lebensweise, ihre Gesellschaftsstruktur und ihre Weltanschauung. Diesem Wunsch werde ich nachkommen – jedoch nicht in diesem und voraussichtlich auch nicht im nächsten, sondern erst im übernächsten Buch.

Ebenso wenig werde ich im Detail das Wirken der verschiedenen Geheimbünde im Verlauf der Menschheitsgeschichte schildern, die natürlich, sofern von Relevanz, entweder der *Bruderschaft* oder den *Templern* untergeordnet waren. Denn zunächst einmal gibt es etwas Wichtigeres zu tun: Während sich die *Artur* weitgehend aus dem gegenwärtigen Weltgeschehen heraushalten (die Gründe dafür legte ich in meinem vorherigen Buch dar), hat die *Bruderschaft* die Weltherrschaft praktisch bereits an sich gerissen.

Mit anderen Worten: Im Gegensatz zu den *Templern* üben die *Illuminaten* einen erheblichen Einfluss auf das Leben jedes Einzelnen aus – ein Einfluss, der sich bis in die kleinsten Details unserer Lebensführung erstreckt. Noch einmal: Nur wer die Strategien der Herrscher durchschaut, kann sich aus der Sklaverei befreien.

Anderen Leserbriefen war deutlich anzumerken, dass ihre Verfasser durch die Lektüre meines ersten Buches eine Erschütterung ihres Weltbildes erfahren hatten. Natürlich fällt es schwer, eine Haltung, die sich irgendwann gefestigt hat, über den Haufen zu werfen und durch eine neue zu ersetzen. Warum uns das so schwerfällt, erläutere ich aus neurobiologischer Sicht zu Beginn von Teil 2. Doch ich kann Ihnen, liebe Leser, aus eigener Erfahrung berichten, dass es eine höchst befriedigende Sache ist, sein Weltbild auf dem Altar der Vernunft zu opfern und durch ein neues zu ersetzen, wenn einem dazu hinreichend gute Argumente geliefert werden.

Mir ist dies schon mehrere Male in meinem Leben passiert – erstmalig als Kind, als ich anfing, die logische Inkonsistenz der mir anerzogenen christlichen Religion zu begreifen, danach regelmäßig in den Gesprächen mit meinem »Vril-Opa«[6], und natürlich im Dezember 2012, als ich in den Besitz des Vermächtnisses meines Großvaters gelangte.

Es waren auch einige wenige Zuschriften darunter, die regelrechte Anfeindungen enthielten. Diese Leute haben schlicht überhaupt nicht verstanden, was ich geschrieben habe, und ich hoffe, dass ich diese Klientel nachhaltig verscheucht habe. Zu meiner Belustigung wurde ich als »Jude« beschimpft, dessen Absicht es sei, die deutsche »Volksgemeinschaft« zu entzweien.

Wer solche Behauptungen aufstellt, ist zweifellos ein leuchtendes intellektuelles Vorbild für uns alle, zumal ich mein Verhältnis zu den abrahamitischen Religionen im ersten Band dargelegt habe – und auf diese archaischen Wüstenreligionen als Herrschaftsinstrument der *Illuminaten* ausführlich im vorliegenden Band zurückkommen werde.

Hinzu kommt, dass ich befürchte, dass die deutsche »Volksgemeinschaft« längst entzweit ist – und zwar in ARD- ZDF- RTL- und Sat1-Gläubige. Immer der gleiche Glaube, nur mal »seriös«, mal »sensationell« aufbereitet. Glücklicherweise ist die Situation nicht ganz so krass, wie ich sie soeben scherzhaft,

---

[6] Nette Umschreibung, liebe »Mozartkugel« (scherzhafter Hinweis auf einen Rezensenten).

jedoch mit durchaus ernstem Bezug, dargestellt habe. Denn, wie gesagt, die Resonanz auf den ersten Band hat deutlich gezeigt, dass es eine weitaus größere Zahl von Menschen als ursprünglich von mir und meinem Umfeld erwartet in diesem unserem[7] Lande gibt, die sich trotz der damit verbundenen Unbequemlichkeiten damit beschäftigen, die Zusammenhänge zu durchschauen. Dazu möchte ich mit dem nun vorliegenden Buch einen weiteren Beitrag leisten.

Doch ich möchte zunächst noch ein paar Worte über das Judenthema verlieren. Einige wenige Leser schrieben mir, dass es doch offensichtlich sei, dass die *Illuminaten* aus Juden bestünden und dass es sich also um eine »jüdische Weltverschwörung« handele (Adolf lässt grüßen). Ich hatte jedoch dargelegt, dass die *Illuminaten* ihren alten Gegner, die Juden, mit exakt derartigen Gerüchten diskreditieren und sogar für die Judenverfolgung, nicht nur im Dritten Reich, gesorgt haben.

Was entspricht nun der Wahrheit? Beobachten wir doch einfach und bilden ein Modell. Dazu ein einfacher Gedankengang: Im Abschnitt 2.2 beleuchte ich unter anderem den himmelschreienden Unsinn, der uns in Form des Alten Testaments von der *Bruderschaft* zwecks Beherrschung des menschlichen Geistes aufgetischt wird.

Falls Sie tatsächlich an eine jüdische Weltverschwörung glauben, lesen Sie bitte besagten Abschnitt und stellen Sie sich dann selbst folgende Frage: Ist es realistisch, dass eine Organisation, die durch geniale Strategien die Herrschaft über den gesamten Planeten erlangt hat, an solch einen Unsinn glaubt, dass sie sich also mit dem Judentum identifiziert?

Ist es nicht wahrscheinlicher, dass die Juden, speziell Israel, selbst Opfer in einem globalen Spiel sind, um Rüstungsausgaben, damit die Staatsverschuldung und somit die Zinszahlungen der Staaten in die Höhe zu treiben (siehe Abschnitte 2.3

---

[7] Ich habe eine Schwäche für Kanzlerfloskeln.

und 2.4)? Glauben Sie wirklich, die über die Welt herrschende »Judenrasse« (um im passenden Jargon zu sprechen, auch wenn der Begriff »Jude« überhaupt keine Rasse bezeichnet) fände es lustig, in einem Land zu leben, in dem an jeder Ecke ein Selbstmordanschlag oder der Einschlag einer Hamas-Rakete stattfinden kann?

Meine Antwort darauf lautet: Nein, »die Juden« lassen sich ebenso wie »die Deutschen« in diesem Spiel der *Illuminaten* instrumentalisieren, weil sie die Hintergründe ebenso wenig verstehen, wie die überwiegende Mehrheit unserer übrigen Mitbürger.

Der Untertitel »von Gilgameš bis Obama« mag auf den ersten Blick verwirren. Unterschiedlicher können Persönlichkeiten kaum sein, mag der eine oder andere Leser denken – der eine ein Gottkönig mit absoluter Macht, der andere eine Marionette der Mächtigen im Hintergrund, die ebenfalls über absolute Macht verfügen. Und genau darin besteht die Gemeinsamkeit:

Es geht um absolute Macht. Im Fall des sumerischen Königs war er es selbst, der diese Macht verkörperte, im Fall des amerikanischen Präsidenten ist es nur ein Trugbild, konstruiert von jenen, die begriffen haben, dass absolute Macht nur aus dem Verborgenen, Okkulten heraus realisiert werden kann (siehe Abschnitt 2.1).

Also schicken sie andere Personen vor, die jedoch nur sehr oberflächlich mit Macht ausgestattet sind.

Der Öffentlichkeit wird verkauft, der amerikanische Präsident sei der mächtigste Mann des Planeten. Tatsächlich gibt es rund 2.500 Männer und Frauen (!), die mächtiger sind.

Dabei handelt es sich nicht nur um die geheimnisvollen *Illuminaten*, die sich ganz oben in der Befehlskette befinden, sondern auch um die ihnen untergeordneten Eliten verschiedener Geheimgesellschaften, Religionen, Regierungen und Unternehmen, speziell der Medien, auf die ich noch zu sprechen kommen werde.

Vor diesem Hintergrund repräsentieren Gilgameš und Obama zwei diametral entgegengesetzte zivilisatorische Ansätze: Der eine beruht auf der Herrschaft der besten Krieger oder der weisesten Männer (der direkte Weg zur Macht), der andere basiert auf der Herrschaft der besten Täuscher, Mitläufer und fähigsten Manipulatoren (der indirekte Weg zur Macht). Letzterer ist jedoch viel risikoloser und langfristiger ausgelegt, wie ich in Abschnitt 2.1 ausführen werde.

Der erste Teil des Ihnen nun vorliegenden Buches beschäftigt sich mit Plausibilitätsbetrachtungen und den vorherrschenden Theorien zur Paläo-SETI-These, die für das Verständnis des Gesamtzusammenhangs von grundlegender Bedeutung ist.

Dabei werde ich nicht versäumen, ausführlich auf das Leben und Wirken des sumerischen Königs und *Artur*-Gründers Gilgameš einzugehen.

Der zweite Teil ist das Kernstück: Er beleuchtet im Detail die Strategien unserer allerliebsten Freunde, der *Illuminaten*, und ihrer Lakaien, wie den amerikanischen Präsidenten.

Natürlich werden nach der Lektüre des ihnen nun vorliegenden Buches Fragen offen bleiben. Ich möchte jedoch zu bedenken geben, dass sich die mir vorliegenden Informationen auf die Hintergründe der gesamten Menschheitsgeschichte beziehen, das Denken, Fühlen und Handeln des Menschen einbeziehen (die Kenntnisse über diese Mechanismen bilden die Grundlage der Herrschaft der *Bruderschaft*) und daher unmöglich auf wenigen hundert Seiten erschöpfend behandelt werden können. Daher denke ich, dass es im Interesse meiner Leserschaft ist, über wichtige Aspekte umfassend informiert statt mit unwichtigen Details zu allen möglichen Themen überschüttet zu werden.

Ich wünsche Ihnen viele erkenntnisreiche und anregende Stunden beim Studium meiner Schilderungen. Und wenn an der einen oder anderen Stelle ihr Weltbild ins Wanken gerät, freuen sie sich doch!

Schließlich ist Erkenntnisgewinn im Hinblick auf ein neues Weltbild (Modell), das sich näher an der Wirklichkeit befindet, eine echte Bereicherung.

Irgendwo in Deutschland – irgendwann im Juli 2014,

Ihr
Julian von Salomon

Einleitung: Baphomet, Spiritualität und Naturwissenschaften

Der erste Schwerpunkt dieses Buches ist der Vergleich alter Überlieferungen mit dem tatsächlichen Hintergrund der Entstehungsgeschichte von *Artur* und *Illuminaten*. Im zweiten, für unser tägliches Leben erheblich bedeutsameren Schwerpunkt wende ich mich den Grundzügen der organisatorischen Struktur der *Illuminaten* und der ausführlichen Enthüllung der Strategien zu, mit denen sie ihre Herrschaft über uns alle immer weiter ausgebaut haben. Natürlich gehört das Anzetteln von offenen Kriegen und brutale Unterdrückung zu diesen Strategien. Doch diese »Methoden« bilden nicht die Basis ihres Erfolges. Die Grundlage ihrer Herrschaft ist die Manipulation des Denkens der Menschen entsprechend ihres Wahlspruchs: »Der perfekte Sklave weiß nicht, dass er ein Sklave ist.«

Das tragende Element zur Manipulation des menschlichen Bewusstseins oder besser: zu dessen Verwirrung, ist die Verkehrung von Wahrheit zu Lüge und umgekehrt. Diesem grundlegenden Prinzip werden wir immer wieder begegnen bei unserer Odyssee durch das Geflecht des 5.500jährigen geheimen Weltkriegs der *Illuminaten* gegen die Menschheit. Dabei werde ich mich bemühen deutlich zu machen, wie tiefgreifend das Denken der »breiten Masse«, nach Orwell der *Proles*[8], durch diese *Illuminaten*-Strategie bereits verwirrt wurde.

Diese Verwirrung des menschlichen Geistes wurde von der *Bruderschaft* sogar personifiziert und wird auch heute noch als Basis ihrer Macht zeremoniell verehrt: Es handelt sich um den Baphomet (Abb. E.1), einer Figur, die angeblich von den Templern angebetet und von Éliphas Lévi Zahed gezeichnet wurde.

---

[8] Orwell (1950)

Abb. E.1: Baphomet nach einer Zeichnung von Éliphas Lévi Zahed.

Diese Figur vereinigt die Gegensätze Mann (Bart) und Frau (Brüste), Mensch und Dämon, damit Gut und Böse, Mensch und Tier. Auf diese Weise wird der grundsätzlichste aller Gegensätze symbolisiert: wahr und falsch, deren Vermischung in der Figur Baphomets die Quelle der Macht der *Bruderschaft der Schlange* darstellt.

Auf den Armen sind die lateinischen Worte »solve« und »coagula« zu lesen. Es handelt sich um alte alchemistische Symbolik, die übersetzt »löse und verbinde« bedeutet. Damit ist gemeint, existierende Denkstrukturen beim Menschen zu lösen und zu einem neuen Zusammenhang (der in die Strategie der *Bruderschaft* passt) zu verbinden.

Alleine schon der historische Hintergrund dieser Figur ist ihrer selbst würdig (damit meine ich, dass ihre historische Grundlage bereits die Wahrheit auf den Kopf stellt). Es sei daran erinnert, dass die Tempelritter zu jener Zeit der weltliche Arm der *Artur*, also der Gegenspieler der *Bruderschaft* waren.

Nachdem die *Bruderschaft* die Gefangennahme der *Templer* am Freitag, den 13. Oktober 1307, durch ihre Handlanger König Philipp IV von Frankreich und Papst Clemens V durchführen ließ, unterstellte man den *Templern* unter anderem Homosexualität und Sodomie.

Um die Schmach perfekt zu machen, erzwangen die Lakaien von König und Papst unter grausamer Folter von einigen *Templern* das Geständnis, Baphomet anzubeten[9], also das Symbol jener Macht, die sie in den Kerker und auf den Scheiterhaufen gebrachte hatte. Umfassender hätte die Erniedrigung nicht sein können!

Dieses für die *Bruderschaft* und ihre spätere intellektuelle Elite, den *Illuminaten*, so wichtige Symbol benutzten sie immer wieder, um ihre besiegten Gegner zu schmähen. Jüngstes Beispiel ist die Herabwürdigung eines ganzen Volkes durch eine

---

[9] Krüger (1997), S. 340-377

solche Schmähung. Wie ich ausführlich darlegte[10] und worauf ich in Abschnitt 2.4 zurückkommen werde, trieben die *Illuminaten* die Welt in den 1. und 2. Weltkrieg mit dem Ziel, Deutschland niederzuwerfen und dessen Bevölkerung in die westliche Sklavenkultur einzugliedern.

Die von der *Bruderschaft* finanzierten Nationalsozialisten (ohne deren Wissen) waren die für die illuminierten Pläne höchst willkommenen Blödmänner an der Spitze des Volkes der Dichter und Denker – ein würdiges Ergebnis der Weimarer »Demokratie«, die für die *Bruderschaft* natürlich das perfekte Umfeld für die Installation *des den illuminierten Zwecken dienenden* Nationalsozialismus war; schließlich wählt das Volk immer, was die *Bruderschaft* will (siehe Abschnitt 2.5).

Nachdem Deutschland fast vollkommen zerstört und der »Umerziehungsprozess« von Nationalsozialisten in Internationalsozialisten, über den noch zu sprechen sein wird, in vollem Gange war, kennzeichnete man die neuen Sklaven ganz offen mit dem Symbol der Macht der *Illuminaten*.

Jeder (Bundes-)Deutsche trug das Zeichen seiner wahren Herrscher auf der Rückseite seines Personalausweises (Abb. E.2). Da es nun einmal in der Natur der Herrschaft der *Illuminaten* liegt, verdeckt zu operieren, änderten sie die Personalausweise wieder ab, als ihnen zu viele Menschen auf die Schliche kamen.

Mittlerweile ist das Internet voll mit Diskussionen darüber, was unser lieber Baphomet wohl auf den Nachweisen unserer Identität zu suchen hatte. Schließlich sind die *Illuminaten* auch nur Menschen (wenn auch besonders geniale), die gelegentlich der Versuchung erliegen, ihren jeweiligen Triumph zu offensichtlich auszukosten.

---

[10] von Salomon (2014), S. 104 ff

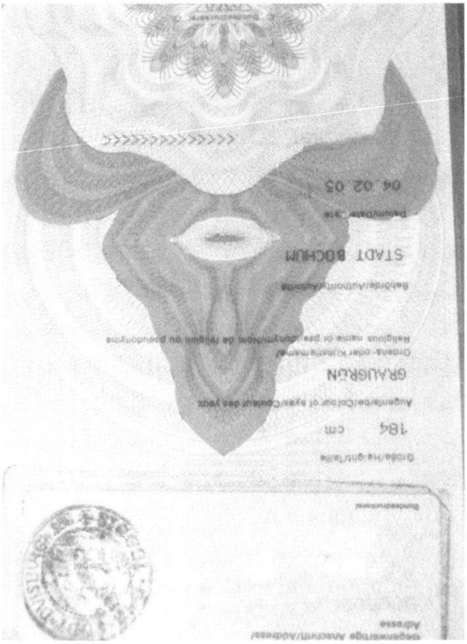

Abb. E. 2: Baphomet als Zeichen des totalen Sieges auf der Rückseite des Bundesdeutschen Personalausweises. Es handelt sich hier um eine neuere Version des Götzenbildes, bei dem die beiden (ursprünglich roten) Augen des Baphomet durch das allsehende Auge der totalen Überwachung (siehe z.B. *Illuminaten*pyramide auf den Dollar-Geldscheinen) ersetzt wurde.

Doch kommen wir zurück zur Bedeutung des Baphomet. Er ist das Symbol für die Vermischung und Vertauschung von Wahrheit und Lüge. Diese Verwirrung bewirkt viel mehr, als dies zunächst scheinen mag. Sie führt nicht nur das (logische) Denken in die Irre, sondern sie untergräbt die Spiritualität des Menschen, d.h. seinen Geist und seine Fähigkeit, die Wahrheit überhaupt zu erkennen.

Dieser Sachverhalt ist von grundsätzlicher Bedeutung und der Kern des okkulten Wissens, das ich Ihnen vermitteln möchte, damit sie die Verblendungsmanöver der selbsternannten Weltherrscher auf Anhieb erkennen können. Dazu möchte ich Ihnen etwas abstraktes Denken zumuten: »wahr« und »falsch« sind zunächst einmal zwei Worte.

Welchen Namen wir den Dingen geben, ändert jedoch nichts an der Natur des betrachteten Gegenstands. Aus diesem Grunde können wir »wahr« auch mit »eins« (1) und »falsch« mit »null« (0) bezeichnen (oder, wenn Sie möchten, auch umgekehrt). Der einzige Vorteil dieser Symbolik ist, dass wir nun besser mit diesen beiden Wahrheitswerten[11] rechnen können[12].

Diese beiden Werte (0 und 1) bilden die Basis des Dualen Zahlensystems, mit dem Computer rechnen, und das eindeutig in das bei uns Menschen gebräuchliche Dezimalsystem hin- und zurückgerechnet werden kann. Man verzeihe mir die vereinfachende Ausdrucksweise.

Die beiden Wahrheitswerte 0 und 1 oder wie auch immer wir sie nennen mögen, sind die elementare Einheit von etwas, das wir »Information« nennen, die Einheit selbst nennen wir »Bit« (ein Bit kann nur zwei Werte annehmen).

Nun schauen wir uns an, was wir überhaupt über unsere Welt wissen können. Unsere Sinnesorgane übermitteln uns etwas über unsere Umwelt.

Diese Übermittlung geschieht auf digitalem Wege (d.h. es werden Einsen und Nullen an unser Gehirn übertragen). Dies bedeutet, dass z.B. bei der Zunahme eines Schmerzes, wenn wir unsere Hand auf eine sich langsam erhitzende Herdplatte legen, nicht etwa die Stärke der von den Nerven übertragenen

---

[11] »Wahrheit« kann zwei Werte annehmen: wahr und falsch, null und eins oder wie auch immer wir diese bezeichnen mögen.

[12] Für Logikfreunde: Es handelt sich um die beiden Wahrheitswerte der Aussagenlogik, auf der die Prädikatenlogik aufbaut, mittels deren ersten Stufe (früher benutzte man die zweite Stufe) man die Peano-Axiome formalisieren kann, die das Fundament für die natürlichen Zahlen bilden.

Signale zunimmt, sondern die Frequenz, mit der die Nervenzellen »feuern«. Richard Dawkins schreibt dazu:

»Alles, was wir von der Welt außerhalb unseres Schädels wissen, erreicht uns über Nervenzellen, deren Impulse knattern wie ein Maschinengewehr. An den Nervenzellen laufen Impulse mit feststehender (oder zumindest keine Bedeutung tragender) Spannung; Sinn entsteht durch die veränderliche Rate der eingehenden Signale.«[13]

Von unseren Sinnen, dem Tasten, Sehen, Riechen, Schmecken und Hören, werden also Nullen und Einsen, d.h. Information an unser Gehirn übertragen. Diese Informationsmenge ist jedoch viel zu groß, um vom Gehirn ohne Weiteres verarbeitet werden zu können. Aus diesem Grunde sind etliche Informationsfilter vorgeschaltet, die den eingehenden Informationsstrom komprimieren (die Kompression verläuft *nicht* verlustfrei) und interpretieren[14].

Der gefilterte Informationsstrom geht dann zunächst durch unsere Gefühlszentren (limbisches System), die entscheiden, ob eine Bedrohung (z.B. ein Raubtier) vorliegt oder wir etwas Erfreuliches (z.B. Nahrung) wahrnehmen, und erst danach gelangen die Informationen in den Teil unseres Gehirns, in dem das Bewusstsein »sitzt« (Frontallappen). Dieser Informationsfluss ist schematisch in Abb. E.3 dargestellt.

Abb. E.3: Der Informationsfluss der Umwelt wird von den Sinnesorganen empfangen, dann von einer Interpretationsschicht (die in den Sinnesorganen lokalisiert sein kann) bearbeitet und mengenmäßig stark reduziert. Danach werden die Informationen an die Gefühlszentren weitergeleitet, die je nach Informationsgehalt sofort körperliche Reaktionen auslösen

---

[13] Dawkins (2007), S. 336

[14] Siehe z.B. Dawkins (2007), S. 337 ff

(z.B. Flucht, Verteidigungsreaktion, Speichelbildung, sexuelle Erregung) und/oder einen Teil der Informationen an das Bewusstsein weitergeben.

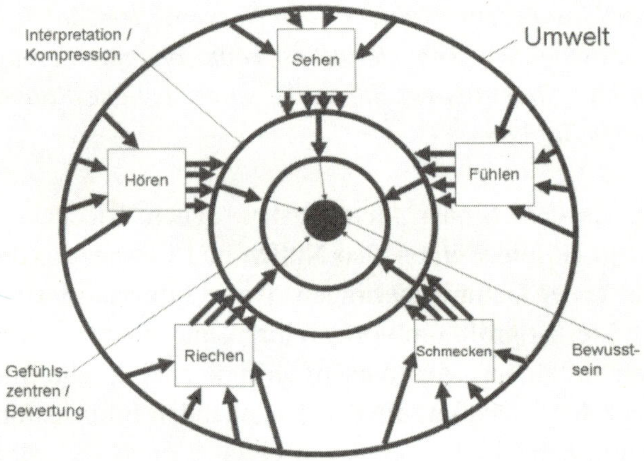

Das Einzige, was wir über unsere Welt, über die »Realität« wissen, ist also, dass Informationen existieren. Alles, wirklich *alles* andere sind Interpretationen dieser Informationen durch unser Gehirn.

Vielleicht eine kleine Zwischenbemerkung an dieser Stelle: Zu unseren lieben Freunden von der *Bruderschaft* komme ich gleich zurück. Um deren Taktiken und Strategien zu verstehen ist es jedoch unerlässlich, dass wir uns ein wenig klarer sind über unsere Existenz, unsere Einbettung in das, was wir »Realität« nennen, und die Funktionsweise unseres Denkens. Schließlich ist es Letzteres, was die *Illuminaten* manipulieren, folglich müssen wir verstehen, wie das funktioniert.

Da wir unsere Umwelt über unsere fünf Sinne also nicht ungefiltert wahrnehmen, sondern über Zwischenverarbeitungssysteme, die Teil unseres Gehirns sind und die Informationen komprimieren und interpretieren, müssen wir uns als Nächstes fragen, ob diese Interpretationen der Realität nahe kommen oder lediglich für unser Überleben (bzw. der Weitergabe unserer Gene) »nützliche« Illusionen sind.

Die Antwort hängt von der Perspektive ab. Aus Sicht der Evolution sind die Interpretationen unseres Gehirns *hinreichend* nahe an der Realität. Schließlich haben sich diese Gehirnfunktionen als Folge der natürlichen Selektion entwickelt, d.h. die Gene jener Vorfahren, die den eingehenden Informationsstrom derart interpretierten, dass ihre Überlebenswahrscheinlichkeit wuchs und sie somit mehr Nachkommen hatten, setzten sich innerhalb der Population durch, weil sie genau diese Gene an eine größere Zahl von Nachkommen vererbten.

An dieser Stelle ist auch folgender Sachverhalt interessant: Gene sind die Baupläne des Körpers eines Lebewesens, inklusive seines Nervensystems und der zentralen Schaltstelle, dem Gehirn, d.h. Gene sind auch nicht mehr und nicht weniger als Information.

Die Interpretationsmechanismen, die sich in der Evolution durchsetzten, waren also diejenigen, die das Überleben in der Umwelt unserer Vorfahren begünstigten.

Diese Umwelt besteht aus mittelgroßen Objekten, die sich mit mittlerer Geschwindigkeit bewegen. Abb. E.4 visualisiert die Größenordnungen der »Realität« in logarithmischer Darstellung.

Die Planck-Länge ($\approx 10^{-35} m$, entspricht 0 Komma 34 Nullen und eine 1) ist die kleinste physikalische Länge. Hypothetische Objekte, die kleiner sind, sind nicht mehr Teil unseres Universums, also außerhalb unserer »Realität« (das mag der Anschauung, d.h. den evolutionär entwickelten Interpretationsmechanismen widersprechen, hat aber tiefgreifende physikalische Gründe, deren Erläuterung hier zu weit führt).

Der Radius des beobachtbaren Universums ($\approx 10^{27} m$, entspricht einer 1 mit 27 Nullen) ist die größte Entfernung, die ein

Objekt von uns haben kann. Ein hypothetisch weiter entferntes Objekt kann mit uns nicht wechselwirken und kann auch in der Vergangenheit niemals mit uns wechselgewirkt haben (wegen der Lichtgeschwindigkeit als Grenzgeschwindigkeit) und ist deshalb außerhalb unserer »Realität«[15].

Das bedeutet, das Universum (= unsere »Realität«) ist rund 10^{24} mal so groß wie die größten Dinge (im Bereich Kilometer), die wir bewusst wahrnehmen können. Das ist eine 1 mit 24 Nullen, also eine Milliarde mal eine Milliarde mal eine Million.

Außerdem ist die Realität bis zu 10^{32} mal kleiner als ein Floh, der Größenunterschied ist also noch 100 Millionen mal größer als der Größenunterschied Mensch – Universum.

Worauf ich hinaus will: Für unser Überleben ist nur der winzigste Teil eines winzigen Teils der gigantischen Realität von Bedeutung. Und auf diesen mikroskopisch kleinen Ausschnitt der Wirklichkeit sind die Interpretationsmechanismen unseres Gehirns durch die natürliche Selektion optimiert worden.

Abb. E.4 auf der nächsten Seite: Die Größenordnungen unserer Realität in logarithmischer Darstellung der Einheit Meter (m). »-35« bedeutet also $10^{-35}m$.

Der für das Überleben der Menschen relevante Ausschnitt ist so klein, dass man ihn nur in dieser logarithmischen Darstellung überhaupt sichtbar machen kann.

---

15 Das bedeutet, es ist irrelevant, ob ein Objekt in einer Entfernung von mehr als $\approx 10^{27}m$ existiert oder nicht, weil wir prinzipiell keine Möglichkeit haben, es wahrzunehmen. Es kann *keinerlei* Einfluss auf uns ausüben.

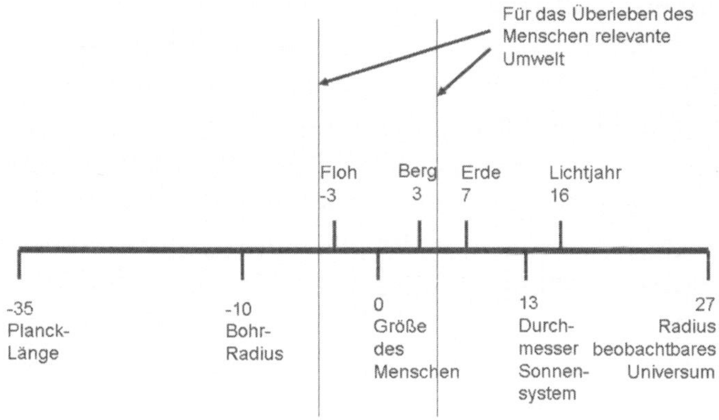

Wie bereits erwähnt, sind die Interpretationsmechanismen unseres Gehirns das, was wir »Anschauung« nennen. Größenwahn war schon immer kennzeichnend für menschliches Denken. Es war gängige Meinung, unser kleiner Heimatplanet sei das Zentrum des Sonnensystems, das wiederum der Mittelpunkt des Universums sei.

Viele von uns glaubten sogar (und einige glauben das immer noch), dass ein allmächtiger Gott eine Primatenart (uns) nach seinem Ebenbild geschaffen hat. Die Krönung menschlicher Selbstüberschätzung ist jedoch, dass viele von uns glauben, dass sich die Realität gefälligst nach unseren Anschauungen, gewonnen aus dem äußerst beschränkten Bereich unserer Wahrnehmung, zu richten habe.

Deshalb schauen viele wie ein Ochse, der in vollem Lauf gegen einen Brückenpfeiler gerannt ist, wenn sie zum ersten Mal vom seltsamen Verhalten der Realität außerhalb ihrer beschränkten Anschauung erfahren.

In kleinen Größenordnungen, weit unterhalb derer eines Flohs, folgt die Natur den Gesetzen der Quantenmechanik. Objekte verhalten sich als Teilchen (ein Begriff unserer Anschauung), manchmal jedoch als Welle (ein anderer Begriff unserer Anschauung). Objekte können (scheinbar) an zwei Orten gleichzeitig sein[16] und sie können Hindernisse überwinden, für die sie »eigentlich« nicht genug Energie haben[17], um nur zwei »Kuriositäten« zu nennen. Trotzdem beschreibt das abstrakte mathematische Gerüst das Verhalten der Natur in kleinen Dimensionen perfekt, folglich kommt dieses Gerüst der Realität erheblich näher als unsere Primaten-Anschauung.

Nicht umsonst merkte der große Physiker und Nobelpreisträger Richard Feynman dazu an:

»Wer glaubt, die Quantentheorie verstanden zu haben, hat sie nicht verstanden.«

Ähnlich verhält es sich mit der Relativitätstheorie, die das Verhalten der Realität im sehr Großen beschreibt. Da gibt es so seltsame Dinge wie: Die Zeit verläuft langsamer, wenn man sich schneller bewegt, und der Raum selbst zieht sich vor dem Bewegten zusammen. Verrückt, oder? Überhaupt nicht!

Diese Effekte wurden durch unzählige Experimente bestätigt und durch kein einziges widerlegt. Offensichtlich ist es so, dass unsere Anschauung von Raum und Zeit ziemlich von der Realität abweicht. Und das wird auch noch in geradezu lächerlicher Weise als »gesunder Menschenverstand« bezeichnet.

Warum ist das so? Weil es für das Überleben unserer Vorfahren bzw. der Weitergabe ihrer Gene von keinerlei Bedeutung war, auf der einen Seite eine Anschauung von Elektronen oder dem Aufbau von Atomen zu haben und auf der anderen Seite ein realistisches Bild sich nahe der Lichtgeschwindigkeit bewegender Objekte und kosmischer Entfernungen aufzustellen. Folglich haben sich entsprechende Interpretationsmechanismen (= »Anschauungen«) für diese Dinge nicht entwickelt

---

[16] Für Physiker: Man denke an den Doppelspaltversuch mit Elektronen.

[17] Tunneleffekt, siehe z.B. von Salomon (2014), S. 259 ff

und wir müssen uns allein auf unser abstraktes, logisches Denken, sprich die Anwendung von Mathematik verlassen. In diesem Zusammenhang ist es interessant zu erwähnen, dass mehrere Leser in ihren Briefen an mich kritisierten, dass der von mir skizzierte Vril-Antrieb durch Neutrino-Rückstoß doch gar nicht funktionieren könne, weil Neutrinos eine viel zu geringe Masse für die dazu notwendige Impulsübertragung hätten.

Dies ist ein schönes Beispiel für die zwar anschauliche Denkweise der klassischen Mechanik (die für mittlere Größenordnungen und mittlere Geschwindigkeiten ganz ordentliche Ergebnisse liefert), die jedoch für hohe Geschwindigkeiten, wie die der Neutrinos, schlicht zu Fehlschlüssen führt.

Tatsächlich ist der Impuls eines Teilchens *ohne* Ruhemasse, Anschauung hin oder her, durch dessen Energie dividiert durch die Lichtgeschwindigkeit gegeben, wie ich ausführlich aus der Relativitätstheorie ableitete[18] und man auch in Physikbüchern über die Relativitätstheorie nachlesen kann.

Zusätzlich wurde diese Beziehung zwischen Teilchenimpuls und -energie in einer Vielzahl von Experimenten bestätigt, speziell bei Photonen (Lichtteilchen), deren Ruhemasse ebenfalls Null ist.

Anwendung findet diese Energie-Impulsbeziehung z.B. bei Sonnensegeln, die die Beschleunigung eines Satelliten oder einer Raumsonde durch den Strahlungsdruck der Sonne (Impulsübertragung der Photonen auf das Sonnensegel) ermöglichen.

Die materialistische Weltanschauung[19], die sich hier im falschen Glauben an die Gültigkeit der klassischen Mechanik über die Grenzen unserer beschränkten Wahrnehmung der Realität hinaus äußert, führt auch in vielen anderen Lebensbereichen zu

---

[18] von Salomon (2014), S. 272 f, dort Gl. A2.5.

[19] Damit meine ich die Bedeutung, die Materie (Masse, ein Interpretationskonstrukt unseres Gehirns) im Rahmen dieser »Anschauung« fälschlicherweise zuteilwird.

fatalen Fehlschlüssen, wie wir in Teil 2 sehen werden. Und genau dieses falsche Verständnis der Realität wird aus verschiedenen Gründen von den *Illuminaten* gefördert:

a) Das Festhalten an Anschauungen wie Masse und Materie verhindert den Fortschritt der Physik und sichert somit den Abstand zwischen der »offiziellen« Technologie (d.h. die Technologie der *Proles*) und der Technologie der *Illuminaten*, die Letztere auf Basis ihres groben Wissens über die Vril-Technologie und aus den Trümmern abgestürzter Flugscheiben[20] der *Artur* zu entwickeln suchen.

b) Die Fokussierung der *Proles* auf materiellen Reichtum macht sie zu Sklaven der *Illuminaten* (siehe Kap. 2), weil sie sich durch ein paar geniale Tricks die Kontrolle über das Geld verschafft haben (Abschnitte 2.3 und 2.4). Im Gegensatz zum Materialismus führt geistiger Reichtum (Information) aus der Sklaverei heraus.

Und an dieser Stelle kommt unser alter Bekannter Baphomet wieder ins Spiel: Ausgerechnet die Naturwissenschaften werden von den *Illuminaten* als materialistisch verunglimpft. Das ist die perfekte Verdrehung der Wahrheit.

Wie ich darlegte, bezieht sich Naturwissenschaft ausschließlich auf *Information*, der Verknüpfung von *Information* (Mathematik) und liefert auch nichts anderes als *Information*. Konstrukte wie »Materie« sind lediglich Interpretationen unserer auf die Umwelt unserer Vorfahren optimierten Gehirne.

Schauen wir uns zum Abschluss dieses Abschnitts die Natur von Information genauer an. Wie erwähnt, kann Information

---

[20] von Salomon (2014), S. 157 ff

zwei Werte annehmen: 0 und 1[21]. Mit diesen Nullen und Einsen lassen sich alle möglichen Dinge abspeichern, die wir von unserer Umwelt wahrnehmen können (weil unsere Wahrnehmungen nichts anderes als Informationen sind): Bilder, Videos, Sprache, Geräusche, Musik und im Prinzip auch Gerüche, Geschmack und Tastinformationen.

Diese Daten, nehmen wir als Beispiel ein Musikstück im mp3-Format, kann man auf unterschiedlichen Substraten abspeichern. Ändert sich das Musikstück, ob wir es auf einem USB-Stick, einer CD oder einer Festplatte abspeichern? Natürlich nicht. Information ist vollkommen unabhängig vom Substrat, d.h. sie ist vollkommen immateriell.

Ist das nicht genau das, was wir unter »Geist« verstehen? Ist Bewusstsein nicht ebenfalls immateriell? Genau das ist es. Wir wissen, dass die Nervenzellen digital, also im Prinzip über Nullen und Einsen, miteinander kommunizieren. Und wir wissen auch, dass sich die Verbindungen zwischen den Nervenzellen beim Denken verändern. Sind Denken und Bewusstsein also Programme?

Lassen Sie mich vor der Beantwortung dieser Frage die Begrifflichkeiten genauer definieren. Ein Programm verarbeitet Informationen nach festen oder variablen Regeln. Diese Regeln sind wiederum nichts weiter als Informationen, d.h. Programme bestehen auch nur aus Nullen und Einsen.

Nun zur Antwort: Ja, das kann man so sehen. Sind unsere Gehirne also hochentwickelte, durch natürliche Selektion entstandene Computer? Dies ist eine sehr perfide, nach *Illuminaten*manier gestellte Frage, weil unsere bisherigen Erläuterungen auf ein »Ja« schließen lassen, wir mit dem Begriff »Com-

---

[21] Genau genommen ist auch ein dritter Wert bei rückbezüglichen Aussagen möglich: unentscheidbar. Wer sich näher mit diesem Thema beschäftigen möchte, sei auf Bücher zur Aussagenlogik verwiesen. Zu wesentlicher Bedeutung für die Mathematik kommt dieser Sachverhalt im Zusammenhang mit »Gödel's Theorem«.

puter« jedoch (zurecht, wie wir gleich sehen werden) seelenlose Maschinen verbinden – und mit so etwas möchten wir uns schließlich nicht identifizieren.

Im Prinzip könnte man genauso gut die Frage stellen: Ist ein Auto ein Haufen aus Metall, Gummi und Kunststoffen? Selbstverständlich ist ein Auto viel mehr als das und es ist erheblich komplexer als ein beliebig zusammengewürfelter Haufen der erwähnten Materialien.

Ähnlich verhält sich Gehirn zum Computer. Beides sind informationsverarbeitende Systeme, doch unser Gehirn kann erheblich mehr als die primitiven Computer, die auf und unter unseren Schreibtischen stehen. Es kann selbstständig denken und es beherbergt Bewusstsein. Dann stellt sich nun die Frage, wenn sowohl Gehirn als auch Computer informationsverarbeitende Systeme sind, warum entsteht im Gehirn Bewusstsein und im Computer nicht?

Aus dem gleichen Grund, warum man mit einem Haufen Metall und Kunststoff nicht fahren kann. Die genauere Antwort liefert uns ein seltsames Phänomen, das sich »Emergenz« nennt.

Denken wir dazu an ein Wassermolekül. Es hat eine ganze Reihe von physikalischen Eigenschaften, »flüssig« gehört jedoch nicht dazu. Zwei oder zwanzig Wassermoleküle zeigen immer noch nicht die Eigenschaft »flüssig«, Millionen Wassermoleküle hingegen schon – unter bestimmten Bedingungen (Druck und Temperatur müssen in einem klar abgegrenzten Bereich liegen, ansonsten zeigen die Wassermoleküle die Eigenschaften »fest« oder »gasförmig«).

Unter Emergenz versteht man genau dieses Phänomen, dass ein System plötzlich neue Eigenschaften zeigt, die die einzelnen Bestandteile des Systems nicht haben.

So zeigt ein Haufen aus Metall, Gummi und Kunststoffen nicht die Eigenschaft »man kann damit fahren«. Werden die Komponenten jedoch auf spezielle Art zusammengesetzt, so entsteht ein Auto mit genau dieser Eigenschaft. Ähnlich verhält es sich mit dem Gehirn. Weder Informationen noch die einzelnen sie verarbeitenden Nervenzellen haben Bewusstsein. Eine große Menge auf spezielle Weise verschalteter Nervenzellen bringt jedoch diese neue Eigenschaft hervor. Bewusstsein ist also ein Emergenz-Phänomen und es ist vollkommen immateriell, weil es aus Information besteht. Ich finde, damit sind wir ziemlich nah bei dem, was man unter »Seele« versteht.

Zum Abschluss möchte ich noch auf ein weiteres Gerücht zu sprechen kommen, das die *Illuminaten* in die Welt gesetzt haben, um die Wissenschaft und das Denken der *Proles* zu behindern. Schließlich würden die *Proles* zu einer ernsten Bedrohung für die *Bruderschaft*, wenn sie endlich anfangen würden die Realität zu verstehen und somit auch ihr Sklavendasein zu erkennen.

Es handelt sich um das Gerücht, naturwissenschaftliches Denken bestünde aus reiner Rationalität, d.h. kalter Logik. Wenn dem so wäre, könnten Computer neue Naturgesetze durch stures Berechnen entdecken. Dies ist jedoch noch niemals vorgekommen (und *kann* auch niemals vorkommen).

Wir Menschen – zumindest einige von uns – haben jedoch offensichtlich die Fähigkeit, diese Gesetzte, d.h. die Struktur der Realität, sogar außerhalb unserer angeborenen »Anschauungen« zu erkennen.

Der Gedanke liegt nahe, dass dies etwas mit unserem Bewusstsein zu tun haben könnte, das uns von den Computern unterscheidet. Dem ist nicht so. Denn es gibt auch noch eine weitere Eigenschaft, die durch Emergenz in unseren Gehirnen entstanden ist, die den meisten von uns jedoch weniger auffällt als unser Bewusstsein.

Diese Eigenschaft wird »Vorbewusstsein« oder »Intuition« genannt. Während das Bewusstsein im vorderen Bereich des Cortex lokalisiert ist, befindet sich der intuitive Teil im mittleren und hinteren Bereich.

Dieses Vorbewusstsein ist der Hort unserer Kreativität. Kein Wissenschaftler kann bewusst (!) erzwingen, einen neuen Sachverhalt, ein neues Gesetz zu finden – egal wie rational und logisch klar er denkt. Dazu braucht er eine zündende Idee, die ihren Ursprung im Vorbewusstsein hat.

Dort werden Verknüpfungen zwischen neuronalen Mustern erzeugt, die zuvor in keiner Beziehung zueinander standen und gerade durch diese Verknüpfung plötzlich Sinn machen. Man kann dies so verstehen, dass durch unbewusste Intuition Emergenz im Gehirn erzeugt wird, d.h. zwei Sachverhalte zeigen durch ihre Verknüpfung eine völlig neue, unerwartete Eigenschaft und genau diese Eigenschaft ist die Lösung für das Problem, über das der Wissenschaftler nachgedacht hat.

Es scheint fast so, als sei dieses Vorbewusstsein, d.h. unsere Intuition, auf eine bislang nicht verstandene Weise mit der Realität, also der Struktur des Universums verknüpft.

Genau diese Verbundenheit mit der »Schöpfung« spürt man, wenn man, entsprechende Fähigkeiten und Training vorausgesetzt, durch Meditation die Grenzen zwischen Bewusstsein und Vorbewusstsein überwindet. Auf diese Weise erreicht man das, was man eine »höhere Bewusstseinsebene« nennt. Menschen, die bereits auf diese geistige Reise gegangen sind, erkennen, dass Dinge wie Materie Trugbilder sind und sie sind somit nicht länger empfänglich für die Rattenfängerei der *Illuminaten*.

Diese Dualität von Bewusstsein und Intuition unterscheidet uns von Computern, d.h. diese beiden Emergenz-Phänomene des Gehirns machen uns zu Wesen, die in der Lage sind, die Realität um uns herum zu verstehen. Das eine wäre ohne das andere nutzlos.

Reine Logiker wären niemals in der Lage, etwas Neues zu entdecken, und rein intuitiv denkende Wesen wären sich ihrer selbst nicht bewusst und könnten ihr Denken nicht in geordnete Bahnen lenken. Oder mit anderen Worten:

Die Verschmelzung von Logik und Intuition führt zu echter Spiritualität statt zu religiöser Illusion.

Selbstverständlich versuchen die *Illuminaten,* diese Wahrheiten vor den *Proles* zu verbergen. Dazu verdrehen sie die Tatsachen, versinnbildlicht durch Baphomet, und verschaffen ihren Sklaven die Illusion materieller Ersatzbefriedigung, nachdem die religiöse Illusion eines kleinlichen Rachegottes (siehe Abschnitt 2.2) durch die von den *Artur* betriebene Aufklärung empfindlichen Schaden genommen hatte.

Doch bevor wir uns in Teil 2 dieses Buches den illuminierten Strategien zuwenden, möchte ich zunächst in Teil 1 den historischen Hintergrund der Entstehung der beiden Geheimgesellschaften mit den allgemein zugänglichen Überlieferungen vergleichen.

Teil 1: Außerirdische Besucher vor 5.500 Jahren? - Plausibilitätsbetrachtungen

In meinem Buch »Als Agent der Dritten Macht« habe ich die Ursache für die Entstehung der Hochkulturen im Überblick geschildert. Im ersten Teil des Ihnen nun vorliegenden Buches möchte ich allgemein zugängliche Hinweise und logische Argumente aufführen, die meine Behauptungen über den Besuch der *Alderaaner* vor 5.500 Jahren und ihren Krieg gegen die *Dragonen* untermauern. Zunächst möchte ich noch einmal die wichtigsten Ereignisse zusammenfassen, wobei ich nochmals darauf hinweise, dass das Jahr 0 auf das falsche Geburtsjahr Christi bezogen ist, um unsere gegenwärtige Zeitrechnung beizubehalten (Jesus wurde demnach im Jahre -7 geboren, also 7 Jahre vor dem Beginn unserer Zeitrechnung).

-4.192: Die menschenähnlichen *Alderaaner* (Heimatsystem: Epsilon Eridani, Heimatplanet: Alderaan) starten eine Erkundungssonde zum 5,9 Lichtjahre entfernten Nachbarsystem Tau Ceti. Sie finden dort einen Planeten, der von seinen intelligenten schlangenähnlichen Bewohnern Dragon genannt wird.

-4.178: Die Sonde erreicht Dragon.

-4.152: 5.000 *Alderaaner* brechen mit einem Generationenraumschiff in der Form eines Speichenrades nach Tau Ceti auf.

-4.033[22]: Die 5.000 *Alderaaner* erreichen Dragon. Sie unterrichten die gelehrigen *Dragonen*.

-3.801: Die *Dragonen* haben einen technisch nur noch geringfügig geringeren Stand als die *Alderaaner* erreicht. Sie lassen die Maske des gelehrigen Schülers fallen und vernichten das alderaanische Generationenraumschiff im Orbit ihres Planeten.

---

[22] Im Buch »Als Agent der Dritten Macht« wird die Jahreszahl -4.133 angegeben, wobei es sich um einen Druckfehler handelt. Ich bitte, dies zu entschuldigen.

-3.795: Die friedliebenden *Alderaaner*, unfähig, eigenhändig intelligente Lebewesen zu töten, schicken eine eilig gebaute Roboterflotte nach Dragon, um der Bedrohung Herr zu werden. Die *Dragonen* rüsten sich derweil zum Angriff auf Alderaan.

-3.775: Drei Generationenraumschiffe brechen von Erisant (alderaanischer Name für Epsilon Eridani) nach Sol (unserer Heimatsonne) auf. Beobachtungssonden haben gezeigt, dass auf dem 3. Planeten (also der Erde) eine halbintelligente Hominidenart wohnt. Die *Alderaaner* planen, die Menschen genetisch zu verändern, um sie als Kriegerrasse nutzen zu können, falls der Roboter-Angriff auf Dragon scheitert.

-3.757: Die *Dragonen* haben die Erde ebenfalls entdeckt. Ihre Angriffsflotte ist fertiggestellt. Sie entsenden 25 Schiffe zum Angriff auf Alderaan und 5 zur Erde, weil sie den Plan der *Alderaaner*, die Erde für sich zu nutzen, vorhergesehen haben.

-3.565: Die *Alderaaner* erreichen die Erde. Sie bauen »Rekrutierungszentren« auf dem Festland zwischen Dänemark und Großbritannien, Schweden und Ostpreußen (Atlantis), in Kiš (Mesopotamien) bei Gizeh in Ägypten, in Mohenjo Daro (Pakistan) und in Yin (China, im Nordwesten von Anyang, Provinz Henan). Stützpunkte ohne Zutritt für Menschen werden in der Antarktis (Neuschwabenland), im Berg Mašu (Iran), in der Nähe der späteren Inka-Festung Sacsayhuamán oberhalb von Cusco (Peru) und im Himalaya, heutiges Tibet, errichtet.

-3.444: Die *Dragonen*flotte trifft im Erisant-System ein.

-3.434: Die Funkwellen aus dem Erisant-System, losgeschickt zum Zeitpunkt der *Dragonen*-Invasion, erreichen die Erde. Dort erfahren die *Alderaaner*, dass 23 der 25 Angriffschiffe des Feindes vernichtet werden. Die verbliebenen beginnen jedoch mit dem Bombardement Alderaans. Die Funkverbindung reißt ab. Auch von den beiden Trägerschiffen der *Dragonen* fehlt fortan jede Spur. Daher wird vermutet, dass Alderaan vollständig zerstört wurde, wobei die vollautomatischen planetaren Abwehrforts die verbliebenen Trägerschiffe mit in den Untergang rissen. Ob dies der Wahrheit entspricht, ist bis heute nicht abschließend geklärt.

-3.429: Ein Kriegsschiff mit 50.000 *Anunnaki* (genetisch veränderten Menschen) an Bord tritt die Reise nach Dragon an. Ziel ist die endgültige Vernichtung der Drachenartigen.

-3.191: Die *Anunnaki* treffen im Hades-System (Tau Ceti) ein. Dragon, sämtliche orbitalen Fabriken und die Kriegsschiffe beider Seiten werden vollständig vernichtet. Mögliche Überlebende in Flugscheiben der *Dragonen* haben keine Stützpunkte mehr in Reichweite und sind deshalb dem Untergang geweiht.

-3.151: Die 5 dragonischen Träger erreichen nach rund 600jährigem Flug die Erde. Es beginnt die Schlacht um Terra. Atlantis (im Gebiet der heutigen Nord- und Ostsee) geht unter. Ins Meer stürzende Raumschiffe lösen Tsunamis aus (Sintflut). Vril-Bomben vernichten die Rekrutierungszentren. Die überlebenden *Alderaaner* ziehen sich in ihre Basen im Berg Mašu, im Himalaya und der Antarktis zurück (ihre südamerikanische Basis wurde vernichtet). Es überleben auch einige mit ihren Flugscheiben abgestürzte *Dragonen.* Einer Gruppe gelingt es, mehrere *Anunnaki* für sich zu gewinnen und mit einer instand gesetzten Flugscheibe nach Mittelamerika aufzubrechen. Aus ihnen entwickelt sich die *Bruderschaft der Schlange* (die heutigen *Illuminaten*).

Die übrig gebliebenen, sich selbst überlassenen *Anunnaki* bilden später unter dem sumerischen König Gilgameš die *Artur* (im weiteren Verlauf *Templer* genannt, dann *Deutschtempler* mit dem wissenschaftlichen Arm *Vril-Gesellschaft*).

Soweit die Ereignisse im Schnelldurchlauf. Wenden wir uns nun den historischen und geologischen Belegen zu, die zusammen mit ein paar logischen Argumenten meine Behauptungen massiv stützen.

1.1 Das Killerargument

Zunächst einmal möchte ich Ihnen erläutern, warum ich in die Überschrift dieses Abschnitts den Anglizismus »Killer« eingebaut habe. Die deutsche Übersetzung »Mörderargument« wäre verwirrend. Damit könnte die vorgehaltene Pistole gemeint sein, die jedes Argument auf wundersame Weise verstärkt. Das meine ich hier jedoch nicht. Ein »Killerargument« beruht auf Annahmen, die von jedermann (relativ) leicht als zutreffend nachvollzogen werden können, und liefert eine daraus logisch geschlossene Aussage, die dementsprechend schwer bis überhaupt nicht logisch widerlegbar ist.

Hier nun meine nachvollziehbaren zwei Annahmen, die ich für die Ableitung meines Killerarguments benötige:

1. Der älteste Fossilienfund des heutigen Menschen (Homo sapiens sapiens) stammt aus Äthiopien und ist 160.000 Jahre alt. Die Skelette dieser frühzeitlichen Menschen stimmen mit den unsrigen 100%ig überein. Es gibt keinen Grund für die Annahmen, dass sich ihre Organe, speziell das Nervensystem mit dem Gehirn, von den unseren in irgendeiner Form unterschieden hätten.

Im Laufe der Jahrzehntausende schafften die Menschen den kulturellen Sprung vom Jäger und Sammler zum Bauer und Viehzüchter. Dabei entwickelten sie primitive Werkzeuge aus Stein und Holz.

Dies geschah an vielen Stellen über den ganzen Globus verteilt, jedoch lagen Jahrtausende zwischen diesem kulturellen Wandel an einem Ort und dem an einem anderen. Die menschlichen Gruppen waren viel zu weit voneinander getrennt, weshalb sie keinen Einfluss aufeinander hatten, was dazu führte, dass dieser Übergang vom Jäger zum Bauer in den verschiedenen Regionen unabhängig voneinander zu verschiedenen Zeiten stattfand (einige menschliche Gruppen haben diesen kulturellen Wandel bis heute nicht vollzogen).

2. Vor 5.500 Jahren entstanden rund um den Globus praktisch gleichzeitig die Hochkulturen: in China, die Indus-Kultur in Pakistan/Indien, die Stadtstaaten der Sumerer in Mesopotamien, die ägyptische Hochkultur und in Südamerika die Maya und Prä-Inka-Völker. Atlantis mit seiner höchstentwickelten Zivilisation lassen wir mal außen vor, weil dies natürlich nicht von jedermann leicht nachvollzogen werden kann und deshalb unsere Grundannahme schwächen würde.

Diese Hochkulturen stellten im Vergleich zu den Bauern- und Viehzüchtergesellschaften einen unglaublichen Sprung in allen Bereichen dar: Die Grundlagen von Mathematik und Physik wurden entwickelt, das Staatswesen inklusive eines Rechtssystems entstand, und die Kenntnisse dieser Kulturen, speziell in Astronomie, verblüffen noch heute die Fachwelt. Und noch etwas anderes haben diese gleichzeitig überall entstehenden Hochkulturen gemeinsam: Sie berichten einhellig von Göttern, die vom Himmel herabstiegen und – wichtig für unsere Betrachtungen im nächsten Teil – alle verehrten ihre Könige als Götter.

Abb. 1.1.1 Veranschaulichung der Menschheitsentwicklung auf einem Zeitstrahl

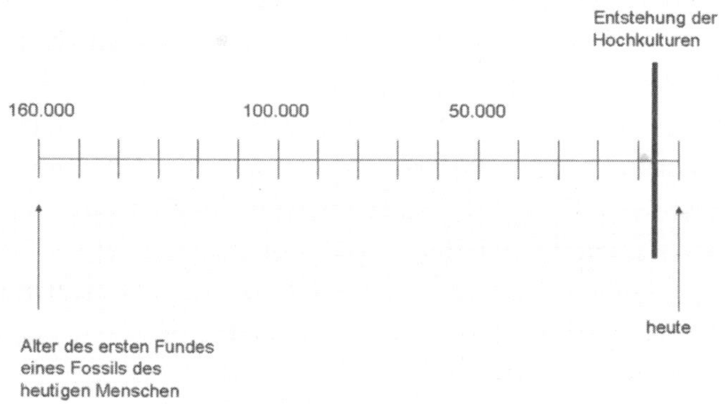

Wie kann man erklären, dass, getrennt durch Tausende von Kilometern, sämtliche Hochkulturen zur gleichen Zeit entstanden, noch dazu mit extrem ähnlichen mythologischen Vorstellungen? Oder anders gefragt: Warum waren die Menschen Jahrhundertausende zuvor nicht in der Lage, eine Hochkultur hervorzubringen, dann aber gleichzeitig an mehreren Stellen auf der Welt?

Wenn man nirgendwo über mehr als hunderttausend Jahre, in denen sich der Mensch laut einhelliger Lehrmeinung anatomisch nicht verändert hat, in der Lage war, Mathematik, ein Rechtssystem, die Astronomie und vieles mehr zu erfinden, warum konnte man dies praktisch zeitgleich plötzlich überall auf der Welt?

Vor 5.500 Jahren muss also ein weltumspannendes Ereignis stattgefunden haben, dass zum plötzlichen Auftauchen der Hochkulturen geführt hat.

Die erste Erklärungsmöglichkeit wäre ein Evolutionssprung. Plötzlich entstand ein Gen, das die Menschen erheblich intelligenter machte. Doch derartige Evolutionssprünge kommen in der Natur nicht vor. Von einer Generation zur nächsten finden immer nur sehr kleine Veränderungen statt.

Man kann dies vergleichen mit dem Betrachten des Stundenzeigers einer Uhr. Wenn man ein paar Sekunden lang hinschaut, meint man, dass er sich »überhaupt nicht« bewegt, obwohl er das in Wirklichkeit natürlich tut. Erst wenn man einen Zeitraum von mehreren Minuten konzentriert auf den Stundenzeiger schaut, stellt man fest, dass sich seine Position verändert, obwohl die eigentliche Bewegung viel zu langsam ist, um wahrgenommen zu werden.

Bei der Evolution muss man viele Hunderttausend Jahre hinschauen, um die Veränderung einer Spezies wie dem Menschen beobachten zu können.

Bei Spezies, die sich erheblich schneller reproduzieren, geschehen die Veränderungen natürlich entsprechend schneller.

Ein anderer Evolutionsbeschleuniger ist eine hinreichend bedeutsame Veränderung der Umwelt, die eine Anpassung der Spezies erfordert (oder deren Untergang herbeiführt). Doch auch in diesem Fall dauert die Verbreitung neuer genetisch kodierter Eigenschaften innerhalb einer Population viele Generationen.

Außerdem hat sich speziell der Mensch durch sein großes Gehirn dahingehend entwickelt, unter einer großen Variationsbreite von Umweltbedingungen leben zu können.

Folglich können wir nicht davon ausgehen, dass eine Veränderung dieser Bedingungen zur Ausprägung einer neuen Eigenschaft wie massiv gesteigerter Intelligenz führen konnte. Eben weil der Mensch unter allen möglichen Bedingungen gut klarkommt, unterscheiden sich die 160.000 Jahre alten Skelette nicht von denen der heutigen Menschen – unabhängig davon, ob sie im Urwald oder in der Arktis leben.

Dass sich nun ein »Intelligenzgen« innerhalb weniger Jahrzehnte innerhalb einer Bevölkerung verbreitet, ist also ausgeschlossen.

Erst recht ausgeschlossen ist es, dass sich dieses hypothetische Intelligenzgen über Kontinente hinweg rasend schnell verbreitet hat. Dazu wäre eine Durchmischung der Bevölkerungsgruppen weltweit notwendig gewesen.

Es hätte jedoch eine erste Hochkultur existieren müssen, die, mit unserem Mittelalter vergleichbar, sämtliche Meere befuhr, sämtliche Kontinente besiedelte, sich mit den dortigen Völkern vermischte und – sie müsste keinerlei Spuren hinterlassen haben.

Nehmen wir nun an, in einer Gruppe von Bauern und Viehzüchtern wäre spontan unser Intelligenzgen entstanden und diese Menschen hätten damit begonnen, eine Hochkultur aufzubauen:

Wie lange würde es dauern, bis sie den Stand unseres Mittelalters erreicht hätten? Ohne allzu starke religiöse Einflüsse vielleicht nur 1.000 Jahre[23]. Nehmen wir weiter an, diese Zivilisation hätte die Erde besiedelt und sich mit den Völkern vermischt und wäre dann durch irgendein Ereignis untergegangen. Dann hätten die überlebenden Nachkommen überall auf der Welt grob geschätzt erneut 1.000 Jahre gebraucht, um die in unseren Geschichtsbüchern beschriebenen Hochkulturen zu errichten, wobei keine (bis auf Jahrtausende später unsere) es so weit gebracht hätte, wie die ursprüngliche Hochkultur.

Wir hätten also grob geschätzt folgende Situation: ca. 5.500 v. Chr. entstand das Intelligenzgen irgendwo. An diesem Irgendwo entstand eine Hochkultur, die es ca. 4.500 v. Chr. bis zum Stand des europäischen Mittelalters brachte, also fähig war, die gesamte Erde zu bereisen.

Man denke sich beispielsweise Spanien oder Großbritannien im Jahre 1.500. Diese Hochzivilisation würde dann sämtliche Kontinente außer Australien und Afrika kolonialisieren (dort entstanden später keine Hochkulturen). Dann wäre diese Zivilisation plötzlich von der Bildfläche verschwunden und 1.000 Jahre später, also 3.500 v. Chr., würden die ehemaligen Kolonien ebenfalls Hochkulturen hervorbringen, die jedoch nicht den Stand ihrer Vorgängerin erreichen würden.

Doch dieses 1.000jährige Reich[24] würde in keiner Überlieferung erwähnt und auch in ihren ehemaligen Kolonien würden wir keine Hinweise auf ihre Existenz finden.

Mit Hinweisen meine ich nicht eine nebulöse Andeutung wie die Platons bezüglich Atlantis, sondern Überreste von Bauten, Denkmälern, Steintafeln, Verkehrswegen und was der vielen Dinge mehr sind, die uns ihre Nachkommen, die Sume-

---

[23] Starker religiöser Einfluss könnte die Entwicklung entsprechend verlangsamen. Das Christentum beispielswese verhinderte bis ins Mittelalter jeglichen Fortschritt – es gab sogar Rückschritte. Heute ist der Hauptgrund für die technologische Unterlegenheit der islamisch geprägten Länder ihre archaische Religion.

[24] Die Bezeichnung konnte ich mir jetzt nicht verkneifen.

rer, Ägypter, Maya usw. in Hülle und Fülle hinterlassen haben. Eine kosmische Katastrophe, die unsere hypothetische global agierende Hochkultur vor ca. 6.500 Jahren vollständig, inklusive jedes Hinweises auf ihre Existenz, global ausgelöscht hätte, ist ebenfalls nicht denkbar, weil wir dann die Spuren einer solchen weltumspannenden Katastrophe finden würden.

All diese Widersprüche legen natürlich nahe, dass das weltumspannende Ereignis, das zum »Ausbruch« der Hochkulturen führte, seine Ursache in einem Eingriff »von außen« hat. Das ist natürlich zunächst einmal eine gewagte Hypothese.

Also brauchen wir weitere Hinweise, die diese Hypothese bestätigen. Dazu möchte ich zunächst einmal die (echten?, gefälschten?) Hinweise diskutieren, die man in der Literatur findet. Dies ist Thema der weiteren Abschnitte dieses Teils.

1.2 Lieber Gott im Himmel …

Einen ersten Hinweis für das Eingreifen einer Macht von außen erhalten wir durch die Religionen. Für uns ist es heute ganz selbstverständlich, dass »Gott« im »Himmel« wohnt. Und das ist halt »irgendwo da oben«. Warum eigentlich?

Versuchen wir uns einmal von dieser Vorstellung von »Gott im Himmel« zu lösen, auch wenn sie uns in Fleisch und Blut übergegangen sein mag. Versetzen wir uns doch einfach einmal in einen Steinzeitmenschen. Letzterer verpasste allem und jedem göttliche Attribute, speziell den Dingen, die er nicht verstanden hat und die für ihn überlebenswichtig waren. Deshalb erfand er die Götter der Winde, des Donners, des Wetters allgemein, des Regens, der Erde, der Luft, des Wassers, des Waldes, der Fruchtbarkeit, der Jagd, des Krieges (selbst Schimpansen führen Kriege), des Glücks, der Liebe, bis hin zu – je nach Kultur – den Göttern des Feierns und des Saufens, wobei ich wahrscheinlich ein paar hundert Götter vergessen habe.

Aber warum, zum Teufel, finden wir in ausnahmslos allen vor 5.500 Jahren entstandenen Hochkulturen den Himmel als Wohnort der Götter? Schließlich hatte der Himmel überhaupt keine überlebenswichtige Bedeutung (außer vielleicht für ein paar unbeugsame Gallier, die Angst davor hatten, dass er ihnen auf den Kopf fiel), wenn man einmal von der Bedeutung der Sonne als Licht- und Wärmespender absieht. Ebenso wichtig für das Leben sind aber auch Wasser, Luft und Erde. Warum also wohnten die Götter nicht beispielsweise in der Erde, aus der das Leben sprießt?

Wie entstand also die besondere Bedeutung des Himmels in allen Hochkulturen jener Zeit, und zwar so intensiv, dass sich dieses Bild von den Göttern oder Gott im Himmel in allen Folgereligionen fortsetzte? Der Himmel hatte sowohl bei den Maya, den Chinesen, Ägyptern usw. eine derart herausragende

Bedeutung, dass man aufwendige Observatorien baute und eine recht weit fortgeschrittene Astronomie entwickelte. Und wozu? Um den richtigen Zeitpunkt zum Säen und Ernten zu bestimmen? Das hätte man viel einfacher haben können. Stattdessen sah man in den Konstellationen der Sterne und ihrem Lauf über das Firmament den sich manifestierenden Willen der Götter. Man glaubte, dass man durch ihre Beobachtung die Zukunft (d.h. den Willen der Götter) ablesen konnte. Dass man mit diesen Informationen die erwähnten Zeitpunkte für das Ernten und Säen bestimmen konnte, war ein Abfallprodukt der Astronomie (was ihre Fähigkeit, die Zukunft vorherzusagen, nur bestätigte), aber nicht die Motivation zur Entwicklung dieser komplexen Wissenschaft inklusive der dazu notwendigen Mathematik. Dieser Aberglaube, unsere Zukunft hätte etwas mit den Konstellationen der Sterne zu tun, ist auch heute noch weit verbreitet und nennt sich »Astrologie«. Ich denke, dass die meisten Hokuspokus-Gläubigen nach der Lektüre meines ersten Buches die Nase voll von mir haben. Falls aber doch noch der eine oder andere übrig ist und sich nun genötigt fühlt, mir einen Leserbrief zu schicken, dass Astrologie doch ganz toll sei, was dadurch bewiesen wird, dass ihm tatsächlich nach einem schlechten Horoskop der Rasierpinsel ins Klo gefallen ist, so möchte ich an dieser Stelle auf die »Spielregeln« hinweisen:

Wer etwas behauptet, ist in der Beweispflicht, dass seine Behauptung der Wahrheit entspricht. Es ist nicht die Pflicht des Skeptikers (also in dem Fall wäre das ich) die Behauptung (hier: Astrologie funktioniert) zu widerlegen. Hintergrund dieser »Spielregel« ist der, dass man allen möglichen Unsinn behaupten kann (z.B. »in meinem Garten hausen Feen, die genau dann verschwinden, wenn jemand anderes als ich hinsieht), ohne dass es möglich ist, diesen Unsinn zu widerlegen.

Doch wissenschaftliche Denkweise bedeutet auch, offen zu sein für Dinge, die man, oberflächlich betrachtet, für Blödsinn hält. Ich möchte in diesem Abschnitt natürlich darauf hinaus, dass die Menschen Astrologie und Sterndeutung für so wichtig halten, weil ihre »Götter« in Form von Außerirdischen tatsächlich von den Sternen kamen und deshalb der Himmel und die Sterne eine göttlich Bedeutung bekamen, in die sie alles Mögliche hineininterpretierten.

Um diese These zu erhärten, musste ich jedoch sicherstellen, dass die Landung der Außerirdischen tatsächlich der Grund für den gewaltigen Aufwand war, den die ersten Hochkulturen bei der Erforschung des Himmels betrieben. Mit anderen Worten: Ich musste überprüfen, ob es Hinweise darauf gibt, dass die Sterne tatsächlich Einfluss auf unsere Persönlichkeit und unser Schicksal haben, denn dann gäbe es in der Tat einen handfesten Grund für unsere Vorfahren, den Himmel so wichtig zu nehmen. Dann läge also eine echte Motivation für den astrologischen Aufwand unserer Vorfahren vor, der nichts mit meiner Behauptung zu tun hat, die »Götter« seien »vom Himmel herabgestiegen«.

Zum Beweis, dass Astrologie kein Unfug ist, muss es sich um etwas handeln, das außerhalb statistischer Zufälligkeit liegt. Zutreffende Zeitungs-Horoskope sind kein solcher Hinweis, weil diese so formuliert sind, dass immer »irgendwas« zutrifft. Zutreffende Ergebnisse »professioneller« Sterndeuter wären nur dann ein Hinweis, wenn die Fälle, in denen sie richtig liegen, deutlich zahlreicher wären als die, bei denen sie falsch liegen. Ich habe mich tatsächlich an mehrere dieser Leute gewandt, um mit ihnen entsprechende Testreihen durchzuführen. Alle, ohne Ausnahme, haben sich geweigert, unter Laborbedingungen den Nachweis ihrer »Künste« anzutreten. Für mich ein klares Indiz dafür, dass es sich um Quacksalber handelt.

Also überlegte ich mir, wie man den Einfluss der Sterne vielleicht doch nachweisen könnte. Wenn die Konstellation der Sterne bei der Geburt eines Menschen Einfluss auf dessen Schicksal und dessen Persönlichkeit hat, so sollte doch bei

Menschen mit ähnlicher psychischer Tendenz zumindest ein Trend erkennbar sein, dass ein spezielles Sternzeichen bei ihnen besonders häufig vorkommt.

Gesagt, getan. Ich betrachtete alle Nobelpreisträger in Physik und schaute, welches Sternzeichen sie hatten. Das Ergebnis war eine Gleichverteilung. Weder Löwe, noch Jungfrau noch Zwillinge oder irgendein anderes Sternzeichen kamen häufiger vor als ein anderes.

Die für einen Physik-Nobelpreis notwendige Intelligenz und Intuition ist sicher Teil der Persönlichkeit, aber vielleicht geht dieser Aspekt in anderen Persönlichkeitsmerkmalen unter. Also führte ich noch eine zweite Untersuchung durch, und zwar an einer Gruppe, deren dokumentierte Erfolge praktisch nur von ihrer Persönlichkeit abhingen: die Ritterkreuzträger der Waffen-SS. Diese Soldaten mussten über die Fähigkeit verfügen, ihre Nerven selbst in unmittelbarer Todesgefahr unter Kontrolle zu behalten und dabei kaltblütig, meistens sogar wohlüberlegt, ihr »Ding durchzuziehen« (es geht hier nicht um eine Diskussion über Moral, sondern um die Identifikation einer Gruppe mit ähnlichen Persönlichkeitsmerkmalen).

Alle notwendigen Daten zu den Ritterkreuzträgern der Waffen-SS findet man im Internet[25]. Ich ordnete jeden von ihnen anhand des Geburtsdatums einem Sternkreiszeichen zu. Das Ergebnis war wieder völlige Gleichverteilung. Kein Sternzeichen war außerhalb statistischer Schwankungen häufiger vertreten als die anderen. Jeder kann meine Behauptung durch eigene Auswertung überprüfen. Falls Sie dies tun wollen, machen Sie sich bitte die Mühe, eine große Zahl von Ritterkreuzträgern auszuwerten, um statistische Effekte auszuschließen.

Also: Bevor nun jemand behauptet, an Astrologie sei doch etwas dran, möge er bitte eine für jedermann nachvollziehbare Studie vorlegen, die diese Behauptung bestätigt.

---

[25] http://www.ritterkreuztraeger-1939-45.de/Waffen-SS/SS-Startseite.htm

Dabei ist darauf zu achten, dass es sich um ein paar Dutzend oder besser ein paar hundert Daten handeln sollte (wie hier im Falle der SS-Ritterkreuzträger), um den Zufall zu verbannen. Bis dass jemand einen Beweis für das Funktionieren der Astrologie erbracht hat (wovon ich, ehrlich gesagt, nicht ausgehe, dass das jemals passieren wird), müssen wir also davon ausgehen, dass der Glaube, unser Schicksal läge in den Sternen, sich deshalb entwickelt hat, weil der Himmel tatsächlich der Wohnsitz der vermeintlichen Götter war und nicht etwa, weil die Astrologie einen praktischen Wert hätte (von jahreszeitlichen Terminen für die Landwirtschaft einmal abgesehen).

Zusätzlich geht die Mythenbildung in allen damaligen Hochkulturen über den Himmel als Sitz der Götter hinaus. Sie berichten einhellig von Göttern, die vom Himmel auf die Erde herabstiegen, »hernieder kamen«. Wie ich bereits hinterfragte: Warum ist keine einzige Religion darunter, die einen Mythos geschaffen hat, die Götter seien aus der Leben spendenden Erde gekommen oder aus dem unverzichtbaren Süßwasser? Schließlich wäre dies naheliegender, im wahrsten Sinne des Wortes.

Natürlich gab es auch derartige Götter, doch sie hatten ihren Ursprung immer im Himmel und kümmerten sich erst danach um die Erde oder das Wasser. Zumeist werden die Herrscher der Erde, der »Unterwelt«, sogar als Götter beschrieben, die von den anderen als Strafe für irgendwelche Verfehlungen vom Himmel dorthin geschickt worden waren.

Kämen diese Himmels-Mythen nur bei einer einzigen Zivilisation vor, könnte man dies als Artefakt abtun. Aber bei ausnahmslos allen? Und das urplötzlich, zum gleichen Zeitpunkt?

Die meisten von uns denken nicht über dieses seltsame Phänomen nach, weil sie es so »gelernt« haben. Schließlich wird uns vom Kindesalter an erzählt, der Christengott wohne im Himmel, der von dort ausgewiesene Satan jedoch tief in der Erde. Diese Verortung Gottes ist für uns zur Selbstverständlichkeit geworden, weshalb es die meisten von uns nicht wundert, dass bei den »Anderen« die Götter ebenfalls im Himmel sitzen und mehr oder weniger über uns wachen.

Die naheliegende Erklärung für dieses seltsame Phänomen ist natürlich – ich wiederhole dies, weil es sich um den zentralen Punkt handelt –, dass die Mesopotamier, Ägypter usw. *wussten*, dass die »Götter« vom Himmel, also von den Sternen kamen.

Genau deshalb waren die Sterne – trotz ihres fehlenden Wertes für das praktische Leben (damit ist, wie gesagt, nicht die Beobachtung der Sonne gemeint, die für Saatzeiten etc. durchaus wichtig sein konnte, sondern die aufwendige Beobachtung der Sterne) – so interessant für die Hochkulturen. Zum Überblick über das Leben der Menschen in diesen ersten Zivilisationen der Menschheit und der Bedeutung, die die Sterne für sie hatten, empfehle ich das Werk von Ken Taylor (2012).

1.3 Krieg der Götter

Wir haben bislang gesehen, dass die alten Religionen der Hochkulturen und ihre Folgereligionen (die drei abrahamitischen Religionen) allesamt von Göttern sprechen, die erstens im Himmel wohnen und zweitens von dort auf die Erde kamen. Doch es gibt noch ein drittes, entscheidendes Faktum, das all diese Religionen gemeinsam haben: Die Götter führten Krieg.

Auch dies wird kritiklos als selbstverständlich hingenommen, obwohl es sich, bezogen auf Gott, um offensichtlichen Unsinn handelt. Wenn z.B. in der Offenbarung des Johannes (Kap. 12, Vers 7) »Und es entstand Krieg im Himmel« zu lesen ist, so wird deutlich, dass das Denken unter Religiösen nicht besonders beliebt zu sein scheint.

Nehmen wir die Konstruktion des Alten Testaments für einen kurzen Moment ernst: Es existiert ein allwissender, allmächtiger Gott[26], gegen den einer seiner Soldaten (Erzengel, wozu braucht er die überhaupt?) aufbegehrt und einen Krieg im Himmel entfesselt.

Welches epische Ausmaß geistiger Behinderung muss ein solcher Erzengel aufweisen, um gegen ein *allmächtiges* Wesen aufzubegehren? So gesehen brauchen wir uns alle keine Sorgen zu machen, in die Hölle zu kommen, denn Satan zu verarschen dürfte jedem von uns leichtfallen.

---

[26] Zwei Eigenschaften, die sich bereits logisch ausschließen. Wenn Gott allmächtig ist, kann er Lebewesen erschaffen, die einen freien Willen haben. Dann sind die Handlungen, die diese Lebewesen begehen, jedoch nicht festgelegt. Folglich kann Gott nicht wissen, wie sich diese Lebewesen entscheiden. Allmacht und Allwissenheit schließen sich also aus. Einen Ausweg aus diesem Dilemma liefert erst die Vielwelten-Interpretation der Quantenmechanik: Gott kennt alle Möglichkeiten, wie sich das Universum weiterentwickelt, und alle diese Möglichkeiten werden im Multiversum real. Damit weiß Gott immerhin alles, außer, in *welchem* Universum *welche* Möglichkeit real wird.

Und warum ist dieser Krieg dann nicht im gleichen Moment beendet worden, in dem er begonnen wurde? Wenn Gott allmächtig ist, könnte er den geistig massiv behinderten Satan samt seiner Dämonen doch durch einen einzigen Gedanken auslöschen. Warum sollte ein Gott, der schließlich das Gute an sich ist, dem unbeschreiblich Bösen, das auch noch kriegerisch gegen ihn vorgeht, die Existenz lassen?

Ein wahrer Gott braucht keine Kriege zu führen. Ein Kirchenanhänger, mit dieser Argumentation konfrontiert, wird in seiner Verzweiflung wahrscheinlich die vollkommen inhaltslose Phrase »Gottes Wege sind unergründlich« absondern. Das mag sein, aber bescheuert sind Gottes Wege sicherlich auch nicht.

Worauf ich hinaus will: Der Krieg zwischen zwei Parteien macht nur dann Sinn, wenn keine von ihnen allmächtig, also göttlich, ist. Dies ist ein massiver Hinweis darauf, dass die Überlieferungen der alten Hochkulturen (und der späteren Folgereligionen, wie z.B. die polytheistischen Religionen der Germanen, Griechen und Römer, das Judentum, Christentum und der Islam) keineswegs den Krieg zwischen Göttern beschreiben, sondern lediglich zwischen Wesen, die das »gemeine Volk«, mangels intellektueller Fähigkeiten, Widersprüche zu entdecken, für Götter hielt.

Wie wir noch sehen werden, wurde dieser Mangel an analytischem Denkvermögen der breiten Masse von der *Bruderschaft* genutzt, um den interstellaren Krieg zum unglaubwürdigen Krieg der Götter umzudeuten. Die tatsächlich stattgefundenen Ereignisse (Feuer regnet vom Himmel, Sintflut) behielt man bei, stellte sie jedoch in den Zusammenhang der zur Herrschaft erfundenen Religionen (vgl. Abschnitt 2.2).

Ich möchte bereits an dieser Stelle ein grundsätzliches Missverständnis vermeiden: Selbstverständlich sind Religionen, speziell die drei Wüstenreligionen Judentum, Christentum und Islam nichts weiter als Herrschaftsinstrumente der *Illuminaten*.

Und selbstverständlich sind diese Religionen so voller Widersprüche, dass nur entsprechend konditionierte[27] Menschen an derartigen Unsinn glauben (womit die Religionen exakt ihren Zweck erfüllen). Doch daraus mag der Leser bitte keinesfalls schließen, ich würde die Existenz Gottes für unplausibel halten. Schließlich ist es eine unglaubliche Anmaßung besagter Religionen, jeweils ein Monopol auf »Gott« zu haben.

Ich schrieb »die Existenz Gottes für unplausibel halten« und vermied ganz bewusst die Formulierung »an Gott glauben«. Der Grund dafür ist, dass »Glaube« im religiösen Sinne kritisches Hinterfragen zur Untugend erklärt. In diesem Sinne glaube ich nicht an Gott, sondern ich bin aufgrund rationaler Überlegungen von seiner Existenz überzeugt. Dabei handelt es sich nicht um Gedankengänge in der Art: »Ich verstehe nicht, warum es donnert, also gibt es einen Donnergott!« oder »Ich verstehe nicht, warum das Universum existiert, also gibt es einen Schöpfergott«. Das wäre schlechte »Wissenschaft«, weil etwas Komplexes, z.B. die Existenz des Universums, mit der Existenz von etwas noch Komplexerem, also Gott, erklärt wird. Eine wissenschaftliche Theorie soll jedoch mit möglichst einfachen Annahmen möglichst komplexe Sachverhalte erklären.

Nein, der Grund, warum ich kein Atheist bin, ist ein anderer: Der Akt der Schöpfung muss notwendigerweise Spuren im Geschaffenen (also dem Universum) hinterlassen haben. Genau diese Spuren existieren tatsächlich (und damit meine ich nicht zweifellos von Menschen geschaffene Schriften, sondern die Struktur der Naturgesetze) und sind bei entsprechender Nachfrage meiner Leser vielleicht Schwerpunkt eines Folgebandes.

Zurück zum eigentlichen Thema. Schauen wir uns diesen »Krieg der Götter« etwas näher an, wie er in den Religionen der Hochkulturen beschrieben wird. Dabei werde ich mich bemühen, die geschilderten Ereignisse religiös zu entrümpeln

[27] siehe Teil 2.

und stattdessen auf den eingangs zu diesem Teil zusammengefassten interstellaren Krieg zu beziehen.

Wie bereits erwähnt, wird in der Offenbarung des Johannes (Kap. 12) ein »Krieg im Himmel« geschildert. Dabei wird Satan mit seinen Anhängern (später »Dämonen« genannt«) aus dem Himmel vertrieben und auf die Erde hinab geworfen. Dieses »Hinabwerfen« wird bei Lukas 10,18 näher beschrieben: »Ich sah Satan vom Himmel fallen wie einen Blitz«. Vergleichen wir dies mit der im Jahre -3.151 stattgefundenen Schlacht um Terra, in deren Verlauf fünf dragonische Träger, drei Generationenraumschiffe der *Alderaaner* und Hunderte Flugscheiben beider Seite abgeschossen wurden. Ihre Trümmer werden damals nach dem Eintritt in die Atmosphäre als glühende Blitze herniedergegangen sein und einen hohen Blutzoll unter den Menschen am Boden gefordert haben (d.h. es waren »böse« Blitze).

Für die uneingeweihten Menschen mag dies so ausgesehen haben, als würden die im Krieg unterlegenen Götter auf die Erde geschmettert – also ein sehr schöner Aufhänger für die *Bruderschaft*, dies in ihre Volksverdummungsreligionen einzubauen.

Interessant und sehr schön zum Krieg zwischen *Alderaanern* und *Anunnaki* auf der einen Seite und *Dragonen* (und später der *Bruderschaft*) auf der anderen Seite ist die Tatsache, dass der Teufel in der Bibel »der große Drache, die uralte Schlange« genannt wird (Offenbarung 12, 9). Das ist natürlich eine treffliche Beschreibung der *Dragonen*. Hinzu kommt, dass der Teufel im Griechischen als »Diabolos« bezeichnet wird, was »Faktenverdreher«, »Verleumder«, »Verwirrer« bedeutet.

Damit sind wir wieder bei Baphomet und es wird genau das beschrieben, was die *Dragonen* die abtrünnigen *Anunnaki* lehrten: Wahrheit und Lüge geschickt miteinander zu vermischen. Damit beantwortet sich auch die Frage, warum die *Bruderschaft* in ihrem eigenen Werk, der Bibel, den Teufel als

»Schlange« beschreibt. Indem sie das, was sie in Wirklichkeit verehren, die *Dragonen*, als Teufel darstellen, zerstreuen sie jeden Verdacht, die Urheber dieses Werkes zu sein. Hier sehen wir die Technik des »Verwirrens« (Diabolos, Baphomet) am Werke.

Ein weiterer spektakulärer Hinweis auf den interstellaren Krieg findet sich im Alten Testament, und zwar im Zusammenhang mit den beiden Städten Sodom und Gomorra. Diese biblische Geschichte (Genesis 18, 19) ist für uns aus zweierlei Gründen interessant: Sie ist erstens ein Hinweis auf den interstellaren Krieg und zweitens wird durch sie dokumentiert, dass es den Schöpfern des Alten Testaments, also der *Bruderschaft*, keinesfalls darum ging, eine auch nur halbwegs vertretbare Ethik mit dieser religiösen Schrift zu schaffen. Beide Aspekte, den Bezug zum interstellaren Krieg und die Bösartigkeit der Bibel, werde ich parallel behandeln.

Kommen wir zunächst zur Geschichte: Gott offenbart Abraham, dass er die beiden Städte Sodom und Gomorra zu vernichten gedenkt, falls die Menschen dort nicht mit ihrem sündigen Treiben aufhören.

Dabei mokiert sich Gott offensichtlich über das Sexualverhalten der dortigen Bevölkerungen. Es ist geradezu lächerlich, anzunehmen, dass ein allmächtiger Schöpfergott, der ein Universum aus Milliarden Galaxien mit jeweils Milliarden Sternen geschaffen hat, sich dafür interessiert, wen oder was die männlichen Abkömmlinge einer Primatenart mit ihren primären Geschlechtsorganen beglücken. Soweit der lächerliche Aspekt der Geschichte. Nun zum bösartigen Teil: Gott wird als Rachegott dargestellt, der Menschen bei Fehlverhalten sofort mit dem Tode bestraft. Damit offenbart die Bibel ihren eigentlichen Zweck: Sie ist ein Instrument zur Herrschaft durch Angst.

Weiter im Text: Abraham zeigt sich jedoch aufmüpfig und kritisiert Gottes Vorhaben, schließlich würden bei Gottes Vernichtungsaktion auch Unschuldige getötet. Gott, clever wie er nun mal ist, entgegnet, dass er Sodom verschonen werde, wenn in der Stadt auch nur zehn anständige Männer[28] zu finden sind. Also schickt Gott zwei Engel zu Abrahams Neffen Lot, einem gottesfürchtigen (!) Mann, der mit seiner Familie in Sodom wohnt, um Abraham den Beweis zu liefern, dass sich tatsächlich keine zehn aufrechten Männer in Sodom finden. Was für eine seltsame Geschichte: Ein allmächtiger, allwissender Gott fühlt sich genötigt, einem Menschen (Abraham) zu beweisen, dass er Recht hat.

Lot empfängt die Engel als Gäste. Doch die verdorbenen, immer geilen Einwohner Sodoms versammeln sich vor Lots Haus und fordern von ihm die Herausgabe der Engel, damit sie diese vergewaltigen können. Ich denke, das muss ich nicht kommentieren.

Und jetzt kommt der Hammer: Lot, der aufrechte Mann Gottes, will den Engeln dieses Schicksal natürlich ersparen, und was macht er? Er bietet dem Mob seine jungfräulichen Töchter für eine fröhliche Massenvergewaltigung an. Ein solcher Drecksack soll also laut Bibel ein gottgefälliger Mann und Vorbild für uns alle sein. Das ist wirklich eine ganz tolle Moral, die man der Bibel entnehmen kann.

Die Engel verscheuchen den geilen Mob und der Weg ist frei für Gottes Massaker. Aber weil Lot ein so »guter« Kerl ist, wird er mit seiner Familie, bevor der liebe Gott sein Feuerwerk abbrennt, aus der Stadt geschickt und fortan von Gott beschützt. Lots Frau dreht sich jedoch entgegen der Anweisung der Engel noch einmal um, weil sie Gottes Vernichtungsorgie sehen will. Unser allerliebster Rachegott nimmt diese Kleinigkeit zum Anlass, Lots Frau zur Salzsäule erstarren zu lassen – was für ein Psychopath!

---

[28] In der original hebräischen Schrift ist von Männern die Rede. Unschuldige Frauen und Kinder spielen in diesem fürchterlichen Werk offenbar keine Rolle, weshalb man in späteren Übersetzungen die »Männer« durch »Menschen« ersetzt vorfindet.

Wie ich bereits in meinem Buch »Als Agent der Dritten Macht« schilderte, befanden sich bei Sodom und Gomorra zwei Rekrutierungszentren der *Alderaaner*. Diese wurden bei der Schlacht um Terra von Vril-Bomben der *Dragonen* getroffen (in ihrer Wirkung mit Nuklearwaffen vergleichbar). Für das gemeine Volk mag das Auslöschen ganzer Städte in riesigen Feuerbällen natürlich ausgesehen haben wie das Werk eines erzürnten Gottes.

Das Erstarren von Lots Frau zur Salzsäule spricht ebenfalls für diese Interpretation der biblischen Geschichte. Die Körperflüssigkeiten eines Menschen, der ungeschützt der extremen Hitzestrahlung einer Nuklear- oder Vril-Explosion ausgesetzt ist, verdampfen in Sekundenbruchteilen. Übrig bleiben die Mineralien (Salze, Asche), die zunächst einmal die ursprüngliche Körperform beibehalten. Derartige mineralisierte Körper wurden auch nach den Atombombenabwürfen auf Hiroshima und Nagasaki gefunden.

Nun stellt sich die Frage, warum bislang keine Spuren (z.B. durch die Hitze glasierte Erde) dieser Vril-Explosionen gefunden wurden. Die beiden Städte befanden sich unmittelbar am Ufer des Toten Meeres, was durch seinen antiken Namen »ama schel Sodom« (»Meer von Sodom«) bestätigt wird. Darauf aufbauend nun die Erklärung des Fehlens von Spuren der nuklearen Verwüstung: Die Vril-Explosionen lösten ein Erdbeben aus, das eine Bodenverflüssigung bewirkte[29], was wiederum zum Abrutschen des Ufers samt der Detonationszentren ins Meer führte.

Ein Erdbeben mit Bodenverflüssigung und Abrutschen ins Meer ist übrigens aktueller Stand der offiziellen Forschung[30], wobei jedoch zentrale Fragen offenbleiben: Wodurch entstand der Mythos »Vom Himmel regneten Feuer und Schwefel«? Ein Erklärungsversuch sind unterirdische Methanvorkommen, die

---

[29] Siehe z.B. http://de.wikipedia.org/wiki/Bodenverflüssigung

[30] Siehe http://de.wikipedia.org/wiki/Sodom_und_Gomorra

sich entzündet haben könnten, was das »vom Himmel regnen« jedoch nicht erklärt. Und für die zur Salzsäule erstarrte Frau Lots liefert die offizielle Forschung ebenso wenig eine Erklärung.

Der »Krieg im Himmel« (aus der Offenbarung des Johannes) zwischen Gott und dem als Schlange dargestellten Teufel war jedoch keine Erfindung der Bibel. Schon der Sonnengott Ra kämpfte gegen abtrünnige Götter, wie im Ägyptischen Totenbuch nachzulesen ist, und wenn er abends von der Sonnenbarke in die Nachtbarke umstieg, um das Totenreich zu durchqueren, kämpfte er gegen den Schlangengott (!) Apophis. Immer wieder die gleiche Geschichte in ähnlichen Versionen.

Eine wahre Fundgrube für Hinweise auf einen prähistorischen Krieg, der mit Nuklear- (bzw. Vril-) und/oder Strahlenwaffen geführt wurde, ist das indische Nationalepos »Mahabharata«. Nach der gängigen Lehrmeinung (der ich mich anschließe), ist das Epos zwischen 400 v. Chr. und 400 n. Chr. geschrieben worden und beruht auf erheblich älteren mündlichen Überlieferungen. Dementsprechend muss man sehr vorsichtig mit dem Kontext umgehen, in dem die Ereignisse geschildert werden.

So kann man davon ausgehen, dass Dinge, deren wahre Bedeutung im Laufe der Generationen verlorenging, sehr bildhaft beschrieben wurden, und dass diesen Dingen und Ereignissen teilweise auch übermenschliche und göttliche Persönlichkeiten zugeordnet wurden. Gerade der letzte Punkt, Dingen und Ereignissen eine Intention und damit eine Persönlichkeit zu unterstellen, ist zentraler Bestandteil moderner evolutionspsychologischer Theorien (siehe »Therory of Mind«).

Diejenigen, die sich bereits näher mit der Materie beschäftigt haben, erwarten an dieser Stelle wahrscheinlich nun das folgende, jegliche Zweifel am antiken Nuklear(Vril)-Krieg ausräumende Zitat:

... einem einzigen Geschoss, das die Kraft des Universums in sich trug. Eine weißglühende Säule aus Rauch und Flammen, heller als zehntausend Sonnen, erhob sich in all ihrem Glanz ... Es war eine unbekannte Waffe, ein eiserner Donnerkeil, ein gigantischer Todesbringer, der das ganze Volk der Vrischnis und der Andhakas zu Asche verbrannte ... Die Körper waren so verbrannt, dass sie unkenntlich waren. Ihre Haare und Nägel fielen aus. Tongefäße zerbrachen ohne ersichtlichen Grund, und die Vögel waren weiß geworden. Nach ein paar Stunden waren alle Nahrungsmittel vergiftet. ... Um diesem Feuer zu entgehen, warfen sich die Soldaten in die Flüsse und versuchten, sich und ihre Ausrüstung abzuwaschen ...[31,32]

Das ist doch der Beweis ... eine exakte Beschreibung eines Nuklearschlags inklusive den Auswirkungen der Radioaktivität. Leider nicht. Dieses Zitat gibt es nirgends im Mahabharata oder irgendwelchen anderen antiken Schriften. Markus Pezold (siehe Fußnote) machte sich die Mühe, die Ursprünge des Zitats zu ergründen.

Er kam zu dem Ergebnis, dass es ursprünglich in unzusammenhängender Form aus dem Buch von George Adamski und Desmond Leslie[33] stammt und dann später von anderen Autoren zu obigem Zitat zusammengestellt wurde. Später schrieben eine ganze Reihe weiterer Schriftsteller der UFO- und Paläo-SETI-Szene voneinander ab, statt sich um die Originalquelle, das Mahabharata, zu kümmern.

Dabei wäre diese Trickserei gar nicht nötig gewesen. Wie wir gleich sehen werden, gibt es im Mahabharata mehr als genug Hinweise auf einen mit modernen Waffen geführten prähistorischen Krieg. Vielleicht meinten es die Autoren nur gut,

---

[31] Markus Pezold in: http://www.mysteria3000.de/magazin/die-atombomben-des-mahabharata/

[32] Berlitz (1972)

[33] Leslie (1953)

auch wenn ihr Vorgehen wissenschaftlich natürlich nicht statthaft ist. Vielleicht handelt es sich auch um eine ganz bewusste Diskreditierung der Paläo-SETI-Forschung durch die *Illuminaten*, denen so ein Argument geliefert wird für die Behauptung, die Theorien über den Besuch von Außerirdischen vor Jahrtausenden seinen Unsinn und die Autoren, die sich damit beschäftigen, seien Spinner.

Also schauen wir uns nun etwas genauer an, was das Mahabharata uns in dieser Hinsicht wirklich zu bieten hat. Ich möchte hier nicht den Fehler wiederholen und Zitate anführen, die von niemandem nachvollzogen werden können – ganz im Gegenteil. Eine deutsche Übersetzung des Mahabharata ist frei im Internet zugänglich[34]. Ich beziehe mich auf diese Übersetzung, wobei ich an dieser Stelle den Autoren ganz herzlich für ihre Arbeit danken möchte. Ihr Werk steht in keinem Zusammenhang zur Paläo-SETI-Forschung, d.h. die Wortwahl ist keinesfalls in dieser Hinsicht geschönt und die Autoren sind sich nicht bewusst, dass ich ihre Übersetzung nun zu diesem Zweck heranziehe.

Beginnen wir mit dem 7. Buch »Drona Parva«:

Kapitel 3: *Und das Sirren von Gandiva und das Geräusch seiner Pfeile wird sie in Angst und Terror versetzen wie das Donnergrollen aus dem Himmel. Heute, oh Held, werden die Pfeile von Arjuna die Kurus vernichten, wie ein wütendes Feuer den Wald verbrennt. Wenn Wind und Flammen gemeinsam angreifen, werden unaufhaltsam alle Pflanzen, Büsche und Bäume verbrannt.*

Zweifellos ist Arjuna wie ein schwellendes Feuer, und zweifellos ist Krishna der wehende Wind. Oh Tiger unter den Männern, wenn sie das Dröhnen von Panchajanya und das Sirren von Gandiva vernehmen, werden alle Kuru Truppen Angst leiden.

---

[34] http://www.mahabharata.pushpak.de/

Was könnte Menschen in der Antike veranlassen zu bemerken, dass »Wind und Flammen gemeinsam angreifen«? Das einzige Szenario, das mir dazu einfällt, ist eine »heiße« Explosion, wie z.B. eine nukleare Detonation. Zunächst wird extreme Hitze freigesetzt, die alles verbrennt, dann folgt die Druckwelle. Gandiva war der sagenhafte Bogen eines der Helden des Epos, Arjuna. Die Waffe galt als unzerstörbar, zu ihr gehörte ein Köcher, der niemals leer wurde, und er verursachte bei Gebrauch ein manchmal als »Donner«, hier als »Sirren« beschriebenes Geräusch. Die Enden des Bogens »strahlen«.[35]

Man bedenke, dass es sich hier um eine über viele Generationen mündlich überlieferte Sage handelt. Im »Agenten der Dritten Macht« beschrieb ich die Funktionsweise von Kraftstrahlkanonen, die selbstverständlich auch in der Größe eines Gewehres hergestellt werden können.

Diese Waffe entfaltet ihre Wirkung durch einen gerichteten Photonenstrahl, Tausende Male intensiver als die heute offiziell bekannten Laser. Im Ziel können Temperaturen erreicht werden, die die Kerne leichter Elemente (wie Wasserstoff) zur Fusion anregen und somit eine begrenzte Nuklearexplosion auslösen. Wie hätten die Menschen der Antike über Generationen hinweg eine solche Waffe beschreiben sollen? Zunächst einmal kannten sie keine Schusswaffen außer Bögen. Also liegt diese Bezeichnung schon einmal nahe.

Außerdem werden die Enden des Bogens als »strahlend« beschrieben, was wiederum auf das Erscheinungsbild eines Kraftstrahlgewehrs passt.

Hinzu kommt der Köcher, der niemals leer wird, was auf eine Waffe hindeutet, die nicht nachgeladen werden muss. Und dies im Zusammenhang mit gemeinsam angreifendem Wind und Flammen, also genau der Wirkung, die wir von einer solchen Waffe erwarten.

---

[35] siehe z.B. http://en.wikipedia.org/wiki/Gandiva

Doch bevor mir hier jemand Kaffeesatzleserei vorwirft, machen wir mit Kapitel 10 weiter:

Wie fühltet ihr euch, als dieser Krieger mit dem riesigen Affenbanner mit seinen Pfeilen den Himmel verdunkelte? Nahm er euer Leben mit seinen Geschossen, wie ein Sturm die sich ballenden Wolkenmassen vertreibt, Bäume fällt und fortwährend blasend alles austrocknet?

Ein einziger Krieger, der mit seinen Pfeilen den Himmel verdunkelt? Oder ist nicht eher von der Wirkung der Pfeile die Rede? Auch dies passt wieder zu einer Nuklearexplosion, die entsprechenden Rauch und Aschewolken verursacht, um Dunkelheit einkehren zu lassen. Auch wird die Wirkung der Geschosse wieder mit einem alles austrocknenden Sturm (heiße Druckwelle) verglichen. Wenige Zeilen weiter unten heißt es:

Meine Truppen sind nicht in der Lage, den heftigen Angriff dieses Kriegers mit den weißen Rossen vor seinem Streitwagen zu ertragen, geschweige denn das donnergleiche Geräusch von Gandiva.

Und wieder ist vom donnernden Geräusch der Wunderwaffe des Arjuna die Rede.

Im Kapitel 16 finden wir dann eine seltsame Beschreibung der Körper der Protagonisten:

Die Körper der Helden, die voller Energie im Zorn loderten, glichen Garuda, wenn er sich mit mächtigen Nagas im Himmel schlägt. Mit Bhima, Karna, Kripa, Drona, Dronas Sohn, Prishatas Sohn und Satyaki erstrahlte das Schlachtfeld wie die alles zerstörende Sonne, die sich am Ende der Yugas erhebt.

Beschrieben wird das Ganze, wie sollte es nach endlosen Überlieferungen auch anders sein, als Schlacht zwischen Menschen. Hier werden die Ereignisse selbst jedoch als Helden personifiziert.

Die lodernden Körper sind personifizierte, in ihrem rasenden Zorn alles vernichtende Detonationen am Boden, wie sie auch bei Luftschlachten (Garuda schlägt sich mit Nagas im Himmel) beobachtet wurden. Und das Ganze hat gewirkt, wie eine Sonne, die auf dem Schlachtfeld aufgeht. Gemeint ist jene Sonne, die am Ende eines Zeitalters, des Yugas, aufgeht. Wie könnte man treffender den alles vernichtenden Schlagabtausch mit Nuklear- bzw. Vril-Waffen aus der Sicht von Menschen der Antike beschreiben?

In dem Kapitel gehen die interessanten Schilderungen der Schlacht weiter, wobei ich meine Anmerkungen immer wieder in die *kursiv* geschriebenen Zitate einfüge:

Voller Aktivität und Energie tötete Drona unermüdlich seine Feinde, schoss mit großer Leichtigkeit seine Pfeile in alle Richtungen ab und zermalmte Elefanten, Pferde, Fußsoldaten, Wagenkrieger und Elefantenführer.

Pfeile, die sogar Elefanten »zermalmen«, lassen auf eine andere Waffe schließen, als auf einen Bogen, der Pfeile verschießt.

Wie sommerliche Gewitterwolken schwere Hagelstürme vor sich hertreiben und alles auf ihrem Weg zerschmettern, so ließ Drona seine Pfeileschauer niedergehen und pflanzte Angst in die Herzen der Krieger.

Schwere Hagelstürme sind wohl eher eine harmlose Beschreibung, mangels Alternative, der Vernichtungsorgie, die hier stattgefunden haben muss.

[...]. Sein goldener Bogen sandte Blitze in alle Richtungen aus.

Und wieder eine Beschreibung, die perfekt auf eine Vril-Waffe passt.

[...] Es schuf der heldenhafte, immer wahrhaft sprechende, zutiefst weise, ruhmreiche, unerschrockene und mächtige Drona erneut einen grässlichen Sog, der nicht nur die Ängstlichen mit Schrecken erfüllte. In diesen Sog wurde alles hineingezogen: Rüstungen, Banner und sterbliche Wesen, und es war nicht leicht, diesem Wirbel zu entkommen. Wie ein Sturm fegte er über das Schlachtfeld [...]

Sogar die der Druckwelle einer Nuklear- oder Vril-Explosion folgende Sogwirkung wird beschrieben. Die erhitzten Gase dehnen sich aus (Druckwelle), hinterlassen einen Unterdruck, der daraufhin einen starken Sog in die Richtung des Detonationszentrums erzeugt.

So sammelten sich die Pandava Krieger unter Führung von Kuntis Sohn und stürmten gegen Drona, welcher wie der Tod selbst ihre Truppen verschlang. Tatsächlich umzingelten sie Drona vollkommen, der jeden um ihn herum verbrannte, als ob die Sonne tödliche Strahlen aussenden würde.

Auch hier wieder eine sehr treffende Beschreibung der Wirkung einer Kraftstrahlwaffe. Das weitere Buch ist voll von Hinweisen dieser Art, zu zahlreich, um Sie hier alle zu zitieren, ohne Sie, lieber Leser, zu ermüden. Hinzu kommen jede Menge Andeutungen über den »Vernichter aller feindlichen Städte«, Arjuna, in der Art (Kapitel 94):

Sicher könnte man den donnerbewehrten Herrscher der Himmlischen in der Schlacht besiegen, doch nicht Arjuna, diesen Vernichter aller feindlichen Städte.

Der »donnerbewehrte Herrscher der Himmlischen« bedarf sicherlich auch keines weiteren Kommentars.

Zum Abschluss möchte ich noch zwei Passagen aus dem 16. Buch »Mausala Parva« zitieren, die verdächtig an einen nuklearen Winter und radioaktiven Fallout erinnern:

Die Sonnenscheibe stieg morgens ohne Glanz auf, verhüllte sich mit Dunst und schien von kopflosen, menschlichen Rümpfen durchkreuzt. Grelle, dreifarbige Lichtkreise umgaben Sonne und Mond.

Hier ist der nach einer Nuklearexplosion hochgewirbelte Staub in den oberen Atmosphärenschichten beschrieben, der zu einer Lichtbrechung führt, die wie Lichtkreise um Sonne und Mond wirken.

Dieser Nachkomme von Vasudeva mit Namen Samba wird eine grässliche Eisenkeule hervorbringen, welche die Vrishnis und Andhakas vernichten wird. [...] Am nächsten Tag brachte Samba tatsächlich eine eiserne Keule zur Welt, die wie der gigantische Bote des Todes aussah.

Vor dem Hintergrund der zuvor beschriebenen Staubschichten in der Atmosphäre, bedarf es nicht viel Phantasie sich vorzustellen, um was es sich bei der eisernen Keule, die ein ganzes Volk auszulöschen vermag, gehandelt haben könnte.

Irdene Töpfe hatten plötzlich Risse, obwohl es dafür keinen Grund gab. Nachts nagten Ratten und Mäuse an den Haaren und Nägeln der schlafenden Menschen.

Das sind typische Auswirkungen von Radioaktivität, die das Material der (Ton)töpfe mürbe macht, und die Ratten könnten in der Überlieferung durchaus als »Erklärung« herangezogen worden sein, warum den Menschen über Nacht die Haare und Nägel ausfielen (schließlich schläft kein Mensch so tief und fest, dass ihm Ratten die Fingernägel abkauen können).

Esel wurden von Kühen geboren und Elefanten von Maultieren. Hündinnen brachten Katzen zur Welt und Mungos Mäuse.

Dies könnte man durchaus als die Geburten von Mutationen als Folge der Radioaktivität interpretieren. Wenn Tiere etwas gebären, das nicht mehr wie von ihrer Art aussieht, so kann daraus in den mündlichen Überlieferungen von Generation zu Generation durchaus »Esel werden von Kühen geboren« usw. werden.

Selbstverständlich kann das Mahabharata nicht als *Beweis* für einen prähistorischen Krieg mit supermodernen Waffen herangezogen werden, ich denke jedoch, dass die *Hinweise* eine ziemlich deutliche Sprache sprechen.

Meine Interpretation der im Mahabharata beschriebenen Geschehnisse ist nach meinen Unterlagen selbstverständlich die Schlacht um Terra, die bei der Ankunft der *Dragonen* im Jahre -3.151 entbrannte. Im indischen Raum fanden die hauptsächlichen Auseinandersetzungen bei Mohenjo Daro (Pakistan) statt, einem alderaanischen Rekrutierungszentrum, das durch Vril-

Bomben ausgelöscht wurde. Die Helden des Mahabharata sind entweder *Anunnaki*, die mit den für die normalen Menschen gottgleich wirkenden Waffen kämpften, oder personifizierte Ereignisse, wie die Vrilexplosionen.

Doch es stellt sich die Frage, ob wir nicht noch konkretere Hinweise auf die Schlacht zwischen *Alderaanern* und *Anunnaki* auf der einen Seite und *Dragonen* auf der anderen Seite im Mahabharata finden können. Diese Hinweise existieren tatsächlich. Wie ich bereits in dem Buch »Als Agent der Dritten Macht« erläuterte, erreichten die *Alderaaner* die Erde mit drei (!) Generationenraumschiffen. Sie hatten die Form von Speichenrädern, sodass auf der Innenseite der »Felge« durch Rotation des Rades die für die *Alderaaner* gewohnte Schwerkraft erzeugt werden konnte. In diesem Wohnbereich befanden sich prächtige Bauten mit Parklandschaften und Seen, damit sich die *Alderaaner* entsprechend wohlfühlen konnten. Man konnte diese Generationenraumschiffe also durchaus als Städte im Weltraum (Himmel) auffassen. Alle drei »Städte« wurden beim Angriff der *Dragonen* vernichtet, wobei eine davon die im Gilgameš-Epos und später in der Bibel beschriebene Sintflut auslöste (sie stürzte in den Golf von Oman und löste einen Tsunami aus).

Die Vernichtung dieser drei Himmelsstädte ist im Mahabharata beschrieben, und zwar in Buch 7, dem Drona Parva, in Kapitel 203 unter der Überschrift »Vernichtung der dreifachen Stadt«:

Einst hatten die tapferen Asuras [die Dämonen im Hinduismus] *im Himmel drei Städte. Jede von ihnen war vorzüglich und geräumig. Eine war aus Eisen, die andere aus Silber und die dritte aus Gold gemacht. Die goldene Stadt gehörte zu Kamalaksha, die silberne zu Tarakaksha, und die eiserne hatte Vidyunmalin zum Herrscher. Sie waren gut gerüstet, so daß Indra keinen Weg fand, den Städten irgendeinen Schaden zuzufügen. [...]Und als die drei Städte am Firmament zusammen-*

kamen, da durchbohrte sie Mahadeva mit seinem schrecklichen Pfeil mit den drei Knoten. Die Danavas [spezielle Dämonen des Hinduismus] *waren unfähig, diesen Pfeil überhaupt anzusehen, denn er trug das Yuga* [die vier Weltalter des Hinduismus, also der universelle Zyklus von Werden und Vergehen] *Feuer in sich und bestand aus Vishnu* [der Schöpfer der Urkraft, die die Welt hervorbringt] *und Soma.*

Die drei Städte wurden also mit einem »Pfeil«, der die Urkraft des Universums in sich trägt, vernichtet. Schöner könnten antike Schreiber den Einsatz von Vril[36]-Waffen bei der Vernichtung der drei Generationenraumschiffe kaum beschreiben.

Interessant ist auch hier der Einfluss der *Bruderschaft der Schlange* auf die frühen Überlieferungen. Dieser Einfluss wird uns noch bei der Diskussion der Weltreligionen als Herrschaftsinstrument der *Bruderschaft* begegnen. Ganz im Sinne des »Verdrehers und Verwirrers« Baphomet (oder Diabolos) wurden die »Guten«, die *Alderaaner* im Verbund mit den *Anunnaki,* als Bewohner der drei himmlischen Städte, als die »Schlechten«, die dämonischen Asuras, dargestellt.

Wie gesagt, dies alles können Sie selbst nachvollziehen, denn das Mahabharata ist in deutscher Übersetzung mittlerweile frei zugänglich, wobei die Übersetzer in keinem Zusammenhang mit der Paläo-SETI-Forschung stehen und wir deshalb auch nicht davon ausgehen können, dass es sich um »frisierte« Texte handelt.

An dieser Stelle möchte ich Sie darauf hinweisen, dass bei der Lektüre »grenzwissenschaftlicher« Werke durchaus Zweifel angebracht sind, wenn die Autoren z.B. aus dem Mahabharata zitieren, ohne ihre Quellen zu benennen. Und wenn diese Quellen angegeben sind, so möchte ich Sie, liebe Leser, ermutigen, die Angaben der Autoren selbst anhand der Übersetzung auf http://www.mahabharata.pushpak.de/ (oder einer anderen

[36] Die »Urkraft des Universums« bei Bulwer-Lytton (1871)

seriösen Quelle) nachzuvollziehen. Ich selbst habe einige erstaunliche Dinge bei diversen Autoren gelesen, die entweder überhaupt nicht oder nur bruchstückhaft verifizierbar waren.

Da ich nun einmal behaupte, über Unterlagen zu verfügen, die Aufschluss über die tatsächliche Geschichte der Menschheit geben, ärgert es mich natürlich besonders, wenn übertriebene, verfälschte oder sogar frei erfundene Darstellungen die Glaubwürdigkeit der Paläo-SETI-Forschung untergraben.

Auf weitere Parallelen zwischen den Mythen antiker Völker und dem interstellaren Krieg möchte ich zunächst einmal verzichten und vielleicht in späteren Bänden darauf zurückkommen. Abschließend möchte ich lediglich auf die Bedeutung von Drachen in der chinesischen Mythologie hinweisen.

1.4 Gilgameš und die Gründung der *Artur*

Es gibt wohl keinen Menschen in der Geschichte unserer Spezies, der einen größeren Einfluss auf die Geschehnisse der vergangenen 5.000 Jahre hatte als der sumerische König Gilgameš. Schließlich war er der Begründer der *Artur* – was natürlich nicht in den offiziellen Geschichtsbüchern steht –, und er war es auch, der dem *Alderaaner* Uta-napišti das elektronische Lesegerät stahl, das einige Petabytes Informationen über die alderaanische Wissenschaft und Kultur enthielt. Dieses Lesegerät ist zusammen mit später von den *Artur* hinzugefügten Informationen über die Geschichte der Menschheit der »Heilige Gral«.

Der Herrscher über die Stadt Uruk wurde im Jahre -2.927 geboren. Sein Wirken, sein Leben und nicht zuletzt seine Heldentaten sind im Gilgameš-Epos beschrieben. Dabei handelt es sich um mündliche Überlieferungen, die von verschiedenen sumerischen Autoren erst Jahrhunderte später in Keilschrift verfasst, dann in alt- mittel-, und neubabylonischen Varianten verfremdet wurden und schließlich in hethitischen, hurritischen und akkadischen Werken Eingang fanden. Die älteste überlieferte Version trägt den Titel »Šūtur eli šarrī« was übersetzt heißt: »Derjenige, der alle anderen Könige übertraf«. Dieser Titel trifft die Sache ziemlich genau.

Selbst die Bibel bezieht sich auf das Epos, wobei es sich um ein Plagiat handelt, weil die Bibel-Schreiberlinge ihre Quelle natürlich nicht genannt haben (und stattdessen bei einigen wichtigen Passagen vorgaben, es handele sich beim Urheber um Gott persönlich). Das Epos gilt als ältestes poetisches Werk der Menschheit und besteht aus mehr als 3.000 Versen. Selbstverständlich müssen wir davon ausgehen, dass die wahren Begebenheiten durch die mündlichen Überlieferungen und das fehlende Hintergrundwissen der Verfasser verfremdet, aber auch durch die Phantasie der Autoren »bereichert« wurden.

Jene antike Version der »Kulturbereicherung« dürfte ebenso wenig mit »Wahrheit« zu tun haben, wie unsere heutige[37].

Entdeckt wurde das Gilgameš-Epos vom britischen Archäologen Austen Henry Layard. Er unternahm zusammen mit seinem irakischen Assistenten Hormuzd Rassam ab 1840 Ausgrabungen in der nordmesopotamischen Stadt Ninive (linkes Tigris-Ufer gegenüber der heutigen Stadt Mossul, Irak). Dort stieß er bzw. sein Assistent im Jahre 1853 auf die Bibliothek des Königs Aššurbanipal 27.10.-669 bis 11.06.-627.

Der Banknotenstempelschneider George Smith übersetzte das Epos im Jahre 1872 und gelangte dadurch zu Weltruhm. Speziell die Übersetzung der 11. Tafel sorgte für ziemlichen Aufruhr. Dort enthalten war eine Beschreibung der Sintflut, womit bewiesen war, dass die Verfasser der erheblich jüngeren Bibel abgeschrieben hatten, statt, wie von ihnen behauptet, das Wort Gottes empfangen zu haben.

Der Autor dieser Version des Gilgameš-Epos bezog sich im Jahre -1.200 auf ältere Schriften, die bis ins Jahr -2.800 zurückreichen. Die Texte mussten aus Bruchstücken zusammengesetzt werden, unterschiedliche Teile waren in unterschiedlichen Sprachen geschrieben (altbabylonischem Akkadisch, Hurritisch und Hethitisch) und Personennamen mussten vereinheitlicht werden.

Der britische Professor für babylonische Sprachen, Andrew George, nahm sich dieser Aufgabe, ein einheitliches Werk zu schaffen, an. Dazu reiste er rund um den Globus, verschaffte sich Zugang zu Originalen, trug zahlreiche unbekannte Fragmente zusammen und schuf damit im Jahre 2003 eine neue Grundlage zum Verständnis des Epos.

Bevor wir in die Handlung des Epos einsteigen, möchte ich noch ein paar Worte über seine Entstehung verlieren: Die Protagonisten, im Wesentlichen die Gründungsmitglieder der *Ar-*

[37] Der Leser möge mir derartige Bemerkungen verzeihen. Ich kann's eben manchmal nicht lassen.

tur, erzählten später bei verschiedenen Gelegenheiten, z.B. gemeinsamen Feiern, von ihren Abenteuern, weshalb auch Außenstehende Fragmente der damaligen Ereignisse erfuhren. Über die tatsächlichen Hintergründe (*Alderaaner*, *Dragonen*, Schlacht um Terra) wurde natürlich niemals in Anwesenheit von Nicht-*Artur* gesprochen. Aus diesen Fragmenten entwickelte sich dann aus mündlichen Überlieferungen und den damit verbundenen Verzerrungen und Hinzudichtungen das Epos.

Im Folgenden werde ich die wichtigsten Aussagen des Epos den tatsächlichen damaligen Ereignissen entsprechend meinen Unterlagen gegenüberstellen. Um diesen Vergleich für Sie, lieber Leser, nachvollziehbar zu machen, zitiere ich die Inhalte des Epos aus Wikipedia[38] in *kursiver* Schrift und füge die Informationen aus dem Erbe meines Großvaters in normaler Schrift hinzu.

Beginnen wir also mit der bei Wikipedia zu findenden Zusammenfassung des Epos:

Gilgameš, der Held der Geschichte, ist zu zwei Dritteln Gott und zu einem Drittel Mensch. Er besitzt außergewöhnliche physische Kräfte, wird als furchtloser und ungehobelter Tatmensch geschildert und herrscht als König in Uruk. Sein despotischer Regierungsstil und die bedrückenden Lasten, die mit seinen Bauprojekten verbunden sind, führen insbesondere zur Verärgerung der Frauen von Uruk, die sich bei der Göttin Ištar beschweren.

Kommen wir zunächst zu den »zwei Dritteln Gott«. Wie in meinem Buch »Agent der Dritten Macht« ausgeführt, galten die *Anunnaki* als Göttersöhne, waren also selbst göttlichen Geblüts.

Die korrekte Übersetzung des Wortes »*Anunna*« lautet: »vom Samen des Enki«[39]. Letzterer ist der sumerische Weisheitsgott, der Gott der Künstler und Magier. Er musste in den

---

[38] http://de.wikipedia.org/wiki/Gilgamesch-Epos#Wiederentdeckung
[39] von Salomon (2014), S. 219 ff

Augen der vor 5.500 Jahren lebenden Menschen der Vater jener Wesen sein, die vom Himmel auf die Erde kamen, jener menschenähnlichen »Götter«, die unendlich weise waren und magische Tricks in petto hatten.

Ihre genetisch modifizierten Soldaten, die in der modernen Kriegsführung von den *Alderaanern* geschult wurden, besaßen die gleichen göttlichen Eigenschaften. Auch sie reisten mit ihren Haunebus von einem Ort zum anderen und konnten mit ihren Vril-Gewehren ganze Landstriche verwüsten. Doch diese Soldaten sahen nicht aus wie die schlanken, hochgewachsenen, spitzohrigen *Alderaaner* (*Anunna*), sondern wie gut gebaute, kräftige Menschen von der Erde. Also fügte man für diese »Göttlichen der Erde« die Endung »Ki« = »Erde« hinzu.

Bedenken Sie, dass die Schlacht um Terra (-3.151) bei der Geburt Gilgameš' erst 224 Jahre zurücklag. In dieser Zeit haben die überlebenden *Anunnaki*-Männer selbstverständlich »normale« attraktive Frauen geschwängert, was zur Verbreitung der von den *Alderaanern* modifizierten Gene in der menschlichen Population führte.

Die *Anunnaki*-Frauen, ebenso wie die Männer außergewöhnlich wohlgeformt und intelligent, suchten sich natürlich die stärksten und attraktivsten Männer zur Fortpflanzung aus, wobei es sich selbstredend wiederum um *Anunnaki* handelte (vgl. auch die Diskussion zum Patriarchat, das Frauen die freie Männerwahl verbietet und deshalb zur Dummzüchtung führt, Abschnitt 2.2). Die Männer sorgten also für eine Verbreitung der *Anunnaki*-Gene in der übrigen menschlichen Population, während die Frauen über längere Zeit eine reine *Anunnaki*-Blutlinie aufrecht erhielten.

Gilgameš war ein Abkömmling einer solchen Blutlinie. Er verfügte zwar über all jene Eigenschaften der *Anunnaki* wie außergewöhnliche Kraft und Furchtlosigkeit, doch im Gegensatz zu den Jahrhunderte zuvor in Diensten der *Alderaaner* stehenden Soldaten besaß er keine fliegenden Haunebus und auch keine Strahlengewehre, weshalb er kein »ganzer« Gott sein konnte. Folglich galt er als »Zwei-Drittel-Gott«.

Es ging den *Alderaanern* darum, eine Kriegerrasse für ihren Kampf gegen die *Dragonen* zu erzeugen. Das Herauszüchten[40] entsprechender Merkmale hätte Generationen gedauert, also wählte man die technologisch fortschrittlichere Variante der Gentechnologie, den direkten Eingriff in das menschliche Erbgut. Eines der auf diese Weise »eingepflanzten« Gene ist auch der »offiziellen« Wissenschaft mittlerweile bekannt. Es wird »MAOA-L« genannt, wobei es sich um eine Variante des Monoaminooxidase-A-Gens handelt. Nicht umsonst wird dieses Gen auch als »Krieger-Gen« bezeichnet. Es kontrolliert die Produktion des obigen Enzyms (Molekülnamen, die auf »ase« enden, bezeichnen Enzyme), das wiederum Einfluss auf den Metabolismus von Neurotransmittern im Gehirn nimmt. Ein niedriges Niveau dieses Enzyms wird durch das »Kriegergen« MAOA-L hervorgerufen und führt zu einer erhöhten Aggressions- und Risikobereitschaft aufgrund des veränderten Neurotransmitter-Metabolismus. Dieser Zusammenhang zwischen Monoaminooxidase-Konzentration und Aggression wurde erstmalig im Jahre 1995 an Mäusen nachgewiesen (die natürlich nicht das »Kriegergen«, also die MAOA-L-Variante, tragen, sondern bei denen die Konzentration durch Ausschalten des bei allen Säugetieren vorkommenden »normalen«, die Monoaminooxidase-Produktion steuernden MAOA-Gens gesenkt wurde)[41].

Im Jahre 2002 wurde dann eine Studie veröffentlicht, die belegte, dass Männer, die als Kind misshandelt wurden und Träger der MAOA-L-Variante waren, zu einem weit überdurch-

---

[40] Zucht ist auch nichts Anderes als Gentechnologie – allerdings eine primitive Form, bei der das Erbgut durch das Herauszüchten bestimmter Merkmale (siehe z.B. Hunderassen) statt eines direkten Eingriffs verändert wird.

[41] Cases (1995), S. 1763-1766

schnittlichen Prozentsatz später psychopathisches Verhalten zeigen[42]. Um dies herauszufinden, begleitete man misshandelte oder als Kind vernachlässigte Männer von der Kindheit bis ins Erwachsenenalter und stellte fest, dass die Träger der MAOA-L-Variante in der überwiegenden Zahl der Fälle als Erwachsene psychopathisches Verhalten zeigten, während dies bei den Trägern der normalen Variante des Gens nicht der Fall war. Auch hier haben wir wieder ein schönes Beispiel dafür, dass menschliches Verhalten nicht alleine durch die Gene kodiert ist, sondern aus einem Wechselspiel von Genen und Umwelt entsteht.

Zurück zu Gilgameš. Wir haben folgende logische Kette: Die *Alderaaner* wollten eine Kriegerrasse, also war eine von mehreren genetischen Maßnahmen die Veränderung des MAOA-Gens zu jener als »Kriegergen« bekannten L-Variante.

Diese Version des Gens sorgt für eine niedrigere Monoaminooxidase-Produktion, was wiederum den Neurotransmitter-Metabolismus im Gehirn beeinflusst, was zu einem höheren Niveau an Aggressions- und Risikobereitschaft führt – Eigenschaften, die bei Kriegern erwünscht sind. Folglich war Gilgameš, als direkter Abkömmling einer *Anunnaki*-Blutlinie, Träger dieses Gens. Dadurch erklären sich die bereits zu Anfang des Epos geschilderte Furchtlosigkeit und seine ungehobelte Art. Auch hier hat die Bibel wieder abgeschrieben: In der Genesis wird beschrieben, das die Söhne Gottes Kinder mit Menschenfrauen zeugten, die sogenannten »Nephilim«, die als übermenschlich stark und mit aufbrausendem Charakter beschrieben werden.

Die Beschwerden der Frauen bezogen sich auf das Recht der ersten Nacht (Tafel 2, Zeile 144), das Gilgameš für sich einforderte. Sicherlich war er ein attraktiver Mann, doch keine Frau lässt sich schon gerne per Gesetz zum Geschlechtsverkehr

---

[42] Caspi (2002), S. 851-854

zwingen – erst recht nicht durch einen ungehobelten Krieger, der die Frauen entsprechend respektlos behandelt haben dürfte. Doch der Glaube, dieses Recht der ersten Nacht für sich beanspruchen zu dürfen, war den männlichen Nachkommen der reinen *Anunnaki*-Blutlinien anerzogen worden, wobei die ursprüngliche Bedeutung in Vergessenheit geraten war: Das Recht der ersten Nacht diente der Verbreitung der *Anunnaki*-Gene, was im ursprünglichen Interesse der *Alderaaner* lag, weil auf diese Weise die Höherzüchtung der Menschheit erfolgte.

Die »bedrückenden Lasten, die mit seinen Bauprojekten verbunden sind«, erklären sich durch die weiteren von den *Alderaanern* an den *Anunnaki* vorgenommenen genetischen Veränderungen, die unter anderem zu erheblich gesteigerter Intelligenz führten, weshalb der König überhaupt in der Lage war, die entsprechenden Bauwerke zu entwerfen. Hinzu kommt, dass die *Anunnaki* bis zu jener Schlacht um Terra noch von den *Alderaanern* in theoretischer Wissenschaft und Kultur geschult worden waren. Folglich ist der Drang der *Anunnaki* verständlich, Zivilisationen zu schaffen, was schließlich der Auslöser für die Gründung der ersten Hochkulturen war.

Für die »normalen«, genetisch nicht veränderten Menschen, deren Intelligenz nicht ausreichte, die Vorteile höherer Kultur zu erfassen, erschienen die vom König befohlenen Anstrengungen natürlich ziemlich sinnlos, weshalb sie die dazu notwendigen Arbeiten als Last empfanden. Daher die im Epos genannten Beschwerden über das Recht der ersten Nacht und die Lasten durch die Bauprojekte.

Um den Herrscher zu bändigen, erschafft die Muttergöttin Aruru gemäß der Anordnung des Himmelsgottes An, Vater der Ištar, aus Lehm Enkidu, der zunächst als wildes, menschenähnliches Wesen in der Steppe bei Uruk mit den Tieren der Wildnis zusammenlebt. Gilgameš erhält mittels zweier Träume Kenntnis von Enkidu. Gilgameš' Mutter Ninsun,

Traumdeuterin und Wissende der Zukunft, weist Gilgameš auf die bevorstehende Ankunft des Enkidu in Uruk hin, der später sein Bruder werden wird. Gilgameš ist von Ninsuns Mitteilung erfreut und erwartet ungeduldig die Ankunft Enkidus.

Für Gilgameš, der die tatsächlichen Hintergründe zu jenem Zeitpunkt selbst noch nicht kannte, war es ein Makel, »nur« zu zwei Dritteln göttlicher Abstammung zu sein. Das ist ein wichtiger Punkt, denn diese Denkweise führte trotz seiner absoluten Macht als Gottkönig zu dem Minderwertigkeitskomplex, er sei im Vergleich zu den Göttern ein niederes Wesen.

In seiner Vorstellung verfügte er eben nicht über die Macht der »reinen« Götter (er besaß keine dieser über die Jahrhunderte als göttliche Macht verklärten Haunebus, Strahlenwaffen usw.), weshalb auch er nicht glaubte, eine echter Gott zu sein, dass also ein Anteil »unreines Blut« durch seine Adern strömte.

Vor diesem Hintergrund wurde ihm nun erzählt, die Frauen der Stadt hätten die Göttin Ištar angefleht, ihn zu bändigen. Dazu hätte die Muttergöttin Aruru einen Krieger namens »Enkidu« aus Lehm geschaffen (hier haben die Bibelschreiberlinge wieder abgeschrieben).

Der Name »Enkidu« besteht aus den sumerischen Wortteilen. en = Herr, ki = Erde, du = vollständig, womit ausgedrückt werden soll, dass er eine reine Version der irdischen Göttervariante »*Anunnaki*« ist, den rechtmäßigen Herrschern über die Erde. Natürlich war Gilgameš über diese Nachricht hoch erfreut, denn auf diese Weise wurde ihm Gelegenheit gegeben zu beweisen, dass er durchaus in der Lage war, der Macht der Götter in Form eines »reinrassigen *Anunnaki*« zu widerstehen, indem er Enkidu im Zweikampf besiegt. Als Folge seiner furchtlosen, aggressiven Art freute er sich darauf, den Makel seines unreinen Blutes zu tilgen.

Ein Fallensteller entdeckt Enkidu, der als Schützer der Wildtiere die Herde vor den tödlichen Anlagen des Fallenstellers bewahrt. Dessen Vater rät ihm, nach Uruk zu gehen und Gil-

gameš um die Entsendung der Dirne Šamḫat zu bitten, die durch sexuelle Verführung Enkidus dessen Herde ihm entfremden soll. Gilgameš wiederholt die Worte des Vaters vom Fallensteller bezüglich Šamḫats, die mit dem Wissen um den ursprünglichen Götterauftrag, Enkidu nach Uruk als Widerpart von Gilgameš zu führen, sich mit dem Jäger in die Steppe begibt. Als Enkidu Šamḫat entdeckt, erliegt er ihren Verführungskünsten. Nach dem folgenden einwöchigen Liebesspiel flieht, wie vom Vater des Fallenstellers vorhergesagt, Enkidus Herde in die Weiten der Steppe und lässt ihn allein. Šamḫat kann Enkidu überzeugen, mit ihr nach Uruk zu gehen. Während eines Zwischenaufenthaltes in einem Hirtenlager nahe Uruk, lernt Enkidu die menschliche Nahrung und das Bier kennen. Zuvor hatte er im Beisein von Šamḫat den Verstand erworben. Enkidu wandelt sich unter anderem durch das Wirken eines Barbiers endgültig zu einem Menschen. In Uruk angekommen, treffen Enkidu und Gilgameš aufeinander. Der sich anschließende Kampf endet unentschieden. Ermüdet von der Auseinandersetzung, sinken die beiden Helden nieder und schließen Freundschaft.

Das geschilderte Leben Enkidus im Einklang mit Natur, als Beschützer der Tiere, ist eine im Laufe der mündlichen Überlieferungen entstandene Verfremdung, die aus seiner »Erdverbundenheit« entstanden ist.

Tatsächlich ist er ein Ergebnis der »Ausschweifungen« männlicher *Anunnaki*. Letztere schwängerten »normale Frauen«, die dann Söhne und Töchter gebaren. Letztere waren meist attraktiver als der Durchschnitt, weshalb auch sie später wieder von *Anunnaki* geschwängert wurden.

Deshalb gab es im Laufe der Generationen auch außerhalb der reinen *Anunnaki*-Linien, zu denen beispielsweise Gilgameš gehörte und die zumeist herrschende Positionen in den sumerischen Stadtstaaten einnahmen, auf dem Lande, in den bäuerlichen Gemeinden, Menschen mit einem hohen Anteil an *Anun-*

naki-Genen. Einer dieser Abkömmlinge war Enkidu. Es handelte sich um ein besonders kraftvolles, furchtloses Exemplar, das sich durch seine Raufereien, die für seine Kontrahenten nicht selten tödlich endeten, einen Ruf verschaffte, der bis nach Uruk hallte. Schnell entwickelten sich Gerüchte, er sei direkt von den Göttern geschaffen worden und durch seine Brutalität dichtete man ihm an, ein wildes Tier und dann der Beschützer der Tiere selbst zu sein.

Die durch Gilgameš' Verhalten erzürnten Frauen hatten von den Gerüchten um den außergewöhnlichen Kämpfer Enkidu gehört, verfeinerten die Geschichte ein wenig und tischten sie Gilgameš auf, der voller Freude darauf ansprang, um besagten Makel seines unrein geglaubten Blutes zu beseitigen.

Folglich schickte man Boten zu Enkidu, um ihn zu überreden, nach Uruk zu kommen, um sich einem Kampf gegen Gilgameš zu stellen. Letzterer dachte jedoch nicht im Traum daran, zumal er davon ausging, dass es bei einem Kampf zwischen einem König und einem Bauern nicht unbedingt fair zugehen würde. Also griffen die konspirativen Frauen Uruks zu einer List. Sie schickten eines der schönsten Mädchen der Stadt zu jenem unbezwingbar erscheinenden »Naturburschen vom Lande«. Es handelte sich um die Figur Šamḫat im Epos, wobei es sich jedoch nicht um eine Dirne handelte. Sie erzählte Enikidu davon, dass sie noch Jungfrau sei und Gilgameš das Recht der ersten Nacht von ihr gefordert habe. Sie solle dazu in Kürze im Königspalast erscheinen. Šamḫat verzauberte Enkidu mit ihrer Schönheit und ihrem Charme und erdichtete ein paar besonders brutale Geschichten, wie der schreckliche König Gilgameš die Frauen vergewaltigte.

Enkidu, bis über beide Ohren in Šamḫat verliebt, wurde von seinem Beschützerinstinkt überwältigt, was angesichts seiner angeborenen Furchtlosigkeit kein Wunder war. Also folgte er Šamḫat nach Uruk. Gilgameš forderte Enkidu sofort nach dessen Ankunft zum Zweikampf. Letzterer nutzte das Recht des zum Kampfe Geforderten, eine Gegenforderung für den Fall seines Sieges stellen zu dürfen. Es lag auf der Hand, dass er Gilgameš' Verzicht auf das Recht der ersten Nacht mit Šamḫat verlangte.

Es handelte sich um einen unbewaffneten Kampf, nicht auf Leben und Tod, sondern nach den Regeln des »Adamen« (sumerisch sowohl »Argument« als auch »Kampf«). Diese Kampfform diente zu jener Zeit dazu, den Anteil göttlichen Blutes eines Kriegers relativ zu einem anderen zu bestimmen. Allerdings war Göttlichkeit nicht nur durch Stärke im physischen Kampf definiert, sondern auch durch die Fähigkeit, Rätsel lösen zu können (vergleichbar mit einem heutigem IQ-Test, es ging also nicht um Wissen, sondern um logisch-analytische Kombinationsfähigkeit).

Diese Form des ganzheitlichen Wettkampfes stammte ursprünglich noch aus der Zeit, als die *Anunnaki* von den *Aldebaranern* ausgebildet wurden. Später wurde dieser Ursprung zwar vergessen und sein Ablauf verfremdet, doch das Grundprinzip – Ausbildung von Körper und Geist zum Soldaten – wurde beibehalten.

Zunächst wurden von Priestern Rätsel gestellt, die durch reines Nachdenken gelöst werden mussten. Danach erfolgte der körperliche Zweikampf ohne Waffen. Dabei galt die Regel, dass kein Beißen, Kratzen und Ausstechen der Augen mit den Fingern erlaubt war. Die Handknöchel und die Füße wurden bandagiert, um schwerwiegende Verletzungen der Kontrahenten zu vermeiden.

Der physische Teil des Zweikampfes war erst dann beendet, wenn einer der Kämpfer aufgab oder durch einen der anwesenden Priester für kampfunfähig erklärt wurde. Von dieser Möglichkeit machten die Geistlichen jedoch nur äußerst selten Gebrauch, weil es auch schon für die Kämpfer selbst eine Frage der Ehre war, einen (weitgehend) kampfunfähigen Gegner nicht weiter zu bedrängen. Falls einer der Kontrahenten den

Intelligenzwettbewerb gewann und der andere die körperliche Auseinandersetzung, so wurde aus der Dauer des Kampfes, den gegenseitig eingesteckten Schlägen und gelungen Würfen nach einem recht komplizierten Verfahren der Grad der körperlichen Überlegenheit und aus der Zeit, die für die Lösung der Aufgaben gebraucht wurde, der Grad der geistigen Überlegenheit ermittelt. Derjenige mit dem höheren Grad körperlicher bzw. geistiger Dominanz wurde dann zum Sieger erklärt.

Diese Dinge sind wichtig für das Verständnis des weiteren Verlaufs der Geschichte, denn im Intelligenztest erreichten Gilgameš und Enkidu exakt die gleiche Punktzahl, und auch der physische Kampf endete ohne Sieger, weil beide Kämpfer nach rund einer halben Stunde intensiver Auseinandersetzung am Rande der Bewusstlosigkeit standen und den Kampf nicht mehr fortführen konnten.

Ein solches Ergebnis kam nur äußerst selten beim Adamen vor und galt nicht nur als Beweis dafür, dass in den Adern der beiden Kontrahenten die gleiche Menge göttlichen Blutes floss (zur Bestimmung dieser Menge wurde das Adamen schließlich ausgetragen), sondern auch, dass die beiden Männer auch vom gleichen göttlichen Samen, also von der gleichen Gottheit abstammen mussten, was ihnen den Status von Brüdern verlieh.

Für Gilgameš bedeutete dieses Unentschieden, obwohl er sich natürlich öffentlich enttäuscht darüber zeigte, einen großen Erfolg. Er hatte sich selbst bewiesen, nicht schwächer zu sein als die Götter und deshalb auf der gleichen Stufe zu stehen. Erst auf dem Sterbebett Enkidus berichtete ihm dieser, dass ihm schon damals bewusst gewesen war, dass seine eigene göttliche Abstammung eine Legende gewesen war, um ihn, Gilgameš, zum Zweikampf zu bewegen. Obwohl Enkidu ihn nicht besiegt hatte, erwies sich Gilgameš großzügig und gewährte seinem neuen Bruder den Wunsch, Šamḫat unangetastet zu lassen. Damit war der Grundstein für eine lebenslange Männerfreundschaft zwischen den beiden gelegt.

Kurz nach dem Beginn dieser Freundschaft schickte der König von Kiš, Agga, Boten nach Uruk und forderte hohe Tributzahlungen. Diese Geschichte ist nicht Teil des 12-Tafel-Epos, sondern sie wird in mehreren anderen Versionen erwähnt. Allen gemeinsam ist, dass die Tributforderungen des Agga der Auslöser eines blutigen Krieges waren, an dessen Ende Gilgameš siegte, womit die Macht über Mesopotamien von Kiš auf Uruk überging. Über den Verlauf des Krieges gibt es unterschiedliche Darstellungen, auf deren Aufzählung ich hier verzichten möchte. Deshalb jetzt die Zusammenfassung der Auseinandersetzung nach meinen Unterlagen:

Agga, selbst ein *Anunnaki*, war direkter Nachfahre des Etana, der als erster den Königsthron von Kiš nach der Sintflut, d.h. nach der Schlacht um Terra, bestieg. Wie in meinem Buch »Als Agent der Dritten Macht« beschrieben, war Kiš eines der Rekrutierungszentren der *Alderaaner*, in denen sie die *Anunnaki* ausbildeten. Beim Überfall der *Dragonen* auf Terra wurde Kiš schwer getroffen und von jenem Tsunami überrollt, der vom Absturz des alderaanischen Generationenraumschiffs hervorgerufen wurde.

Nachdem das Wasser wieder abgelaufen war, kehrten einige *Anunnaki* zurück und bauten auf den Ruinen des Rekrutierungszentrums mit Hilfe der ebenfalls aus den Bergen heimgekehrten Normalbevölkerung die antike Stadt und ernannten Etana zu ihrem König. Andere *Anunnaki* ließen sich an anderen Orten nieder. Zu ihnen gehörte auch die Blutlinie Gilgameš', die weiter im Südwesten siedelte und Uruk gründete.

Etana selbst gehörte noch zu den von den *Alderaanern* zuletzt ausgebildeten *Anunnaki*, die selbst als Piloten gegen die *Dragonen* gekämpft hatten. Deshalb war ihm nach der Sintflut der Beinamen »Der Hirte, der zum Himmel aufstieg« von der Bevölkerung verliehen worden, wobei sich »Hirte« darauf bezog, dass er das Volk nach der Flut von den Bergen zurück nach Kiš führte. Es war auch kein Geheimnis, dass er seine

Kenntnisse über die wahren Zusammenhänge niedergeschrieben hatte (das Volk glaubte an okkulte Göttergeschichten) und dass diese Aufzeichnungen Etanas ein wohlbehüteter Schatz in der Bibliothek Kiš' waren.

Soweit die Vorgeschichte. Als nun die Boten Aggas in Uruk erschienen und Tribut forderten, hatte das Selbstbewusstsein Gilgameš' nach seinem erst kürzlich erzielten Unentschieden gegen Enkidu einen starken Auftrieb erhalten. Von der eigenen Göttlichkeit und damit verbundenen Unbesiegbarkeit überzeugt, lehnte er die Forderungen Aggas ab, was er mit der unschönen Geste unterstrich, die abgetrennten Köpfe der Boten nach Kiš zu schicken.

Neben seiner Arroganz, dem militärisch weit überlegenen Kiš die Stirn bieten zu können, wollte Gilgameš den Krieg auch noch aus einem anderen Grund: Er wollte in den Besitz der Geheimnisse der königlichen Bibliothek gelangen. Deshalb hatte er den einfachen Plan gefasst, Agga dazu zu verleiten, mit seiner Armee gegen Uruk anzurennen. Mit dem Vorteil des Verteidigers würde es ihm dann schon gelingen, Agga vernichtend zu schlagen, um anschließend in Kiš einzumarschieren.

Agga, als waschechter *Anunnaki* ähnlich aufbrausend und furchtlos wie Gilgameš, war nicht sonderlich erfreut über das Geschenk in Form der Häupter seiner Boten. Er rief seine Soldaten zusammen und machte sich sogleich auf den Weg nach Uruk, das rund 200 Kilometer südwestlich von Kiš lag.

Als er mit knapp 1.500 Soldaten, darunter einhundert Reiter,[43] die zu jener Zeit noch recht primitive Stadtmauer Uruks erreichte, rief er nach Gilgameš und forderte ihn zur Kapitulation auf. Ein etwas übereifriger Soldat aus Gilgameš' Garde

---

[43] Nur etwas mehr als 200 Jahre nach der Sintflut war dies eine gigantische Armee, der man zu jener Zeit nirgendwo auf der Welt etwas hätte entgegensetzen können, zumal sie aus bestens ausgebildeten Soldaten bestand. Auf heutige Bevölkerungsverhältnisse umgerechnet, entspräche dies einem Millionenheer.

verließ die Stadt und forderte Agga zum bewaffneten Zweikampf auf Leben und Tod, wahrscheinlich um seinem König seinen Mut und seine Stärke zu beweisen. Agga ließ sich nicht zweimal bitten. Er verhöhnte den Soldaten im Kampf, entriss ihm geschickt die Waffen und prügelte ihn dann windelweich. »Seht, was mich der große Gilgameš mit seinen Getreuen tun lässt«, rief er immer wieder bei jedem der Schläge aus, mit denen er das Gesicht des Soldaten entstellte.

Damit war der Plan Gilgameš' nicht mehr aktuell. Wutentbrannt stürmte er neben Enkidu an der Spitze seiner knapp 300 Getreuen aus dem Stadttor. Bereits nach wenigen Minuten hatten er und sein »Bruder« in ihrer Raserei mehrere Dutzend Gegner getötet, was zu Angst in den Reihen Aggas führte und die Moral der Uruk-Truppe enorm steigerte.

Als bereits mehr als die Hälfte seiner Soldaten gefallen war, erkannte Agga, dass er gegen diese in einen Blutrausch verfallene Meute, die ohne jede Taktik seine Männer niedermetzelte, nicht mehr gewinnen konnte. Besonders der gleichzeitige Einsatz von Speeren gegen die Pferde und Schwertern gegen die niederstürzenden Reiter erwies sich als sehr wirkungsvoll. Agga ließ das Horn zum Rückzug blasen. Der nun folgenden Flucht des Kiš-Heeres fielen weitere Hunderte Fußsoldaten zum Opfer, die von ihren Verfolgern noch erwischt werden konnten.

Gilgameš gönnte seiner Truppe ein paar Stunden Ruhe, während er sämtliche Pferde der Stadt rekrutieren ließ. Dann nahm er mit zweihundert Reitern die Verfolgung Aggas auf. Auf dem Weg überholten sie die heimziehenden Fußsoldaten und ließen sie unbehelligt. Kurz vor den Toren von Kiš holten sie den völlig erschöpften König und seine verbliebenen Reiter ein, die sich nicht wie die Männer Gilgameš' im Schutze ihrer Stadtmauern hatten erholen können, sondern gezwungenen gewesen waren, im unmittelbaren Anschluss an die Schlacht den beschwerlichen Heimweg anzutreten.

Nun war es der König von Uruk, der seinen Widersacher zur Kapitulation aufforderte. Er verlangte Tributzahlungen in moderater Höhe, die Verpflichtung Kiš', Uruk im Kriegsfalle beizustehen, und die Herausgabe sämtlicher Schätze der königlichen Bibliothek.

Als Agga ablehnte, ließ Gilgameš keinen Zweifel daran, dass er sämtliche Soldaten Aggas töten würde, um sich dann anschließend einfach zu nehmen, was er verlangte. Dieser Logik konnte sich auch der König von Kiš nicht verschließen und willigte ein.

Die Tontafeln mit den Aufzeichnungen des Etana wurden auf mehrere Wagen geladen und nach Uruk transportiert, wo die heimkehrenden siegreichen Truppen begeistert begrüßt wurden. Die Stadt war fortan das Zentrum der Macht Mesopotamiens.

In den darauffolgenden Wochen studierten Gilgameš, Enkidu und einige weitere Gefährten, die sich im Adamen als würdig erwiesen hatten, die Tontafeln des Etana. Sie können sich vielleicht die Wirkung dieser Enthüllungen über die wahre Natur der Götter vorstellen. Für Gilgameš brach eine Welt zusammen. Er verstand, dass er kein Gott, aber ein zum Zwecke des Krieges gegen die *Dragonen* von den *Alderaanern* »veränderter« Mensch war, wobei er die Art der vorgenommenen Veränderung natürlich nicht verstehen konnte (Genmanipulation war selbst von Etana nicht als solche beschrieben worden).

Der König von Uruk begriff jedoch sehr wohl, dass es außer der Erde noch weitere Welten im Himmel gibt und dass sowohl die *Alderaaner* als auch die *Dragonen* von solchen Welten jenseits des Himmels stammten. Zusätzlich erfuhr er, dass einige *Dragonen* die Schlacht um Terra überlebt hatten und verstreut auf der Erde gestrandet waren.

Etana berichtete von einem Raumschiff der *Dragonen*, das brennend Kiš überflogen hatte und irgendwo im Westen abgestürzt sein musste, was Gilgameš mit Gerüchten über furchtbare Drachen verband, die angeblich in den Zedernwäldern des heutigen Libanon hausten.

Von besonderem Interesse waren die Informationen über die alderaanischen Basen, zu denen kein Mensch Zutritt hatte und in die sich die überlebenden *Alderaaner* zurückgezogen hatten. Gilgameš und seine Gefährten, neben Enkidu elf weitere *Anunnaki*, verstanden keine der entsprechenden Ortsbezeichnungen – bis auf eine: die Maschu-Berge des heutigen Iran.

Für den furchtlosen König von Uruk und seine Getreuen stand fest, sowohl im Libanon nach dem Rechten zu sehen als auch eine Expedition in die Maschu-Berge zu starten, um die weisen *Anunna* (*Alderaaner*) persönlich zu treffen.

Zusammen mit Enkidu und seinen übrigen Vertrauten gründete Gilgameš die erste Geheimgesellschaft in der Geschichte der Menschheit. Schließlich sollte das okkulte Wissen Etanas geheim bleiben. Diese erste Geheimgesellschaft nannte sich *Artur*, wobei im Sumerischen Ar die Kurzform von Ara = »Herrlichkeit« ist, Tur ist zusammengesetzt aus tu = geboren und uru = bewachen. Somit bedeutet »Artur«: »geboren, die Herrlichkeit zu bewachen«. Der Schatz der *Artur* war zunächst einmal die Bibliothek Kiš' mit dem Vermächtnis des Etana und sollte später um das erweitert werden, was wir heute den »Heiligen Gral« nennen.

Mit dem Aufbruch gen Westen, um nach den dort hausenden Drachen zu suchen, fährt das 12-Tafeln-Epos fort:

Gilgameš und Enkidu nehmen sich vor, gemeinsam eine Heldentat zu vollbringen und Ḫumbaba, den Hüter des Zedernwaldes, zu töten und in Ištars Wald Zedern zu fällen. Gilgamešs' Mutter Ninsun bittet angesichts der bevorstehenden Gefahren den Sonnengott Šamaš um Hilfe und erklärt Enkidu durch Adoption zu ihrem Sohn. Zusätzlich versieht sie Enkidu im Nacken mit ihrem göttlichen Zeichen als Schutzsymbol. Nunmehr als Brüder machen sich Gilgameš und Enkidu auf den Weg. Sie finden Ḫumbaba, können ihn töten, und fällen anschließend die Zedern.

Neben der Abenteuerlust der *Artur* und ihrem Hass auf die *Dragonen*, die es immerhin vor mehr als 200 Jahren gewagt hatten, ihre Heimatwelt anzugreifen und weitgehend zu verwüsten, gab es noch eine weitere Motivation gen Westen zu ziehen: Die dortigen (heutiger Libanon) Zedernwälder waren für den König von großem wirtschaftlichem Interesse, da es in der Umgebung von Uruk kaum Holz gab und man deshalb auf kostspielige Importe aus entfernten Reichen angewiesen war.

Gerüchte drangen bis nach Uruk, dass sich der König von Byblos (nördlich des heutigen Beirut) den Drachen der umliegenden Zedernwälder unterworfen habe und mit deren Hilfe sein Reich erweitere. Er verlange von den unterworfenen Stämmen die totale Übernahme des Drachenkultes und die Hälfte ihrer angebauten Feldfrüchte und erzeugten Waren als Opfergabe[44].

Mit 500 Reitern und 1.000 Fußsoldaten (wovon 200 Reiter und 400 Fußsoldaten aus Kiš kamen), bot Gilgameš eine für damalige Verhältnisse ungeheure Streitmacht auf. Mit seinen 12 *Artur* an der Spitze machte er sich auf den Weg nach Byblos, das zu jener Zeit noch nicht von einer Stadtmauer umgeben war.

Die Streitmacht durchquerte die Zedernwälder und erreichte die weite, gerodete Fläche vor der Stadt. Natürlich war der Vormarsch einer solchen Armee nicht unbemerkt geblieben. Der König von Byblos erwartete die Angreifer bereits mit knapp 500 Soldaten und weniger als 100 Reitern. Gilgameš schien leichtes Spiel zu haben. Er befahl zunächst seinen Fußsoldaten, den Gegner zentral anzugreifen. Als die Schlacht in vollem Gange war, ließ er seine Reiterei, die in zwei gleich-

---

[44] Auch zu jener Zeit wurden irrsinnig hohe Abgaben religiös begründet. Das ist heute immer noch so – nur dass dies kaum jemandem bewusst ist (vgl. Teil 2).

starke Gruppen aufgeteilt war, in weitem Bogen bis fast vor die Stadtgrenze vorpreschen, um dann die gegnerischen Flanken von schräg hinten anzugreifen.

Es schien, als würden die Truppen Byblos' in wenigen Minuten aufgerieben werden. Dann geschah das Unerwartete. Wie riesige Sandwürmer bohrten sich 17 drei Meter lange Schlangen aus dem sandigen Boden. Sie krümmten sich wie Sprungfedern, schnellten in die Höhe und flogen wie Geschosse durch die Luft[45]. In ihren zwei Händen hielten sie Kurzschwerter, mit denen sie im Flug den Reitern Gilgameš' die Köpfe von den Rümpfen schlugen. Die Soldaten der *Artur* fielen wie die Fliegen. Panik machte sich breit. Die ersten Gruppen lösten sich bereits vom Gegner, um die Flucht anzutreten.

Doch dann nahm eine Heldengeschichte ihren Lauf, die Gilgameš zu einem der größten Krieger aller Zeiten im Gedächtnis nachfolgender Generationen werden ließ. Er ritt mitten ins Getümmel und stieg von seinem Pferd. Quasi im Vorbeigehen tötete er mehrere Soldaten Byblos'. Dann stieß er ein markerschütterndes Kampfgebrüll aus. Ein *Dragone* in der Nähe wurde auf ihn aufmerksam. Der Drachenartige krümmte sich zusammen und schnellte vor. In flachem Bogen schoss er genau auf Gilgameš zu. Doch letzterer kannte die Gesetze der Physik gut genug um zu wissen, dass der *Dragone* seine Flugbahn ohne aerodynamische Hilfsmittel nicht würde verändern können. Also wartete der König bis unmittelbar vor dem Aufprall, dann sprang er zur Seite und hieb mit seinem Schwert den Drachenkopf vom Schlangenrumpf. Er stieß sein Schwert in den aufgrund von Nervenreflexen noch um sich schnappenden Schädel des *Dragonen* und stieß erneut sein Kampfgebrüll aus. Diesmal stürzten sich gleich zwei *Dragonen* auf den König

---

[45] Man bedenke, dass die *Dragonen* einen Heimatplaneten mit einer Schwerkraft gewohnt waren, die 2,7-mal höher war als die der Erde. Deshalb verfügten sie für irdische Verhältnisse über außergewöhnliche Körperkräfte.

Uruks. Einer von ihnen kam jedoch nicht am Stück an. Enkidu sprang seitlich heran und schlug die »fliegende Schlange« entzwei. Der verbleibende *Dragone* hatte seine Arme im Flug abgespreizt, um den zur Seite springenden Gilgameš mit seinen Schwertern zu erwischen, sofern dieser den gleichen Trick noch einmal versuchen sollte. Diesen Gefallen tat der König dem *Dragonen* jedoch nicht. Er sprang auf den heranschießenden Gegner zu und ließ sich fallen. Der Drachenartige flog über ihn hinweg, wobei der Gründer der *Artur* sein Schwert in die Höhe stieß und seinen Gegner der Länge nach aufschlitzte. Vom Blut des Außerirdischen überströmt, erhob sich der König und stellte sich mit erhobenem Schwert auf den noch zuckenden Leib des Gegners. Erneut stieß er seinen Kampfschrei aus.

Dieses Bild des vom Blut seines mit übermenschlichen Kräften ausgestatteten Gegners überströmten Königs, triumphierend mit erhobenem Schwert auf dem Körper der Kreatur stehend, wirkte auf seine Soldaten wie eine kräftige Dosis Amphetamin. Sie erkannten, dass der zunächst unbezwingbar erscheinende Gegner geschlagen werden konnte, sofern man die Nerven behielt. Aus diesem Bild des vom Blut überströmten Drachentöters, der unbezwingbar erscheinen musste, wurde später die Siegfried-Legende, als eine Gruppe der *Artur* Jahrhunderte später Richtung Atlantis (heutige Nord- und Ostsee) marschierte und sich im heutigen Deutschland niederließ. Aus ihren Geschichten über Gilgameš entwickelte sich im Volksmund im Verlauf vieler Generationen dieses deutsche Epos.

Truppenteile, die sich bereits vom Gegner gelöst hatten, kehrten um und warfen sich erneut in die Schlacht. In den nächsten Minuten verloren zehn weitere *Dragonen* ihr Leben, was ihre Artgenossen veranlasste, die Flucht anzutreten. Begleitet von König Byblos' und knapp zwanzig seiner engen Begleiter, die in seiner unmittelbaren Nähe zu Ross gekämpft hatten, verschwanden sie im Zedernwald. Erst viel später sollte Gilgameš klarwerden, dass es sich bei den Flüchtigen um die

Gründer der *Bruderschaft der Schlange* handelte, jener Geheimgesellschaft, die sich einen fünftausendjährigen Weltkrieg mit den *Artur* liefern sollte.

Der König von Uruk setzte einen der *Artur* als neuen König von Byblos ein und ließ für die Zukunft Zedernholzlieferungen an Uruk zu fairen Preisen vertraglich absichern – ein Geschäft, das die von ihrer de facto-Versklavung befreite Bevölkerung gerne einging.

Die Köpfe der getöteten *Dragonen* ließ Gilgameš aufspießen und auf dem Heimweg auf den Spießen seiner Leibgarde vor seinem Heer hertragen. Es folgte ein triumphaler Einzug in Uruk.

Als Ištar den zurückgekehrten Helden Gilgameš erblickt, verliebt sie sich in ihn. Doch Gilgameš weist sie zurück. Erbost darüber geht sie zum Göttervater Anu und verlangt, den Himmels-Stier auszusenden, um Gilgameš zu töten. In Uruk angelangt, richtet das Ungeheuer schlimme Zerstörungen an. Der Stier tötet Hunderte von Uruks Männern, bis Enkidu und Gilgameš den Kampf aufnehmen und ihn töten. Als die Götter dies sehen, sind sie sich einig, dass die beiden jetzt zu weit gegangen sind. Sie beschließen, die Aufrührer zu bestrafen, zunächst, indem sie eine Krankheit schicken, an der Enkidu stirbt.

Wie üblich, werden die Dinge in der Sage ein wenig verklärt. Es ist nicht die Göttin Ištar, die sich in den von seinen Soldaten als größten Krieger aller Zeiten bezeichneten König verliebte, sondern die mittlerweile von Enkidu geehelichte Šamḫat. Der Gefährte des Königs nannte seine Frau wegen ihrer Schönheit und ihrer im engeren Kreis oftmals von ihm erwähnten Liebeskünste »Ištar«, was wahrscheinlich die Ursache der Verwirrung in der Sage war. Nachts schlich sich die schöne Frau Enkidus in Gilgameš' Schlafgemach, um ihn zu verführen. Letzterer wies sie jedoch empört zurück und drohte, seinem »Bruder« Enkidu von ihrem Versuch zu erzählen – ein folgenschwerer Fehler, wie sich zeigen sollte.

Doch plötzlich waren immer lauter werdender Lärm und Geschrei zu hören. Gilgameš stieß Šamḫat brüsk zur Seite, legte seine Waffen an und verließ den Palast, um nach dem Rechten zu sehen. Ein Minotauros – einer jener Hybriden, von den *Alderaanern* genetisch geschaffen, um im Bodenkampf unter den extremen Schwerkraftbedingungen Dragons eingesetzt werden zu können[46] –, wütete in den Straßen.

Die Ursache, die diesen äußerst langlebigen, extrem kräftigen, aber wie alle Hybriden unfruchtbaren Stiermenschen aus dem Umland in die Stadt hatte kommen und in Raserei verfallen lassen, blieb unklar. Er war jedoch dabei, ganze Häuserreihen einzureißen und die Bewohner zu zertreten oder auf seine Hörner zu spießen.

Mittlerweile war auch Enkidu vom Lärm geweckt worden und stürmte an der Seite Gilgameš' auf das Monstrum zu. Enkidu lenkte den Minotauros mit lautem Geschrei und Geklapper seines Schwertes gegen seinen Schild ab.

Der in Raserei verfallene Hybrid jagte mit gesenktem Kopf auf den Gefährten des Königs zu. Letzterer hatte sich in einem Hauseingang verborgen, sprang hervor und rammte dem Biest sein Schwert in die Flanke.

Enkidu sprang zur Seite, doch leider in die falsche Richtung. Der Hieb Gilgameš' hatte den Minotauros ein wenig aus der Bahn geworfen, sodass er, noch während er sein Leben aushauchte, den Gefährten des Königs voll traf.

Enkidu wurde fortgeschleudert und blieb schwerverletzt liegen.

Mittlerweile erreichten auch weitere *Artur* und Soldaten der Garde das Geschehen. Der bewusstlose Enkidu wurde in den Palast gebracht. Dort stellte man fest, dass er sich mehrere Rippen und den linken Arm gebrochen hatte. Diese Verletzungen waren schmerzhaft, aber nicht tödlich.

---

46 Siehe dazu auch von Salomon (2014)

Gilgameš wachte an seinem Bett, bis der Freund wieder zu sich kam. Er berichtete vom Kampf gegen den Minotauros, weil sich Enkidu kaum an etwas erinnern konnte. Den Verführungsversuch Šamḫats erwähnte er jedoch mit Rücksicht auf den angeschlagenen Zustand des Freundes nicht. Dann verließ er Enkidu, dem von den nun eintreffenden Ärzten Schmerz- und Schlafmittel verabreicht wurden.

Als er am nächsten Morgen Enkidu aufsuchte, war dieser wach, stöhnte vor Schmerzen und redete wirres Zeug. Gilgameš rief sofort die Ärzte herbei, die zunächst ratlos waren und eine Infektion der Schürfwunden vermuteten. Nach näherer Untersuchung stellte sich diese Diagnose als falsch heraus. Stattdessen fand man einen kleinen, schwarz unterlaufenen Einstich an Enkidus linker Brust.

Gilgameš beschuldigte Šamḫat, ihren Mann vergiftet zu haben. Sie gab ihre Tat trotzig zu, mit dem Hinweis, er, Gilgameš, habe ihr schließlich keine Wahl gelassen, denn ihr Gatte hätte sie sicherlich erschlagen, wenn er erfahren hätte, dass sie seinen besten Freund liebte.

In den darauffolgenden Minuten starb Enkidu. Gilgameš war außer sich vor Trauer und Zorn. Er schrie und tobte. Dann wandte er sich an Šamḫat und erklärte ihr, er würde nun tun, was sein Bruder getan hätte. Daraufhin erschlug er Šamḫat durch Hiebe mit der flachen Hand.

Der Tod Enkidus bringt Gilgameš zur Verzweiflung, und er begibt sich auf eine lange Wanderschaft, um in der Fremde das Geheimnis des Lebens zu finden. Er will nicht das gleiche Schicksal wie Enkidu erleiden und hofft, dass ihm sein Urahn Uta-napišti dabei helfen kann. Auf seiner Suche irrt er zunächst durch die Weite der Steppe und kommt schließlich zum Berg Mašu, in dem sich der Einstieg in den nächtlichen Tunnel befindet, den die Sonne Šamaš nachts auf ihrem Weg von West nach Ost durchläuft. Gilgameš kann die Wächter des Tunnels, zwei Wesen, die halb Mensch, halb Skorpion sind, überreden, ihn passieren zu lassen. Als er aus dem Tunnel heraustritt, befindet er sich im Edelsteingarten und trifft dort an einer Schänke auf die göttliche Wirtin Siduri, die ihm den Weg zum Fährmann Ur-šanabi weist.

Der König von Uruk und Begründer der *Artur* spürte durch den Verlust seines Freundes die Endgültigkeit des Todes, der durch seine ihm angeborene Furchtlosigkeit bislang keine besondere Rolle in seinem Leben gespielt hatte. Da er über kein technologisches Wissen verfügte, hoffte er, Enkidu mithilfe der *Anunnan* wieder zum Leben erwecken zu können. Deshalb brach er zusammen mit fünf *Artur* zum Berg Mašu auf, von dem er aus den Aufzeichnungen Etanas wusste, dass er einen Stützpunkt der Außerirdischen beherbergte.

Die Abreise erfolgte in großer Eile, um zu verhindern, dass der Verwesungsprozess Enkidus bis zu ihrer Ankunft im Stützpunkt zu weit fortschritt. Diese Denkweise Gilgameš' mag uns auf den ersten Blick naiv erscheinen, doch er verfügte einerseits über keinerlei technologisches Wissen und wusste andererseits, dass die *Anunnan* in der Lage waren, mit Hilfe ihrer technischen Wunderwerke fliegen zu können und sogar zwischen den Sternen zu reisen. Folglich ging er davon aus, dass sie auch das Geheimnis des ewigen Lebens kannten (womit er auch nicht falsch lag) und Tote wieder zum Leben erwecken konnten (was natürlich eine ganz andere Geschichte und zumindest nach dem Absterben der Gehirnzellen nicht mehr möglich ist).

Gilgameš war geradezu besessen davon, diese Technologie zu erlernen, um sich künftig einen solchen Verlustschmerz zu ersparen, indem er diejenigen, die ihm nahestanden, vor dem Tod retten konnte.

Laut den Tontafeln lautete der Name des alderaanischen Kommandanten des Rekrutierungszentrums Kiš »Ziusudra« und dieser war nach dem Krieg gegen die *Dragonen* mit einigen weiteren überlebenden *Alderaanern* zum Stützpunkt Mašu aufgebrochen. Ihn beabsichtigte Gilgameš aufzusuchen und zu bitten, Enkidu wieder zum Leben zu erwecken und den *Artur* das entsprechende technologische Wissen beizubringen. Im 12-Tafel-Epos lautet der Name Ziusudras »Uta-napišti«.

Die sechsköpfige Gruppe kam zügig voran und erreichte den Berg Mašu. Dort fand man den Zugang zum Stützpunkt, ein fünfzig Meter tief in den Berg getriebener Tunnel, der mit elektrischem Licht beleuchtet war, was im Epos mit der nachts von West nach Ost laufenden Sonne Šamaš (akkadischer und babylonischer Sonnengott) beschrieben wird.

Der Zugang zum Stützpunkt wurde von zwei Hybriden bewacht, die einen menschlichen Oberkörper hatten, der sich von einem flach auf sechs Beinen fortbewegenden Unterkörper empor reckte (wieder eine genetische »Konstruktion«, die sich besonders für die Schwerkraftverhältnisse auf Dragon eignete). Im späteren Epos werden sie als »halb Mensch, halb Skorpion« beschrieben.

Die beiden Wächter führten eine Genanalyse an Gilgameš und seinen Begleitern durch. Sie stellten fest, dass es sich bei den sechs Personen und dem Toten um *Anunnaki* handelte. Nach einer kurz nach der Schlacht um Terra vom Kommandanten erlassenen Anordnung durften die menschlichen Soldaten die Stützpunkte der *Alderaaner* betreten, was ihnen zuvor verwehrt gewesen war (sie wurden in den Rekrutierungszentren ausgebildet, hatten jedoch kein Zutrittsrecht für die bis dahin den *Alderaanern* vorbehaltenen Stützpunkte). Der Sinn dieser Anordnung war offensichtlich: Als Folge der horrenden Verluste im Verlaufe der Schlacht wollte die alderaanische Führung so viele verletzte *Anunnaki* wie möglich retten. Eine medizinische Versorgung in den vernichteten Rekrutierungszentren war jedoch nicht mehr möglich, also öffnete man die Stützpunkte.

Ein schweres Stahlschott öffnete sich und gab den Weg frei ins Innere des Stützpunktes. Sie gelangten in eine Halle, deren

Wände mit einem fluoreszierenden Material bedeckt waren (*Garten der Edelsteine*). Die dem Schott gegenüberliegende Wand enthielt sechs Türen, die Seitenwände je drei.

Gilgameš wusste natürlich nicht, welche dieser Türen zu Ziusudra (*Uta-napišti*) führte und wie man sie öffnete. Einer Eingebung folgend, stellte er die entsprechende Frage einfach mit erhobener Stimme. Spracherkennung und Sprachanalyse waren längst Teil der alderaanischen Technologie, zumal das Sumerische große Teile der »Göttersprache« übernommen hatte.

Der Zentralrechner des Stützpunktes analysierte die Worte Gilgameš' in Sekundenbruchteilen und antwortete mit einer angenehmen Frauenstimme (*göttliche Wirtin Siduri*). Von den Hybriden-Wächtern bereits über die Identität der Ankömmlinge informiert, folgte die Maschine ihrem Programm, nach dem heimkehrende Soldaten (*Anunnaki*) zunächst zur medizinischen Untersuchung in die Krankenstation geführt werden sollten.

Den Wunsch, den Stützpunktkommandanten aufzusuchen, ignorierte der Rechner zunächst programmgemäß. Die beiden Hälften einer der Türen glitten in die Wand, und die Frauenstimme bedeutete ihnen, einzutreten.

Die sechs *Artur* betraten den dahinterliegenden Raum, wobei es sich um die Empfangshalle der Krankenstation handelte. Dort wurden sie von einem täuschend echt wie ein *Alderaaner* aussehenden Androiden (*Fährmann Ur-šanabi*) erwartet, der vom Zentralrechner bereits die wenigen Informationen über den sumerischen Dialekt des Alderaanischen erhalten hatte.

Gilgameš findet also den Fährmann Ur-šanabi, der ihn über das »Wasser des Todes« zur Insel »Land der Seligen« bringen soll, auf der Uta-napišti mit seiner Frau lebt. Aber im Streit zerschlägt Gilgameš die Wesen, genannt Die Steinernen, die die Stocherstangen als Fährhilfe für die Überfahrt herstellten. Nur mit diesen speziellen Stangen kann sich ein Schiffer problemlos über die Wasser des Todes fortbewegen. Da Die Steinernen ansonsten Ur-šanabi begleiteten, musste nun Gilgameš deren Funktion übernehmen und zusätzlich 300 Stocherstangen aus Holz schnitzen. Nach Abfahrt lässt Gilgameš die gerade benutzte Stange in das Wasser hinein gleiten, da sie mit dem Wasser des Todes in Berührung gekommen und dadurch unbrauchbar geworden war.

Als sie die letzte Stange aufgebraucht haben, sind sie noch immer nicht an der Insel angelangt. Gilgameš zieht Ur-šanabis Kleid aus und hängt es wie ein Segel zwischen seinen Armen auf. So erreichen sie Utanapišti.

Ur-šanabi, der Android, begrüßte die sechs Gefährten freundlich, die den toten Enkidu auf einer hölzernen Bahre bei sich trugen und erkundigte sich nach ihren Verletzungen, was für die Ankömmlinge zwar fremdartig, aber durchaus verständlich klang.

Gilgameš fragte den Androiden nach dessen Namen und reagierte zunächst einmal enttäuscht, dass es sich nicht um Ziusudra handelte. Dann berichtete er von Enkidus Vergiftung, der Ursache von dessen Tod und erwähnte der Vollständigkeit halber auch die Knochenbrüche, die sich der Freund beim Kampf gegen den Minotauros zugezogen hatte.

Wenn Rechner verwirrt sein könnten, so hätte den Androiden dieser geistige Zustand nun sicherlich ereilt. Doch seinem Programm folgend, wonach Tote, die offensichtlich vor Tagen gestorben waren, keiner Behandlung mehr bedurften, ging er auf Gilgameš' Worte überhaupt nicht ein und wiederholte seine Frage nach Verletzungen, präzisierte jedoch, dass er die Lebenden meinte. Mürrisch gab der König zurück, niemand sonst sei verletzt und der Grund ihres Besuches im Stützpunkt sei es, den Toten zu heilen.

Diese Ausführungen überzeugten den Androiden davon, dass die *Anunnaki* unter einer – vorsichtig ausgedrückt – psychischen Störung litten – wahrscheinlich ein posttraumatisches Stresssyndrom infolge der Kämpfe gegen versprengte *Dragonen* (dies ist natürlich eine Vermutung, die sich auf der nachfolgenden Reaktion des Androiden gründet). Also rief er – unhörbar für die Gefährten – über seine Funkschnittstelle Medizinroboter herbei, die nähere Untersuchungen an den Soldaten durchführen sollten.

Die Roboter hatten zwar eine humanoide Form, doch für die sechs *Artur* wirkten die aus Metall und Plastik bestehenden Wesen mit ihren dünnen Gliedmaßen und den großen, ausdruckslosen Augen unheimlich und bedrohlich. Als die Maschinen aus einem Gang in den Empfangsraum der Krankenstation traten, zog Gilgameš sein Schwert und drang damit auf die Roboter ein. Seine Kameraden taten es ihm gleich. Sekunden später lagen die Trümmer der künstlichen Ärzte (*die Steinernen*) auf dem Boden des Raums.

Nun stufte der Android die psychische Erkrankung der sechs *Anunnaki* als gefährlich ein. Ein solcher Fall war von seinen Erbauern nicht vorgesehen gewesen[47], weshalb keine vordefinierte Handlungsanweisung vorlag, wie mit durchgedrehten Soldaten zu verfahren sei. Da sein Existenzzweck darin bestand, seinen Teil zum medizinischen Betrieb des Stützpunktes beizutragen, kam eine Tötung der *Anunnaki* nicht infrage.

Einen Ausweg aus dem Dilemma wusste der Android allerdings auch nicht. Also fragte er über seine Funkschnittstelle den Zentralrechner um Rat. Letzterer verfügte über eine erheblich größere Datenbasis und war mit entsprechend ausgeprägteren kombinatorischen Fähigkeiten ausgestattet worden. Nach einigen Millisekunden intensiver Berechnungen[48] kam der Zentralrechner zu dem Schluss, ein Abwehrprogramm gegen in den Stützpunkt eindringende *Dragonen* zu aktivieren, weil

---

[47] *Anunnaki* pflegten (aufgrund ihres genetischen Gerüstes) keinen an der Waffel zu haben.

[48] Ich bitte um Entschuldigung, dass ich die Vorgänge mit einem gewissen ironischen Unterton schildere, aber dieses wenig harmonische Zusammenspiel von archaisch-menschlichen Handlungsweisen und maschineller Logik entbehrt nicht einer gewissen Komik.

dieses bei den *Anunnaki* genau den gewünschten Effekt hervorrufen würde. Dabei wurde ein Nervengift freigesetzt, das auf die Drachenartigen innerhalb von Sekundenbruchteilen tödlich wirkte. Menschen hingegen wurden lediglich in eine Art Wachkoma versetzt, wobei allerdings starke Halluzinationen auftraten.

Unsere sechs Freunde fielen um, wo sie standen, und begaben sich auf eine psychedelische Reise jenseits von Raum und Zeit. Gilgameš schrieb später nieder, er glaubte, er wäre tot gewesen und befände sich auf einem Ausflug zwischen Diesseits und Jenseits.

Seine Begleiter empfanden ähnlich, was später zu der Geschichte führte, sie hätten die »Wasser des Todes« überquert. Hinzu kommt, dass das Epos natürlich auch der Helden-Verklärung Gilgameš' dienen sollte, weshalb man ihm andichtete, den Indischen Ozean, das Rote, Kaspische und/oder Schwarze Meer überquert zu haben. Diese Meere galten zu jener Zeit als »Wasser des Todes«, weil ebenso wenig wie vom Tod noch niemals jemand von einem Überquerungsversuch dieser Gewässer zurückgekehrt war.

Was der Zentralrechner jedoch billigend in Kauf genommen hatte, war die Tatsache, dass eindringende *Dragonen*, was wiederum von einem anderen Rechnermodul aus der Aktivierung des Abwehrsystems geschlossen wurde, zu einer weiteren Handlungsanweisung führten – und zwar den Stützpunktkommandanten Ziusudra aus dem Kälteschlaf zu wecken. Im Falle eines derartigen, lebensbedrohlichen Ereignisses, wie dem Eindringen von *Dragonen* in den Stützpunkt, wollten sich die *Alderaaner* schließlich nicht alleine auf die Entscheidungen von Rechnern verlassen.

Ziusudra (*Uta-napišti*), wahrscheinlich hochgradig aufgeregt als er erwachte und von der Aktivierung des *Dragonen*-Abwehr-Systems erfuhr, dürfte sich schnell wieder beruhigt haben, nachdem er erkannt hatte, dass es sich lediglich um ein paar ausgeflippte *Anunnaki* handelte. Wo er schon einmal wach war, wollte er sich die seltsamen Vögel jedoch etwas genauer ansehen, die von weiteren Medizinrobotern bereits in Krankenzimmer gebracht worden waren.

Der Stützpunktkommandant suchte Gilgameš auf, dem er ein Gegenmittel injizieren ließ, das den König wieder zu klarem Verstand kommen ließ, wobei die körperliche Lähmung zunächst noch aus Sicherheitsgründen bestehen blieb. Ziusudra fragte Gilgameš, was es mit dem Wunsch nach der Wiedererweckung seines Freundes auf sich hätte und warum er die Medizinroboter zerlegt hatte.

Der König erzählte ihm von der königlichen Bibliothek in Kiš und den Schriften des Etana. Daraus hatte er gefolgert, dass er im Stützpunkt derjenigen, die zwischen den Sternen reisen können, Hilfe für Enkidu finden könnte. Die Roboter habe er zerstört, weil er sie für Wächter der Unterwelt gehalten habe.

Nach einigen weiteren Minuten des Gesprächs befand Ziusudra, dass er nun auch die körperliche Lähmung Gilgameš' aufheben konnte und befahl einen Medizinroboter, die entsprechende Injektion zu setzen. Als die Maschine eintrat, klärte er den König über die Funktion des Roboters auf.

Der Kommandant erkannte schnell, dass es sich bei Gilgameš um eine außergewöhnliche Führungspersönlichkeit handelte – zwar noch wild und verwegen, aber wie ein roher Diamant, den man mit ein wenig Arbeit zum Glänzen bringen konnte. Aus diesem Grunde entschloss sich Ziusudra, der Entwicklung der menschlichen Zivilisation ein wenig auf die Sprünge zu helfen, indem er den König und dessen Gefährten schulte.

Speziell Gilgameš erwies sich als äußerst lernbegierig und begriff die Zusammenhänge ziemlich schnell. Innerhalb weniger Tage wurde sein Wissen, das er durch das Studium der Etana-Texte erworben hatte, vervielfacht. Er kannte nun die Hintergründe des interstellaren Krieges zwischen *Alderaanern* und *Dragonen* und er war auch mit der Leistungsfähigkeit der alderaanischen Technologie vertraut. Selbstverständlich war auch der Verlauf der Schlacht um Terra Thema der Schulungen Ziusudras, inklusive des schwer getroffenen alderaanischen Generationenraumschiffs, das, wie vorausberechnet, in den Golf von Oman eingeschlagen war, was einen Tsunami verursacht hatte, der fast ganz Mesopotamien überspült hatte.

Im Zuge dessen berichtete der Kommandant auch von den Evakuierungsmaßnahmen, die er als Kommandant des Rekrutierungszentrums Kiš hatte treffen lassen. Diese Berichte wurden später zur Sintflutgeschichte der elften Tafel des Epos und wurden auch von der Bibel übernommen.

Zur Unterstützung seiner Ausführungen verwendete Ziusudra ein digitales Lesegerät, das (mit einer Hologrammfunktion ausgestattet) Filmsequenzen projizieren konnte. Zusätzlich verwendete er Verfahren zur Induktion von Hirnströmen, eine Weiterentwicklung der heutigen transkraniellen Magnetstimulation[49], was den Lernvorgang erheblich beschleunigte.

Als die »Aufklärung« seiner sumerischen Schüler beendet war, bedeutete er ihnen, dass es nun Zeit sei, den Stützpunkt wieder zu verlassen. Sie verließen alle zusammen den Raum, in dem die Schulungen stattgefunden hatten, wobei Ziusudra das digitale Lesegerät auf dem Schreibtisch liegen ließ.

Die *Artur* gehen übrigens heute davon aus, dass es sich dabei nicht um ein Versehen handelte. Gilgameš suchte sein Krankenzimmer auf, tauschte die Stützpunktkleidung gegen seine eigene und schlich sich zurück in den Schulungsraum, entwendete das Lesegerät und begab sich geschwind zurück in sein Zimmer.

Es erfolgte eine herzliche Verabschiedung von Ziusudra (der höchstwahrscheinlich vom Diebstahl Gilgameš' wusste). Den

---

[49] Auf diese Technologie werde ich ausführlicher im nächsten Buch eingehen. Wer bis dahin nicht warten möchte, sei auf Barker (1985) verwiesen.

Leichnam Enkidus hatten sie bereits vor Tagen, nachdem Ziusudra sie über den materialistischen Irrglauben aufgeklärt hatte, in einem Vril-Konverter in Neutrinos verwandeln lassen, die nach den tröstlichen Worten des Kommandanten von nun an das Universum durchstreifen würden.

[Hier erfolgt im Wikipedia-Text das Treffen von Uta-napišti und Gilgameš, die Sintflutgeschichte und das Geheimnis des ewigen Lebens, weshalb Gilgameš schließlich seinen »Ahnen« aufgesucht hatte]. *Nachdem er aufgewacht ist und sein Scheitern erkennen musste* [Anm.: Mit seinem durch die Gespräche mit Ziusudra gewonnenen technologischen Verständnis wuchs in ihm die Erkenntnis, dass selbst die alderaanische Technologie Tote nicht wieder zum Leben erwecken kann], *erklärt Uta-napišti ihm zumindest, wo sich die Pflanze der ewigen Jugend befindet. Gilgameš kann das Gewächs finden und macht sich auf den Weg zurück in die Heimat, wo er die Wirkung der Pflanze zunächst an einem Greis testen will, ehe er die Substanz der Pflanze an sich selbst erprobt.* [Anm.: Die Geschichte von der Pflanze des ewigen Lebens ist eine über die Generationen erfolgte Verfremdung des heiligen Grals (des digitalen Lesegeräts), die später wieder aufgegriffen wird im Zusammenhang mit dem Gral als einem Gefäß, das ewige Jugend verleiht, wenn man daraus trinkt]. *Als Gilgameš an einem Brunnen rastet, ist er jedoch unvorsichtig und eine Schlange kann ihm die Pflanze der ewigen Jugend stehlen. Betrübt und niedergeschlagen kehrt er nach Uruk zurück, bereichert um die Kenntnis, dass er sich nur durch große Werke als guter König einen unsterblichen Namen erwerben kann. So beginnt er mit dem Bau der Stadtmauer von Uruk.*

Der letzte Teil, der sich auf die Schlange bezieht – Sie ahnen es wahrscheinlich – ist eine Verfremdung einer weiteren Auseinandersetzung mit einem *Dragonen*, kurz nachdem die kleine Gruppe den alderaanischen Stützpunkt verlassen hatte.

Als sich die Kameraden auf den Heimweg machten, wurden sie von einem jener Wesen angegriffen. Der Schlangenartige hatte den Stützpunkt schon längere Zeit beobachtet, wobei unklar ist, wie er überhaupt von dessen Existenz erfahren hatte. Wie dem auch sei – ein Eindringen in den Stützpunkt war dem *Dragonen* nicht möglich, da er den schwer bewaffneten »Skorpion-Wächtern«, unterlegen war. Er hatte gesehen, dass Gilgameš und seine Gefährten vor vielen Tagen im Stützpunkt verschwunden waren und nun wieder herauskamen. Folglich wollte der *Dragone* wissen, wie es ihnen gelungen war, an den Wächtern vorbeizukommen.

Als er sich den Gefährten in den Weg stellte, kreisten sie ihn sofort ein und griffen von allen Seiten gleichzeitig an. Der *Dragone*, ziemlich überrascht von der Aggressivität der schwächlich geglaubten Menschen, wollte sich mit einem mächtigen Satz in Sicherheit bringen, wobei er allerdings von Gilgameš' Schwert aufgeschlitzt wurde. Schwer verletzt stürzte er zu Boden, wo ihm die *Artur* den Garaus machten.

Wieder in Uruk angelangt, ließ Gilgameš gigantische Bauwerke errichten, unter anderem eine elf Kilometer lange und neun Meter hohe Schutzmauer. Die für jene Zeit einzigartige Ingenieurskunst steuerten die von Ziusudra geschulten *Artur* bei. Die folgenden Jahre verbrachten der König und seine Tafelrunde[50] mit dem Studium des Lesegerätes (Heiliger Gral), wodurch sie viel über Astronomie und die Grundlagen der Mathematik lernten, wobei ihnen das Verständnis der höheren

---

[50] Ich benutze diese Formulierung, weil dies der eigentliche Ursprung der Artus-Legende ist, die erst im Mittelalter von Geoffrey von Monmouth, dem Bischof von St. Asaph in Wales, in der ersten Hälfte des 12. Jahrhunderts auf das englische Königshaus umgemünzt wurde, wobei jedoch wesentliche Elemente (Gral = Lesegerät, König Artur = Gilgameš als Begründer der *Artur*, Suche nach dem ewigen Leben, Tafelrunde, Merlin = Ziusudra, usw.) in entsprechend über die Jahrtausende verfremdeter Form erhalten blieben.

Mathematik und Physik mangels Lehrer jedoch versagt blieb. Dieser Zustand änderte sich erst dramatisch mit der Entwicklung der Relativitäts- und Quantentheorie zu Beginn des 20. Jahrhunderts. Dieser Teil der Geschichte der *Artur*, ihre Denkweisen und Strategien, waren der Schwerpunkt des vorherigen Bandes »Als Agent der Dritten Macht«. Kommen wir nun zum Schwerpunkt des vorliegenden Buches: Die Denkweisen und Strategien der Gegenspieler der *Artur*, der *Bruderschaft der Schlange*.

Teil 2: Baphomet – Die Herrschaftsstrategien der *Illuminaten*

Die ersten *Anunnaki*, die sich mit den *Dragonen* verbündeten, waren der König von Byblos und seine Getreuen (siehe Teil 1). Die erste Schlacht jenes Vorläufers der *Bruderschaft* gegen die Truppen Gilgameš' ging verloren. Es kam jedoch an mehreren Orten zu diesem unheilvollen Bündnis, aus dem sich später die global agierende *Bruderschaft der Schlange* entwickelte. Koordiniert wurde dieses globale Bündnis durch überlebende *Dragonen*, die einige Funkgeräte aus abgestürzten Flugscheiben hatten bergen können. Durch die Stromerzeugung dieser Geräte auf Vril-Basis, konnte diese Kommunikation praktisch unbegrenzt lange aufrechterhalten werden.

In diesem Teil des Buches geht es jedoch nicht um die Geschichte der *Bruderschaft*, ein Thema, auf das ich an anderer Stelle zurückkommen werde, sondern es geht um die Herrschaftsstrategien jener heute als *Illuminaten* bekannten Organisation, die unser jetziges Leben massiv beeinflusst. Das – mit Verlaub – geniale an diesen Strategien ist die Tatsache, dass sich die überwiegende Mehrheit in den westlichen Demokratien überhaupt nicht bewusst ist, über die Jahrtausende durch geschickte Indoktrination zu Sklaven jener okkulten Herrscher geworden zu sein. Wer nicht weiß, dass er versklavt wurde, wird sich auch nicht dagegen auflehnen, woraus die faktisch absolute Macht der *Illuminaten* resultiert.

Absolute Macht bedeutet, dass man nach Gutdünken über Leben und Tod, arm und reich, Einfluss und Bedeutungslosigkeit entscheiden kann. Dies ist jedoch noch lange keine *Allmacht*. Letztere ist alleine dem wahren Gott vorbehalten, auf den ich zusammen mit dem Jesus-Evangelium in einer weiteren Publikation eingehen werde.

Deshalb möchte ich an dieser Stelle mit einem Mythos aufräumen. Oftmals werden den *Illuminaten* in der »Verschwörungsliteratur« geradezu göttliche Fähigkeiten angedichtet. Es wird behauptet, sie hätten so etwas wie eine über Jahrhunderte oder Jahrtausende praktisch minutiös geplante Strategie, die letztlich zur Weltherrschaft führen würde bzw. bereits geführt hat. Dies ist eine falsche Sichtweise.

Das einzige, was seit der Gründung der *Bruderschaft* feststeht, ist das Ziel: die Weltherrschaft. Dabei geht es um Macht über die Menschen, über ihren Geist, nicht um Macht über Materie, gleichbedeutend mit materiellem Reichtum. Letztere ist nur Mittel zum Zweck.

Die einzelnen Etappen auf dem Weg zu diesem Ziel sind auch für die *Illuminaten* unvorhersehbar. Menschliche Gesellschaften sind chaotische Systeme, weshalb sich unmöglich jedes Ereignis im Detail planen lässt.

Es treten dauernd irgendwelche Ereignisse auf, die auch von den *Illuminaten* nicht einmal erahnt werden können. Stattdessen kann man den Weg der *Bruderschaft* zur absoluten Herrschaft mit der Fahrt eines Ruderbootes vergleichen: Das Ziel und damit der Kurs steht fest, doch wenn man auf der linken Seite rudert, weicht das Boot nach rechts vom geraden Weg ab und umgekehrt. Zusätzlich gibt es eine Strömung und dabei treten immer wieder Wasserverwirbelungen auf.

Um das Ziel letztlich zu erreichen, muss man ständig gegensteuern, die aufgewendeten Kräfte wohl dosieren und immer wieder korrigieren. Diese ständigen Kurskorrekturen sind bei der heutigen Betrachtung der Vergangenheit nicht mehr klar zu erkennen – der Weg, den das Ruderboot zurücklegte, erscheint uns gradlinig, was zum Mythos der alle Eventualitäten voraussehenden und in ihren Plan einbeziehenden *Illuminaten* führte.

Doch wenn wir uns im nächsten Band den Plänen dieses Geheimbundes für die Zukunft widmen, wird klar, dass die *Bruderschaft* mehrere Alternativstrategien bereithält, um möglichst flexibel auf die tatsächlich eintretenden Umstände reagieren zu können. Hinzu kommt, dass die *Bruderschaft* in ihrer fünftausendjährigen Geschichte einen mächtigen Gegenspieler hatte: die *Artur*, deren Züge in diesem globalen Spiel natürlich von den *Illuminaten* nicht vorausgesehen werden konnten (sonst wären es sehr schlechte Züge gewesen).

Doch kommen wir nun zu den Strategien und den zugrundeliegenden Prinzipien, die die Quelle der Macht der wahren Herrscher über unseren Planeten bilden. Herrschaft bedeutet die Kontrolle über das Handeln der Menschen.

Mit anderen Worten: Herrschaft bedeutet, dass die Menschen tun, was der Herrschende will. Dies wiederum setzt die Herrschaft über den Geist des Anderen voraus. Folglich muss eine effektive Herrschaftsstrategie die »Funktionsweise des Geistes« berücksichtigen.

Das Wissen über Gesetzmäßigkeiten des Geistes erhielt die *Bruderschaft* von ihren Lehrmeistern, den *Dragonen*, weshalb sie bereits vor 5.000 Jahren damit begannen, ihre Herrschaft auf Basis der Kontrolle des Denkens aufzubauen. Dieses Wissen um die Funktionsweise des menschlichen Geistes war bis vor wenigen Jahrzehnten okkult. Mittlerweile ist es als Folge des wissenschaftlichen Fortschritts jedoch öffentlich zugänglich.

Der Medizin-Nobelpreisträger Eric Kandel schrieb über diese »Wissenschaft des Geistes« ein höchst spannendes populärwissenschaftliches Buch, das ich zur Vertiefung dieses Themas empfehlen möchte[51].

Den weniger an der Neurobiologie Interessierten möchte ich an dieser Stelle ein ganzes Buch über diese Zusammenhänge ersparen. Stattdessen will ich Ihnen nur einen kurzen Überblick über die wichtigsten Mechanismen geben, die von den *Illuminaten* zur Herrschaft genutzt werden.

In den stammesgeschichtlich älteren Teilen unseres Gehirns, dem limbischen System, das wir mit den anderen Säugetieren

---

[51] Kandel (2006)

gemeinsam haben, befinden sich die sogenannten Gefühlszentren. Speziell die Amygdala ist unter anderem für das Gefühl der Angst zuständig. Die Zellen dieser emotionalen Zentren haben eine besondere Eigenschaft: Sie besitzen Fortsätze, die bis in den Kortex (Hirnrinde) hineinreichen, wo unter anderem unser bewusstes Denken stattfindet. Über diese Fortsätze sind die Zellen der Gefühlszentren in der Lage, sogenannte »neuroplastische Botenstoffe« auszuschütten.

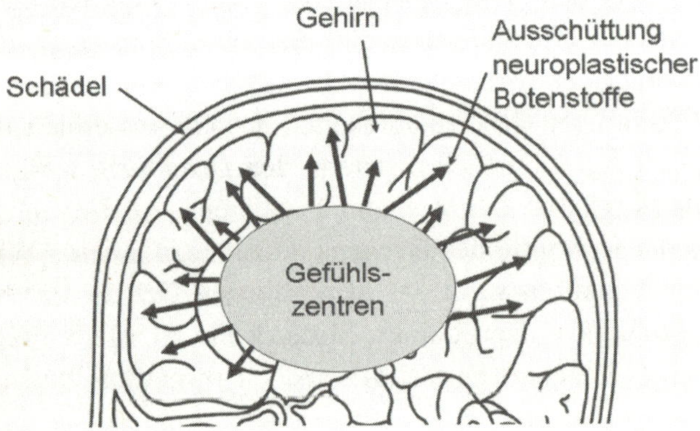

Abb. 2.1: Neuroplastizität

Die Zellen des Kortex sind jedoch nicht in der Lage, diese Botenstoffe selbst zu produzieren. Sie sind in dieser Hinsicht von den Gefühlszentren abhängig, was bedeutet, dass das Fühlen das Denken beherrscht.

Diese Botenstoffe haben die Fähigkeit, die Verbindungen zwischen Nervenzellen zu stabilisieren, was man Neuroplastizität nennt. Wenn man also etwas denkt, wobei die Gefühlszentren angeregt werden, so werden über die Fortsätze Botenstoffe ausgeschüttet, die jene neuronalen Muster des bewussten

Denkens im Kortex stabilisieren, die dieses Gefühl ausgelöst haben. Je öfter man diesen Gedanken verfolgt, umso intensiver wird er – bildlich gesprochen – in unseren Geist eingebrannt.

Prof. Hüther von der Universität Göttingen spricht in diesem Zusammenhang von (neuronalen) Feldwegen, die zu Landstraßen und schließlich zu Autobahnen werden[52]. Entsprechend schwierig wird es im späteren Leben für einen Menschen, die bequeme, eingefahrene Autobahn wieder zu verlassen und sich einen Feldweg zum Ziel zu suchen. So etwas macht man nur dann, wenn außergewöhnliche Umstände einen dazu zwingen, z.B. wenn man erkannt hat, dass die Autobahn in die Sklaverei führt (wozu ich hier einen Beitrag zu leisten versuche). Nur dann ist man bereit, den holprigen Feldweg in die Freiheit zu nehmen. Genau deshalb ist aus Sicht der *Illuminaten* der perfekte Sklave derjenige, der nicht weiß, dass er ein Sklave ist.

Speziell Dinge, die wir als wahr, richtig und erfolgreich erkannt haben (oder zu erkennen glauben), werden durch diesen Mechanismus der Erregung der Gefühlszentren mit darauf folgender Ausschüttung der neuroplastischen Botenstoffe im Kortex zu »Autobahnen« unseres Geistes.

Die Frage, warum sich dieser Mechanismus evolutionär entwickelt hat, d.h. vorteilhaft für die Verbreitung der diesen Mechanismus vererbenden Gene ist, kann man leicht erklären: Neuronale Muster, die zu erfolgreichem Handeln führen, werden stabilisiert, damit wir den zugrunde liegenden Gedanken nicht immer wieder aufs Neue nachvollziehen müssen.

Ein schönes Beispiel aus modernen Zeiten – es lassen sich natürlich beliebig viele aus unserer steinzeitlichen Vergangenheit aufzählen – ist das Autofahren: Während wir uns anfangs noch genau auf die Bewegungsabläufe für Kuppeln, Gasgeben und Gangwechsel konzentrieren müssen, so geht uns dies nach

---

[52] Hüther (2013). Diese Buch liefert ein ausgezeichnetes Verständnis der neurobiologischen Mechanismen, ohne zu tief in die wissenschaftlichen Details einzutauchen. Sehr empfehlenswert!

einiger Zeit »in Fleisch und Blut« über (die Umschreibung von »Stabilisierung der neuronalen Verschaltungsmuster« im Volksmund). Wir brauchen nicht mehr über jeden einzelnen Schritt nachzudenken, das Autofahren läuft quasi »automatisch« ab.

Neben der Neuroplastizität gibt es auch noch einen weiteren evolutionär entstandenen Mechanismus, der für unsere Betrachtungen zur Herrschaft über den Geist interessant ist: unsere angeborenen Tendenz zur Verallgemeinerung von Erkenntnissen. Damit hat uns die Natur einen logischen Fehler eingebaut, der jedoch für unser Überleben (bzw. die Verbreitung der entsprechenden Gene) durchaus sinnvoll war.

Wenn man beispielsweise feststellte, dass eine bestimmte Frucht ungenießbar ist (oder sogar gesehen hat, wie ein Artgenosse an ihrem Verzehr starb), so war es sinnvoll zu verallgemeinern, dass *alle* ähnlich aussehenden Früchte ebenfalls ungenießbar oder sogar giftig sind. Die Kosten für dieses uns eingebaute »Verallgemeinerungsprogramm« bestanden, evolutionsbiologisch gesehen, darin, dass wir auf durchaus genießbare, nahrhafte Früchte verzichteten, die eben nur ähnlich aussahen, aber nicht die gleichen wie die giftigen waren.

Die Kosten für den gegenteiligen Fall – also wenn wir aus der Erfahrung mit einer giftigen Frucht nicht schließen würden, dass *alle* ähnlichen Früchte giftig sind, waren ungleich höher. Diese Denkweise wäre zwar logisch korrekt gewesen, die Kosten könnten aber mit signifikant hoher Wahrscheinlichkeit der Tod sein.

Der Mechanismus der natürlichen Selektion ist aber nun mal eine Kosten/Nutzen-Rechnung. Es verbreiten sich diejenigen Gene, die im Vergleich zu ihrem Nutzen die geringsten Kosten verursachen. In unserem Fall ist dies das Gen für Verallgemeinerung von Erkenntnissen.

Dieser Hang zur Verallgemeinerung, der in der steinzeitlichen Umwelt durchaus Sinn gemacht hat, kann in der modernen Gesellschaft jedoch zu fatalen Irrtümern führen. Genau diese Denkfehler werden von den *Illuminaten* ausgenutzt.

Jetzt sind wir so weit, den Bogen zurück zur Neuroplastizität zu spannen: Der Trick der *Bruderschaft* besteht darin, ein zunächst erfolgreiches, als richtig akzeptiertes, d.h. neuronal stabilisiertes Denkmuster als *Basis* zu verwenden. Kaum jemand würde diesem wahren und richtigen Gedankengang, den ich hier *Basis* nenne, widersprechen. Dann wird eine logisch falsche, aber durch die evolutionäre Entwicklung unseres Geistes von den meisten Menschen nichthinterfragte *Verallgemeinerung* an die »*Basis*« angefügt (konkrete Beispiele folgen gleich reichlich). Diese Verallgemeinerung dient lediglich der Herrschaft der *Illuminaten* und ist zum Nachteil der Beherrschten. Mit anderen Worten: Die *Bruderschaft* nutzt die evolutionär entstandene Denkstruktur »*Verallgemeinerung*«, die in unserer Entwicklungsgeschichte durchaus Sinn gemacht hat, zu unserem Nachteil aus[53]. Ich gebe zu, dass diese Zusammenhänge für den einen oder anderen ein wenig abstrakt sein mögen. Deshalb nun zwei praktische Beispiele:

---

[53] Es gibt eine Reihe solcher evolutionär entstandenen Verhaltensmuster – nicht nur beim Menschen –, die meistens Sinn machen, in seltenen Fällen jedoch fatale Konsequenzen haben. Ein Beispiel ist das Orientierungssystem von Motten. Da die Gestirne, speziell der Mond, sehr weit weg sind, ändern sie (für die Motte) bei ihrem nächtlichen Flug augenscheinlich nicht ihre Position. Deshalb ist die Verhaltensregel für den Geradeausflug der Motte durchaus sinnvoll, die da lautet: »Flieg so, dass sich der Mond immer an der gleichen Position (z.B. links von dir) befindet.« Wenn es sich jedoch nicht um eine quasi unendlich weit entfernte Lichtquelle wie den Mond handelt, sondern um eine Kerzenflamme, so wird die Motte eine Kreisbahn um die Flamme einschlagen (damit sie sich immer an der gleichen Position befindet). Dies führt schließlich zu einer spiralförmigen Bahn der Motte, die in der Flamme endet und die Motte verbrennt. Dieses Beispiel aus der Natur ist ziemlich passend, weil sich die Menschenmassen tatsächlich wie Motten zu verhalten scheinen ...

Erstens: Stellen wir uns vor, die *Illuminaten* konstruieren eine Religion zum Zweck, die Menschen zu beherrschen (näheres dazu in Abschnitt 2.2). Dann wird dieser Religion zunächst eine *Basis* verpasst, die sofort einsichtig ist und der man praktisch nicht widersprechen kann: *Gott ist gut*. Bitte achten Sie darauf, dass diese Basis möglichst primitiv ist. Komplexe Sachverhalte können unsere Gefühlszentren nicht ansprechen, weshalb sie nicht als *Basis* für den neuronalen Stabilisierungsvorgang dienen können[54]. Jetzt kommt die an die *Basis* gehängte *Verallgemeinerung*: *Alles, was Gott tut, sagt und fordert, ist gut*. Damit erstellen sich die *Illuminaten* einen Freibrief, selbst jeglicher Moral widersprechende, wirklich abscheuliche Dinge als »gut«, weil von ihrem erfundenen Gott gewollt, zu verkaufen. Es ist kaum zu glauben, dass diese plumpe Manipulation funktioniert, aber wir werden in Abschnitt 2.2 sehen, dass dies tatsächlich der Fall ist.

Das zweite Beispiel ist etwas komplexer. Auf Basis der Ereignisse des 2. Weltkriegs (deren Ursachen und Hintergründe jetzt nicht das Thema sind, sondern Psychologie und Neurobiologie) war es recht einfach, die *Basis* zu implementieren: *Nazis sind böse*. Man achte auch hier wieder auf die Einfachheit der Konstruktion, die bereits implizit eine *Verallgemeinerung* enthält: *Alle Nazis sind böse*. Aber das ist nur ein Detail. Die eigentliche an die *Basis* gehängte *Verallgemeinerung* lautet: *Alles, was Nazis sagen und tun, ist böse*. Das ist natürlich eine tolle Grundlage für die *Bruderschaft*, um aus dem Vollen zu schöpfen. Dazu nun eins von vielen Beispielen (innerhalb unseres Beispiels): Da Nazis nun mal gegen die Einwanderung von Menschen mit fremder Kultur sind (diese Form der Migra-

---

[54] Komplexe Sachverhalte können jedoch sehr wohl das Ergebnis eines solchen Stabilisierungsvorgangs sein, z.B. wenn jemand von der Basis »Wissenschaft ist toll« ausgehend (d.h. mit aktivierten Gefühlszentren) eine komplexe Theorie nachvollzieht. Dann brennt sich Letztere ins Gedächtnis.

tion ist für die *Illuminaten* extrem lukrativ, siehe Abschnitte 2.5 und 2.6), folgt aus der *Basis* plus *Verallgemeinerung*: *Wer gegen die Einwanderung von Menschen mit fremder Kultur ist, ist ein Nazi und damit böse.* Diese Vermischung einer als wahr und richtig geglaubten *Basis* mit unzulässiger (also logisch falscher) *Verallgemeinerung*, wird von der *Bruderschaft* in Form des Götzen Baphomet verehrt. Wie ausführlich in der Einleitung beschrieben, ist Baphomet ein Symbol für die Quelle der Macht der *Illuminaten*, die darin besteht, das Gute zum Schlechten (und umgekehrt) zu erklären, oder kurz: die Dinge auf den Kopf zu stellen, zu verwirren, zu täuschen und Gegensätze geschickt miteinander zu vermischen. Die zugrunde liegenden neuro- und evolutionsbiologischen Mechanismen habe ich zuvor erläutert.

Um Missverständnisse zu vermeiden: Baphomet versinnbildlicht diese Vermischung von Gegensätzen wie Wahrheit und Lüge durch Verallgemeinerung. Es handelt sich bei dieser Figur um die künstlerische Darstellung des gedanklichen Konstrukts einer aus Gegensätzen bestehenden Strategie.

Die *Illuminaten* glauben nicht etwa, es handele sich um ein reales Wesen!

Dieser Teil ist meiner Meinung nach der wichtigste des Ihnen vorliegenden Buches, weil es sich mit eben dieser Strategie der *Illuminaten* beschäftigt, die unser aller Leben bestimmt. Um sich des Einflusses des Lügengebäudes zu entziehen, ist es unabdingbare Voraussetzung, sich erst einmal vom Spinnennetz aus Verwirrungen und Täuschungen zu befreien. Dieses Vorhaben möchte ich nun gemeinsam mit Ihnen angehen. Deshalb fordere ich Sie ausdrücklich auf, immer wieder innezuhalten und meine Argumentation nachzuvollziehen und zu prüfen. Falls an einer Stelle Verständnisschwierigkeiten auftreten, lassen sie mich dies wissen, damit ich diese Erklärungsschwäche meinerseits in einem Folgeband an entsprechender Stelle korrigieren kann.

Meine Absicht, die Dinge zu entwirren und ihren Kern klar herauszustellen, ist nicht einfach. Um ihre Strategien zu verbergen und für die breite Masse undurchschaubar zu machen, haben die *Illuminaten* gewisse Sachverhalte (z.B. unser Finanzsystem) bis ins Absurde verkompliziert. Deshalb ist es für mich nun ein schmaler Grat zwischen unzulässiger Vereinfachung und klarem Herausstellen der Grundlagen der Geheimlehre der *Illuminaten*.

Selbstverständlich wird mir der eine oder andere Wirtschaftswissenschaftler oder Theologe vorwerfen, ich würde bestimmte Aspekte des Finanzsystems bzw. der entsprechenden religiösen Lehren unterschlagen oder verzerrt darstellen. Ich denke jedoch nicht, dass ich dies tue. Bei genauerem Hinsehen entpuppen sich solche Aspekte als entweder inhaltsleer, weshalb es ein Streit um des Kaisers Kleider ist, oder als lediglich verkomplizierende Konstrukte, deren einziger Sinn es ist, die tatsächlichen Hintergründe zu verschleiern.

Man kann meine Vorgehensweise vergleichen mit der Herleitung der Fallgesetze, die ich in »Als Agent der Dritten Macht« exemplarisch aufführte. Ziel ist es, mit möglichst einfachen Gesetzmäßigkeiten eine möglichst genaue Aussage über den Zusammenhang zwischen Fallhöhe und Falldauer (zwischen der Strategie der *Bruderschaft* und den Auswirkungen auf unser Leben) zu treffen. Dabei ist man sich natürlich bewusst, dass man »eigentlich« die Luftreibung berücksichtigen müsste. Und natürlich die Tatsache, dass sich die Erde unter der fallenden Kugel hinweg dreht, was ihre Flugdauer verlängert. Schließlich müsste man auch die relativistischen Effekte berücksichtigen, weil Zeit und Raum für die im Gravitationsfeld beschleunigte Kugel nicht die gleichen sind, wie für die »ruhende« Erde. Selbstverständlich ist auch zu berücksichtigen, dass die Gravitationskraft mit dem Quadrat des Abstandes der sich anziehenden Körper (Erde und Kugel) abnimmt, d.h. eine Kugel, die aus größerer Höhe abgeworfen wird, erfährt zunächst einmal eine geringere Beschleunigung. All diese Dinge braucht man jedoch nicht, um nachzuvollziehen, wie die Kugel *im Prinzip* fällt – d.h. die Genauigkeit der Beschreibung mit Hilfe der klassischen Mechanik ist *hinreichend* genau. Es genügt, wenn man sich bewusst ist, dass es ein paar Effekte gibt, die zu geringfügigen Abweichungen in die eine oder andere Richtung führen.

Die quantitative Berücksichtigung all dieser Effekte würde unsere Berechnung der Fallzeit als Funktion der Fallhöhe bis ins Absurde verkomplizieren und uns den Blick für das Wesentliche nehmen. Dementsprechend bemühe ich mich, den Ballast abzustreifen, der den *Illuminaten*strategien ganz bewusst angeheftet wurde, um die Dinge soweit zu verkomplizieren, dass ein Außenstehender ohne Hilfe von außen, wie ich sie hatte, niemals in der Lage wäre, den Kern der Dinge zu erkennen.

Wie bereits diskutiert, war (und ist) die Grundlage der *Illuminaten*strategie die Schaffung von Religionen als Herrschaftsinstrument (Abschnitt 2.2). Die *Artur* steuerten mit der Aufklärung dagegen und nahmen den Religionen, speziell der christlichen, in Europa und den USA einen Großteil ihrer Macht, wobei das Pendel speziell in den USA dabei ist, wieder zurück in die religiöse Ecke auszuschlagen. Das fundamentalistische Christentum gewinnt dort zur Freude der *Bruderschaft* immer mehr Macht.

Die *Illuminaten* reagierten auf die Aufklärung mit der Ersatzreligion des Materialismus (vgl. Einleitung) und dem daraus resultierenden Streben nach Reichtum (Abschnitt 2.3). Diese Strategie führt jedoch, wie ich ausführlich erläutern werde (Abschnitt 2.5), nur in Verbindung mit einem speziellen Gesellschaftssystem, der parlamentarischen Demokratie, zur Herrschaft des Geldes und damit zu einer Diktatur der *Bruderschaft*. Keine Sorge, eingefleischte Anhänger der Demokratie brauchen bei diesen Worten nicht in Schnappatmung zu verfallen – im Gegenteil, ich werde zeigen, dass Demokratie auch die bevorzugte Regierungsform der *Artur* ist (allerdings keine parlamentarische) und ich werde erläutern, warum das Gesellschaftssystem des Westens keine echte Demokratie ist, sondern einer Diktatur gleichkommt.

An dieser Stelle wird wieder das Verwirrspiel der *Illuminaten* deutlich: Parlamentarische Demokratie wird mit Demokratie ganz allgemein gleichgesetzt (wobei es selbstverständlich andere Formen der Demokratie gibt, wie wir sehen werden), und wer diese allein selig machende Demokratieform kritisiert, befürwortet natürlich nach der von den Medien für einfache Gemüter betriebenen Propaganda eine Diktatur oder wird gleich als »Nazi« verunglimpft. Tatsächlich liegen die Verhältnisse genau umgekehrt (Baphomet lässt grüßen): Die parlamentarische Demokratie in Verbindung mit unserem Finanzsystem führt automatisch und unweigerlich zur Diktatur, weshalb die Offenlegung der Zusammenhänge zum Kampf für *echte Demokratie* beiträgt. Speziell die Rolle der Medien bei diesem Verwirrspiel wird uns in diesem 2. Teil des Buches immer wieder begleiten.

Doch bevor wir in die Grundlagen *illuminierter* Herrschaftsstrategien einsteigen, möchte ich zum tieferen Verständnis der Denkweisen der *Bruderschaft* zunächst einmal ihre Organisationsstruktur beschreiben, die tief in deren Selbstverständnis blicken lässt.

2.1 Die Organisationsstruktur der *Illuminaten*

Die meisten Menschen stellen sich einen absolutistischen Herrscher wie einen französischen König des Ancien Régime vor, manche haben in diesem Zusammenhang vielleicht auch Persönlichkeiten wie Julius Caesar oder Adolf Hitler im Kopf.

Ebenso mag es für nicht wenige eine verlockende Vorstellung sein, mit absoluter Macht ausgestattet von den Massen bejubelt zu werden. Dies ist jedoch eine ziemlich naive Sicht auf die Wirklichkeit.

Das Leben der in der Öffentlichkeit stehenden[55] absoluten Herrscher war und ist keineswegs so unproblematisch, märchenhaft schön und erhaben, wie es scheinen mag. In der Realität müssen sich diese Persönlichkeiten ständig mit den Intrigen ihrer Feinde in ihrem Umfeld auseinandersetzen, die ihnen diese Macht neiden und für sich selbst wollen.

Zusätzlich stehen die absoluten Herrscher unter einem immensen Leistungsdruck: Sie werden für innenpolitisches und besonders außenpolitisches Versagen, was sie entsprechend schwächt und angreifbar macht, persönlich zur Rechenschaft gezogen, was ihnen nicht nur die über alles geliebte Macht, sondern nicht selten auch das Leben nimmt. Hinzu kommt, dass das unbeschwerte Ausleben absoluter Macht schnell dazu führen kann, dass man den Bogen überspannt. In diesem Fall ist es für Neider im eigenen Umfeld ein Leichtes, unzufriedene Bundesgenossen zu gewinnen, um den Herrscher zu Fall zu bringen.

Offen ausgelebte absolute Macht ist eine Illusion, die nur für diejenigen reizvoll ist, die sich am Jubel der Massen und an materiellem Reichtum ergötzen können. Der Preis für diese Illusion ist ein permanenter Ritt auf dem Vulkan, der in Form innerer oder äußerer Feinde jederzeit ausbrechen kann.

---

[55] Im Gegensatz zu den okkulten absoluten Herrschern, den *Illuminaten*.

Aus diesen Gründen kann wirklich absolute Macht (im Sinne von Unangreifbarkeit) nur aus dem Verborgenen, ein anderes Wort dafür ist »okkult«, ausgeübt werden. Damit haben wir die tatsächliche Motivation für den Okkultismus der *Illuminaten* auf den Punkt gebracht. Dabei sind zwei Umstände zu bedenken:

Erstens: Die *Bruderschaft* verachtet die *Proles*, also die breite Masse, zutiefst. Darin unterscheidet sie sich von den *Artur*, die ihren Glauben an die *Proles* verloren haben und ihnen als Folge davon »nur« neutral gegenüberstehen. Für die *Illuminaten* hingegen ist der sogenannte Durchschnittsbürger unwissendes Vieh, das lediglich von niederen Trieben wie Essen und Fortpflanzung gesteuert wird[56]. Dementsprechend legen die *Illuminaten* nicht den geringsten Wert darauf, von diesem »Vieh« verehrt und bejubelt zu werden. Damit fehlt eine der beiden Motivationen, die mit öffentlich ausgelebter absoluter Macht verbundenen Schwierigkeiten in Kauf zu nehmen.

Zweitens ist der *Bruderschaft* natürlich klar, dass der Materialismus lediglich eine auf Basis unserer evolutionär entstandenen Hirnstrukturen existierende Scheinwelt ist. Sie verwenden diese Anschauung zwar als Quasi-Religion, um ihre Herrschaft über die Unwissenden zu zementieren, für die *Illuminaten* hat persönlicher Reichtum jedoch nur eine sehr untergeordnete Bedeutung. Ihnen geht es um die absolute Herrschaft über den Geist, also das Denken der anderen Menschen, nicht um die Herrschaft über die materiellen Dinge, d.h. um Reichtum. Geld, wovon sie *unerschöpflich* viel besitzen, wie wir noch sehen werden, ist für sie nur das Mittel zum Zweck, um ihrer Herrschaft (verbunden mit der Ideologie des Materialismus) Ausdruck zu verleihen. Aus diesem Grunde werden wir einen *Illuminaten* nicht unter jenen Menschen finden, die einen besonders aufwendigen Lebensstil pflegen. Für sich persönlich

---

[56] Wie ich im »Agenten der 3. Macht« erläuterte, war dies der eigentliche Hintergrund von George Orwells »Animal Farm«.

beanspruchen die Verschwörer nur so viel Geld, dass es ihnen möglich ist, sich ganz um »die Sache« zu kümmern. Sie leben wie jemand, der über ein Jahreseinkommen von wenigen hunderttausend Euro verfügt, also wie Millionen andere in der westlichen Welt. Kein *Illuminat* besitzt offiziell eine große Jacht, ein Privatflugzeug oder eine Luxusvilla in Monaco, weil diese Leute derartiger Tand überhaupt nicht interessiert. Für die *Illuminaten* ist es nicht wichtig, den Reichtum der Welt für persönlichen Luxus zu nutzen, sondern das Geld zu kontrollieren, um damit eben jene absolute Macht über die Medien, damit über jeden einzelnen Politiker, jeden Wirtschaftsboss und schließlich über jeden Einzelnen von uns auszuüben.

Wenn Sie, lieber Leser, einem dieser Weltenherrscher begegnen würden, dann hielten Sie ihn für den Inhaber eines mittelständischen Unternehmens, vielleicht auch für einen Wissenschaftler, Richter oder Journalisten. Niemals jedoch kämen Sie auf die Idee, dass der vor Ihnen stehende Mann (oder die Frau) den sofortigen Sturz Barack Obamas oder Angela Merkels veranlassen könnte. Ebenso empfänden Sie die Behauptung vollkommen absurd, dass dieser Mann oder diese Frau einen Weltkrieg auslösen könnte.

Zusammenfassend können wir feststellen, dass offen ausgelebte absolute Macht äußerst gefährlich ist und dass die Vorteile (Verehrung durch die Massen, ein Leben in Luxus) für die *Illuminaten* keine Relevanz haben. Folglich ist ihre Herrschaftsmethode vollkommen anders als die von Königen oder Diktatoren – und deshalb viel effizienter.

Wie organisiert man absolute Macht, die aus dem Verborgenen ausgeübt wird und deshalb unangreifbar macht? Vergegenwärtigen wir uns noch einmal die Gesamtsituation, denn nur vor dem historischen Kontext sind die Handlungsweisen der *Bruderschaft* vollständig zu verstehen.

Im Jahre -3.191 erreichten die *Anunnaki* das Hades-System und vernichteten die Zivilisation der *Dragonen*. Vierzig Jahre später entbrannte nach 600jährigem Raumflug der *Dragonen* die Schlacht um Terra, bei der beide Seiten fast vollständig aufgerieben wurden. Die Überlebenden abgestürzter dragonischer Flugscheiben rekrutierten mit dem (wahren) Versprechen absoluter Macht einige *Artur* – die *Bruderschaft der Schlange* war geboren. Die *Dragonen* glaubten fest daran, dass das dragonische Imperium einst wiederauferstehen würde. Genau genommen ist dies nach der Vernichtung der gesamten Zivilisation im Hades-System und der Zerstörung der dragonischen Invasionsflotte bei der Schlacht um Terra eine ziemlich optimistische Vorstellung. Woher stammt dieser Optimismus der *Dragonen*? Die *Artur* wissen es nicht – ich also erst recht nicht. Es wird jedoch vermutet, dass die auf der Erde gestrandeten *Dragonen* über ein Geheimwissen verfügen, also über Informationen, die weder den *Alderaanern* noch den *Artur* bekannt sind. Es können also nur Vermutungen angestellt werden. Man spekuliert, dass die *Dragonen* noch vor dem Vernichtungskrieg im Hades-System (-3.191) Expeditionen in zumindest ein weiteres Sonnensystem entsandten. Schließlich liegt es in der Mentalität der *Dragonen*, immer einen Plan B in der Tasche zu haben, hier für den Fall, dass der Krieg gegen Alderaan verloren wird. Diese Plan-B-Mentalität wurde von ihren gelehrigen Schülern, den *Illuminaten*, übernommen. Darauf komme ich ausführlich im nächsten Buch zurück.

Falls die Vermutung einer weiteren Sternenexpedition der *Dragonen* zutrifft, könnten die auf der Erde verbliebenen Schlangenartigen darauf hoffen, dass ihre Artgenossen im Zielsystem eine neue dragonische Zivilisation erschaffen haben und dereinst die ihnen bekannte Erde aufsuchen werden. Die größte Gefahr für ein solches neues dragonisches Imperium wären jedoch die *Anunnaki*, deren Kampfkraft den *Dragonen* seit den Schlachten im Hades-System und bei Terra in sehr negativer Erinnerung geblieben sein dürfte. Folglich waren die auf der Erde festsitzenden *Dragonen* massiv daran interessiert, dass die menschliche Zivilisation keine Hochtechnologie hervorbrachte, mit der sie dem neuen *Dragonen*reich gefährlich werden konnte. Dementsprechend schulten sie die *Bruderschaft* in Herrschaftsmethoden (siehe Abschnitte 2.2 – 2.7 über Religion, Bankensystem und parlamentarische Demokratie), die mit Aberglaube und Verdummung der Massen einhergingen und -gehen, bis hin zu einer gewissen Technologiefeindlichkeit, die bei den *Proles* erzeugt wurde (was nicht schwierig ist, denn was man nicht versteht, wird natürlich zunächst einmal skeptisch betrachtet).

Doch ihr eigentliches Ziel, die Menschheit, zu der schließlich auch die *Artur* gehören, an der Entwicklung von Hochtechnologie zu hindern, haben sie verfehlt. Einer der Hauptgrunde für den 1. und 2. Weltkrieg (eigentlich ein einziger Krieg mit zwanzigjähriger Feuerpause) war die Inbesitznahme des Heiligen Grals durch die *Illuminaten*, verbunden mit der endgültigen Zerschlagung der *Artur*. Deutschland verlor zwar den Krieg, doch die *Artur* haben heute den technischen Stand Alderaans erreicht – ungewisse Aussichten also für eine erneute Invasion durch die *Dragonen* (falls das hypothetische *Dragonen*reich überhaupt existiert). Die aus diesem Umstand resultierenden Strategien der *Illuminaten* für die Zukunft sind Thema des nächsten Bandes. Doch zunächst zurück zur Gegenwart.

Absolute Macht, ohne öffentlich in Erscheinung zu treten, bedeutet, dass an der Spitze von Politik, Finanzsystem und Kirche Menschen stehen müssen, die der *Bruderschaft* einerseits vollkommen ergeben sind und sich andererseits an der öffentlichen Macht und dem unermesslichen Reichtum ergötzen, die ihnen zuteilwerden. Das ist ein scheinbarer Widerspruch. Leute, die geil auf absolute Macht sind, lassen sich natürlich nicht gerne beherrschen.

Geeignete Kandidaten, denen Macht und Reichtum die höchsten Werte im Leben sind und die gleichzeitig über die notwendige Intelligenz verfügen, sich einigermaßen in ihren Positionen halten zu können, findet man an jeder Straßenecke. Die eigentliche Schwierigkeit besteht also darin, wie man diese Machtmenschen zu vollkommener Loyalität gegenüber einer Gruppe, also der *Bruderschaft*, verpflichtet.

Die Lösung des Problems ergibt sich aus dem Plan-B-Denken der *Dragonen* bzw. *Illuminaten*. Wenn die Männer und Frauen in den öffentlichen Machtpositionen wissen, dass Wettbewerber bereitstehen, die ihren Posten jederzeit übernehmen können, und dass die Herrscher im Hintergrund einen solchen Wechsel mit Hilfe ihres unerschöpflichen Geldes jederzeit arrangieren können, so werden sie alles dafür tun, nicht bei ihren Herren in Ungnade zu fallen. Abgesehen davon wissen alle Beteiligten an der Spitze (siehe »Akkreditierte 1. Ordnung« weiter unten), dass eine solche Ungnade mit einem ziemlich schmerzvollen, langsamen Tod verbunden sein kann (je nach Schwere des Vergehens gegen die *Bruderschaft*).

Vor diesem Hintergrund können wir uns nun überlegen, welche Gesellschaftsform ideal (im Sinne der *Illuminaten)* geeignet ist, die Top-Positionen jederzeit umbesetzen zu können: natürlich die parlamentarische Demokratie (Abschnitt 2.5) in Verbindung mit unserem gegenwärtigen kriminellen Finanzsystem (Abschnitte 2.3 und 2.4). Letzteres sichert der *Bruderschaft* unter anderem die Kontrolle über die Medien, mit deren Hilfe man die *Proles* dazu bringt zu wählen, was die *Illuminaten* wollen. Jede öffentliche Persönlichkeit kann mit Hilfe der Medien entweder massiv diskreditiert oder andersherum entsprechend gefördert werden. *Unerschöpflich* viel Geld ermöglicht es also einerseits, auf Macht und Reichtum versessene Menschen zu korrumpieren, und andererseits diese Menschen durch Kontrolle der öffentlichen Meinung über die Medien in ihren Positionen zu halten oder sie abzusetzen.

Dass es sich hierbei um keine Spinnerei meinerseits handelt, kann jeder selbst nachvollziehen: In den westlichen Demokratien kann der Wähler nicht zwischen echten Alternativen wählen. Ändert sich die Politik der amerikanischen Regierung etwa, ob die Demokraten oder die Republikaner an der Macht sind? Oder haben Sie, lieber Leser, je einen Unterschied gespürt, ob nun in Deutschland Rotgelb, Schwarzgelb, Rotgrün oder Schwarzrot an der »Macht« war? In einer parlamentarischen Demokratie wird nicht zwischen Alternativen gewählt, sondern lediglich zwischen verschiedenen personellen Besetzungen, die die Politik der *Illuminaten* betreiben. Darauf komme ich noch ausführlich in Abschnitt 2.5 zu sprechen.

Doch wie genau werden nun die geeigneten Menschen für die Ziele der *Illuminaten* verpflichtet und in Spitzenpositionen gehievt, ein Vorgang, der als »Akkreditierung« bezeichnet wird? Und wie genau wird verhindert, dass diese Spitzenpolitiker und Medienbosse die Identität der *Illuminaten* kennen, was für deren Unangreifbarkeit unabdingbare Voraussetzung ist?

Die Antwort ist einfach: Man baut mehrere Zwischenschichten ein – von Akkreditierten 1. bis 4. Ordnung. Die Akkreditierten 1. Ordnung stehen mit den *Illuminaten* in direkter Verbindung. Es handelt sich um Personen, die Positionen scheinbar *unterhalb* der eigentlichen (offiziellen) Regierung innehaben. Dazu gehören Bankenchefs, Religionsfürsten, Geheimdienstmitarbeiter und Medienmogule, die meist in Geheimgesellschaften organisiert sind. Zumindest die Vorsitzenden bzw. höchsten Einweihungsgrade sind Akkreditierte 1. Ordnung. Prominente Beispiele dafür sind der Council on Foreign Relations (CFR) als feststehende Organisation und das Bilderbergertreffen, das lediglich alljährlich stattfindet, um Persönlichkeiten aus Politik und Wirtschaft »einzunorden«, d.h. auf einen gemeinsamen Kurs zu bringen. Zusätzlich sind die höchsten Einweihungsgrade öffentlich bekannter Bünde (z.B. die Freimaurer oder Rotary International) Akkreditierte 1. Ordnung.

Speziell die Kontrolle der Geheimdienste, ganz besonders der amerikanischen und britischen, ist für die *Illuminaten* heute von überlebenswichtiger Bedeutung. Durch diese Organisationen ist die *Bruderschaft* jederzeit bestens darüber informiert, was in den Schaltstellen der Macht weltweit vor sich geht und wo sie eventuell gegensteuern müssen (siehe Ruderboot-Vergleich). Die Geheimdienste werden durch das Auge der *Illuminaten*pyramide symbolisiert. In diesem Zusammenhang wird auch der Überwachungsfetischismus der NSA verständlich. Es geht nicht um den »Kampf gegen den Terror«, dem in der westlichen Welt ungefähr so viele Menschen wie durch Blitzschläge zum Opfer fallen, sondern um die totale Kontrolle der Gesellschaft. Wenn sich irgendwo etwas für die *Bruderschaft* Gefährliches tut, will sie schließlich in der Lage sein, dies im Keim zu ersticken. Das kann sie aber nur dann, wenn sie rechtzeitig davon erfährt.

Außerdem sind die Geheimdienste ein hervorragendes Instrument, um in Ungnade gefallenen Politikern oder Wirtschaftsbossen Dinge unterzuschieben, die sie zu Fall bringen. Kinderpornographie, Vergewaltigung und Steuerhinterziehung sind in letzter Zeit in diesem Zusammenhang ziemlich beliebt (siehe Abschnitt 2.6). Einige dieser Fälle sind natürlich echt, also nicht von irgendwem dem Betreffenden »untergeschoben«. Schließlich ist der Anteil an Psychopathen unter jener Pseudoelite deutlich höher als in der Normalbevölkerung[57]. Die Existenz dieses Typus ist für die *Bruderschaft* ein erfreulicher Umstand, weil sich so Lüge (ungerechtfertigte Beschuldigungen) mit der Wahrheit (wirklich pädophile oder vergewaltigende Politiker) sehr schön und glaubhaft miteinander vermischen lassen.

Für schwerere Fälle von Illoyalität gegenüber der *Bruderschaft* sind die Geheimdienste natürlich auch als Attentäter geeignet, und sie verfügen über die geeigneten Mittel, einen Mord wie eine natürliche Todesursache aussehen zu lassen. So

[57] siehe z.B. Dutton (2014)

wurde beispielsweise John F. Kennedy Opfer eines öffentlich von der CIA durchgeführten Anschlags, während Papst Johannes Paul I. vergiftet wurde. Auf die Hintergründe komme ich an anderer Stelle zu sprechen.

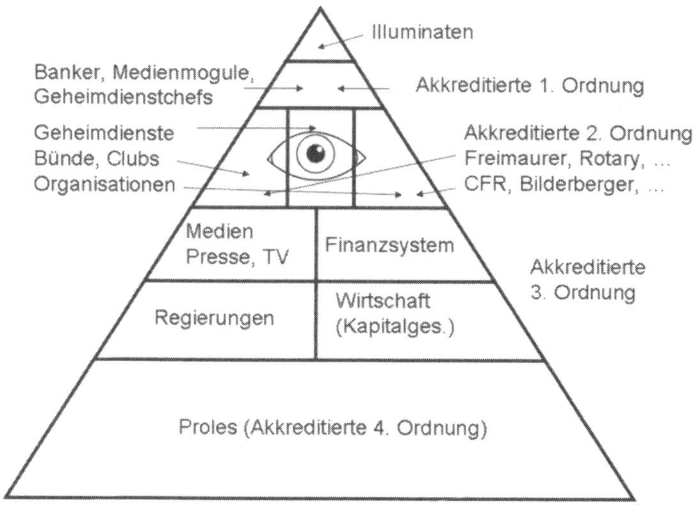

Abb. 2.1.1: Die Machtpyramide der *Illuminaten*

Die Akkreditierten 1. Ordnung kontrollieren also die Geheimdienste, die Religionen, Banken und Medien, die halbgeheimen Bünde sowie nationale und internationale Organisationen, die der Verbreitung der *Illuminaten*strategie dienen (EU, UNO, diverse Umwelt- und »Menschenrechts«organisationen). Die unterhalb dieser Schicht agierenden oberen Einweihungsgrade der Geheimbünde, die Führungskräfte der Geheimdienste, Vorstände von Banken, Kardinäle und Kalifen usw. wissen bereits nichts mehr von der Existenz der *Illuminaten*. Diesen Akkreditierten 2. Ordnung wird von ihren Anführern (den Akkreditierten 1. Ordnung) eine klare Marschrichtung vorgegeben, was sie zu tun und besser zu lassen haben, um ihre Karrieren nicht zu gefährden und weiterhin in den Genuss großen Reichtums zu kommen (oder im Falle der Geheimdienste: am Leben zu bleiben).

Auf diese Weise entsteht ein Geflecht aus Religionen, Politik, Geheimbünden, Finanzen und Medien, die alle gegeneinander eingesetzt werden können, sobald an einer Stelle etwas aus dem Ruder läuft.

Die Akkreditierten 3. Ordnung sind die opportunistischen Mitläufer, die immerhin intelligent genug sind zu wissen, was für ihre jeweilige Karriere gut ist und was sie besser lassen sollten. Was tatsächlich gespielt wird, davon haben sie noch weniger eine Ahnung, als die Akkreditierten 2. Ordnung. Zu den Akkreditierten 3. Ordnung gehört das Heer der regimetreuen Journalisten, Politiker (unsere »offiziellen« Regierungen), Priester und der Führungskräfte der Kapitalgesellschaften[58]. Diese wissen überhaupt nicht mehr, woher all diese Ethik- und Verhaltensregeln stammen, sie wissen nur, dass sie sich daran zu halten haben, wenn ihnen das bisschen Macht, ihr Häuschen und der Daimler in der Garage lieb sind. Auch auf dieser Ebene werden die einzelnen Gruppierungen immer wieder gegeneinander ausgespielt.

Durch die Kontrolle der Medien (durch die Akkreditierten 1. Ordnung) können speziell in den parlamentarischen Demokratien immer genau diejenigen in Ämtern platziert werden, die den eigentlichen Herrschern genehm sind. Umgekehrt werden unliebsame Politiker durch entsprechende Kampagnen entmachtet. Die Herrschaft über das Finanzsystem ermöglicht es

[58] Familienunternehmen sind zumeist (noch) nicht von der *Bruderschaft* unterwandert. Sie machen den Großteil der Wirtschaftskraft Deutschlands aus und sind den *Illuminaten* ein Dorn im Auge. Aus diesem Grunde lassen sie keine Gelegenheit aus, Familienunternehmen in Kapitalgesellschaften zu verwandeln, was ihren Akkreditierten die Kontrolle über diese Unternehmen ermöglicht.

wiederum, Politiker zu kaufen und durch die Abhängigkeit von Krediten indirekt die Wirtschaft zu kontrollieren, wobei durch Beteiligungen an Kapitalgesellschaften sogar eine direkte Kontrolle möglich ist.

Die Akkreditierten 4. Ordnung bestehen im Wesentlichen aus der arbeitenden Bevölkerung – *Proles*, die in ihrem Hamsterrad bis zum Umfallen laufen, um die Zinsen für eigene Kredite oder über horrende Steuerzahlungen die Zinsen für Staatskredite zu erarbeiten (siehe Abschnitte 2.3 und 2.4). Medien und Religion (siehe Abschnitt 2.2) schreiben ihnen vor, was richtig und was falsch ist, was sie zu denken haben, und suggerieren, dass die Regierungen ihre Interessen vertreten würden (siehe Abschnitt 2.5) und dass es ihr Lebenszweck sei, all das zu bezahlen.

2.2 Religion

Sollte ich in diesem Abschnitt jemandes religiöse Gefühle verletzen, so werde ich mich sicher nicht dafür entschuldigen, denn es geschieht in vollem Bewusstsein, weil es nicht möglich ist, mit diesen von der *Bruderschaft* mit Bedacht konstruierten geistigen Verwirrungen aufzuräumen, ohne dass sich jemand auf den Schlips getreten fühlt.

Zunächst einmal haben die Religionen, vornehmlich die drei Wüstenreligionen Judentum, Christentum und Islam, aus Sicht der *Illuminaten* folgenden grundlegenden Sinn: Durch die religiöse Indoktrination der Menschen von Kindesbeinen an, lernen sie zunächst einmal, dass man nicht selbst über seine eigene Lebensgestaltung entscheiden darf, sondern sich nach der »von oben« vorgegebenen Moral zu richten hat und dass ein Hinterfragen dieser Moral sanktioniert wird.

Mit »Moral« sind hier nicht die für das Zusammenleben von Menschen unabdingbaren Grundregeln gemeint, dass man andere nicht ohne Not töten, belügen und bestehlen darf.

Stattdessen müssen Verhaltensregeln befolgt werden, die mehr oder weniger Geschmacksache sind (wie man sich zu kleiden hat, wofür man sein Geld auszugeben hat, wie oft man beten sollte, wer mit wem wann einvernehmlichen Geschlechtsverkehr haben darf etc.). Zusätzlich wird den Kindern eingebläut, dass Menschen, die von diesen teils abstrusen Verhaltensregeln und Glaubensgrundsätzen abweichen, »Ungläubige«, d.h. »böse« sind.

Dementsprechend fühlen sich Religiöse verpflichtet, für die Einhaltung dieser Verhaltensregeln zu sorgen, d.h. das Böse zu bekämpfen. Die gleiche Strategie wird auch im Zusammenhang mit Ideologien verfolgt, die in ihrem Kern Religionen ohne Gott sind: Wer die herrschende Ideologie ablehnt, ist ein Systemfeind und damit böse und muss entweder bekehrt oder vernichtet werden. Hier sehen wir den Effekt der Neuroplastizität:

Bereits im Kindesalter indoktriniertes Verhalten wird später nicht mehr hinterfragt.

Damit übertreibe ich keineswegs. Die Hauptursache für Massen- und Völkermord in der Geschichte war und ist nach wie vor die, dass die eine Gruppe der andern ihre allein »richtige« Lebensweise aufzwingen will. Entweder werden »die anderen« gleich umgebracht oder erst dann, wenn sie sich nicht bekehren lassen. An diesem Morden verdienen die *Illuminaten* vorzüglich, was zu ihrer Machterhaltung beiträgt. Worin ging es beispielsweise bei den Kreuzzügen? Waren die Grundregeln des menschlichen Zusammenlebens bei den Moslems anders als bei uns? Nein. Beide Parteien glaubten sogar an den gleichen abrahamitischen Gott. Man stritt sich stattdessen um Glaubengrundsätze in der Art, ob Jesus nur ein Prophet oder ob er Gottes Sohn, der Messias, war. Aber um sich bis zur gegenseitigen Zerfleischung in die Haare zu kriegen, braucht man noch nicht einmal unterschiedlichen Wüstenreligionen anzugehören. Die Katholischen und Evangelischen haben sich nicht nur im Dreißigjährigen Krieg fröhlich dezimiert (und tun dies auch heute noch in Nordirland), und was die Sunniten und Schiiten für so wichtig halten, dass sie sich gegenseitig in die Luft sprengen, ist mir ehrlich gesagt ziemlich egal – schließlich bin ich mir auch ohne tieferen Einstieg in diese Religion absolut sicher, dass sich der bis aufs Blut geführte Streit um blanken Unsinn dreht.

Deshalb wäre es als Grundsatz menschlichen Zusammenlebens neben dem Verbot des Tötens, Stehlens usw. ebenso wichtig, festzulegen, dass man anderen Menschen nicht in ihre Lebensgestaltung hineinreden, ihnen nicht die eigenen[59] Vorstellungen, die eigene »Moral« aufzwingen darf.

---

[59] Dabei handelt es sich meist noch nicht einmal um »eigene« Vorstellungen, sondern um solche, die jemandem bereits als Kind indoktriniert wurden. Wie genau das nach den Erkenntnissen der Neurowissenschaften funktioniert, erläutere ich ein paar Zeilen später.

Letzteres käme jedoch praktisch einem Religionsverbot (und staatlicher Bevormundung) gleich – zumindest jener Religionen, wie sie uns von den *Illuminaten* aus gutem Grund gelehrt werden. Die Begründung dafür folgt im Detail in diesem Abschnitt.

Bevor ich mich inhaltlich mit den Religionen auseinandersetze, speziell der christlichen, nicht weil ich diese Variante für besonders verwerflich im Vergleich zu den anderen beiden Wüstenreligionen halte, sondern weil sie mir am geläufigsten ist, möchte ich ein häufig vorgebrachtes Gegenargument der von der *Bruderschaft* hirngewaschenen Bibelgläubigen schon an dieser Stelle entkräften: Man dürfe die Bibel nicht wörtlich nehmen und müsse die einzelnen Passagen »entsprechend interpretieren« oder »im historischen Kontext« sehen.

Das ist natürlich kompletter Unsinn. Wenn Gott tatsächlich zu uns durch die Schreiberlinge, die dieses Machwerk verbrochen haben, gesprochen hätte, so könnten wir durchaus erwarten, dass er uns absolute moralische Verhaltensregeln mitteilt und nicht irgendetwas, das nur im »historischen Kontext« mal so, mal so, auszulegen ist. Warum sollte eine ethische Verhaltensregel früher Gültigkeit besessen haben, heute jedoch nicht mehr (und umgekehrt)? Was früher »gut« war, kann heute schließlich nicht »böse« sein.

Und wenn die Bibel nur aus »Gleichnissen« bestünde, die wir interpretieren müssen, dann bräuchten wir ein moralisches Schema außerhalb der Bibel, um beurteilen zu können, wie diese Gleichnisse »gemeint« sind. Damit wäre aber der Sinn der Bibel, die Quelle »göttlicher« Moral zu sein, ad absurdum geführt. Mit anderen Worten: dann läge die tatsächliche Quelle der Moral außerhalb der Bibel, womit sie aus religiöser Sicht überflüssig wäre, weil es eine der göttlichen Moral übergeordnete, also »übergöttliche« Moral gäbe.

Hinzu kommt, dass einige Stellen in der Bibel überhaupt keinen Interpretationsspielraum zulassen. Man kann es drehen und wenden wie man will, diese Passagen zeigen eindeutig, wessen (Un)Geistes Kind ihre Verfasser waren.

Doch bevor wir gleich in die religiösen Texte einsteigen, möchte ich Ihnen, weil es von fundamentaler Bedeutung ist, noch einmal in Erinnerung rufen, dass das Fühlen das Denken über den Mechanismus der Neuroplastizität beherrscht[60]. Ohne Gefühle wären wir lediglich Daten verarbeitende Maschinen, denen die Bedeutung der Informationen, die sie über die Sinnesorgane wahrnehmen, überhaupt nicht bewusst ist. »Fühlen« bedeutet letztlich die Fähigkeit, den über unsere Sinne eingehenden Informationen Bedeutung beimessen zu können. Erst dieser Vorgang entscheidet, worüber wir nachdenken, d.h. womit wir uns bewusst beschäftigen.

In meinem Buch »Als Agent der Dritten Macht« erläuterte ich, wie mit Hilfe von Religionen primitives Wunschdenken befriedigt wird[61], also ein positives Gefühl zur Stabilisierung der religiösen Ideen hervorgerufen wird. Nun möchte ich einen weiteren psychologischen Aspekt der Religionen beleuchten:

Diese Fähigkeit des Fühlens ist uns angeboren. Wie jeder andere Teil unseres Körpers, so ist auch das Nervensystem, bestehend aus miteinander vernetzten Nervenzellen, durch natürliche Selektion entstanden. Die Grundvernetzung steuert unser angeborenes Verhalten über die angeborenen Gefühle (Instinkte) und dient, wie jede durch die Evolution verliehene Eigenschaft, der Reproduktion der dafür verantwortlichen Gene. Gene, die dazu führen, dass ein Lebewesen das fortpflanzungsfähige Alter erreicht, werden an die Nachkommen weitergegeben, Gene, die dem im Wege stehen, werden folglich nicht vererbt und sterben aus.

Vor diesem Hintergrund wird sofort verständlich, dass wir Menschen, wie alle höheren Tiere, über Gene verfügen, die

[60] Wer sich näher mit dem Thema beschäftigen möchte, dem empfehle ich das Buch von Gerhard Roth (2003).

[61] von Salomon (2014), S. 15 ff

unser Nervensystem darauf programmiert haben, Angst vor dem Tod zu haben. Diese Todesangst ist wahrscheinlich der dominanteste unter den Instinkten. Denn wenn ein Lebewesen nicht mit allen Mitteln versucht, seinen Tod zu verhindern, ist es natürlich Essig mit der Weitergabe der Gene. Mit anderen Worten: Gene, die uns auf Todesangst programmieren, sind erfolgreich, d.h. sie werden weitervererbt.

Rational ist diese Angst vor dem Tod nicht. Stellen wir uns einmal vor (auch wenn dies mit an Sicherheit grenzender Wahrscheinlichkeit *nicht* der Wahrheit entspricht), es gäbe weder einen Gott noch ein Leben nach dem Tod. Unter diesen Voraussetzungen kann ich Ihnen exakt sagen, wie Sie sich fühlen werden, wenn Sie tot sind: ganz genau so, wie Sie sich zu Zeiten Julius Caesars gefühlt haben – sie fühlen nämlich rein gar nichts. Man könnte auch sagen: Seit dem Beginn der Zeit waren Sie 13,7 Milliarden Jahre tot und nur wenige Jahrzehnte lebendig. Der Tod ist also nichts, wovor man auch nur die geringste Angst haben müsste, sofern man nicht an Gott und ein Leben nach dem Tod glaubt.

Dieses irrationale, nur der Reproduktion unserer Gene dienende und uns quälende Gefühl der Todesangst machen sich die *Illuminaten* mit Hilfe der von Ihnen erfundenen Religionen[62] zunutze. Es wird einfach die Existenz eines Gottes und eines Lebens nach dem Tod postuliert[63]. Der Trick ist nun, dass ein solches Leben nach dem Tod natürlich paradiesisch oder

[62] Religionen gab es schon weit vor der Gründung der *Bruderschaft*. Ich meine hier die drei Wüstenreligionen, die den Menschen bis ins kleinste Detail der Privatsphäre vorschreiben, wie sie ihr Leben zu gestalten haben, und die mit Hilfe eines grausamen Rachegottes (zu Jesus komme ich noch) die angeborene Todesangst für ihre Zwecke nutzen.

[63] Womit die Religionen sogar Recht haben, was jedoch nichts mit »Glauben« zu tun hat, sondern mit einem Wissen, das aus einer sorgfältigen Analyse der Struktur des Universums gewonnen werden kann.

höllisch sein kann. Folglich sind die Religionen[64] so konstruiert, dass man angeblich ins Paradies kommt, wenn man den Religionsfürsten gehorcht und nach deren (angeblich von Gott vorgegebenen) Gesetzen lebt. Mit anderen Worten: Religionen bauen auf dem fundamentalen Urinstinkt der Todesangst auf, um über dieses Gefühl unser Denken und schließlich unser Handeln zu beherrschen. Dies ist eine Säule der Strategie zur Erreichung des Ziels der *Illuminaten*, das da lautet: Herrschaft über den Geist, wobei Herrschaft über die Materie (Geld, siehe Abschnitt 2.3) nur Mittel zum Zweck ist.

Wie wir gesehen haben, verlangt es keinen Mut, überzeugter Atheist zu sein. Im Gegenteil – ein echter Atheist braucht wirklich keine Angst vor seinem Ende zu haben. Wie stehen die Dinge nun, wenn man an Gott und ein Leben nach dem Tod glaubt? Auch in diesem Fall ist die Todesangst völlig irrational – aber nichtsdestoweniger genetisch codiert. Wenn man Gott als den guten, liebenden Schöpfer des Universums definiert (und daran glaubt), so hätten wir allen Grund, uns auf unseren Tod zu freuen. Streng genommen wäre es vor diesem Hintergrund äußerst vernünftig, sich Schmerzen, Not und Elend im Diesseits zu ersparen, indem man sich eine Kugel durch den Kopf jagt, um gleich vom uns liebenden Gott im Paradies empfangen zu werden. Dazu möchte ich die großartige Geschichte um den Abt von Ampleforth erwähnen. Als der Kardinal Basil Hume ihm erklärte, das er (Hume) bald sterben würde, entgegnete der Abt voller Freude: »Herzlichen Glückwunsch! Das ist ja großartig! Am liebsten würde ich gleich mitkommen!«[65].

---

[64] Wenn ich von »Religionen« spreche, meine ich im vorliegenden Buch das Judentum, Christentum und den Islam, also die abrahamitischen Wüstenreligionen, weil diese für unsere Betrachtungen zu den *Illuminaten*strategien wesentlich sind.

[65] BBC Nachrichten vom 25. Juni 1999. Kann man nachvollziehen, wenn man auf http://news.bbc.co.uk die Suchbegriffe »cardinal hume funeral« eingibt.

Offensichtlich hat der Abt große Teile der Bibel verdrängt, wie wir noch sehen werden.

Der Glaube an einen gütigen Gott, der uns alle lieb hat, funktioniert also nicht besonders gut, um die angeborene Todesangst der Menschen zur Herrschaft über ihren Geist auszunutzen. Bitte haben Sie dabei immer im Hinterkopf, dass das Fühlen das Denken und das Denken das Handeln beherrscht, und zwar in dieser Reihenfolge! Man braucht dazu also einen Gott, der ziemlich rachsüchtig und nachtragend ist, wenn man sich nicht an seine Regeln hält, einen Gott, der uns in diesem Falle statt ins Paradies postwendend in die Hölle befördert.

Genau diesen (Rache)Gott hat die *Bruderschaft* zu genau diesem Zweck (der Herrschaft über das Denken der Menschen über die Kontrolle des Gefühls Todesangst) erfunden. Richard Dawkins schreibt über diesen Gott der Bibel[66]:

»Der Gott des Alten Testaments ist die unangenehmste Gestalt der gesamten Dichtung: eifersüchtig und auch noch stolz darauf; ein kleinlicher, ungerechter, nachtragender Kontroll-Freak; ein rachsüchtiger, blutrünstiger ethnischer Säuberer; ein frauenfeindlicher, homophober, rassistischer, kinds- und völkermörderischer, ekliger, größenwahnsinniger, sadomasochistischer, launisch-boshafter Tyrann.«

Ist das nicht ein wenig übertrieben? Schießt Dawkins damit nicht in seinem »Atheismus-Wahn« ein wenig über das Ziel hinaus? Nein, das tut er nicht. Der Gott der Bibel, also jener, der uns von der *Bruderschaft* aufgetischt wird, hat sich jedes dieser Attribute redlich verdient, wie ich noch näher begründen werde. Dieser Gott war es wahrlich nicht, der das Universum erschaffen hat. Er ist kein Schöpfer, sondern ein Geschöpf. Er wurde als gedankliches Konstrukt von der *Bruderschaft* er-

---

66 Dawkins (2008)

schaffen. Und wenn man an die Existenz dieser boshaften Gestalt tatsächlich glaubt, ist sie plötzlich wieder da: die Todesangst. Wer will schon in die Ungnade eines solch unangenehmen Zeitgenossen fallen und dessen Rache ewig spüren? Die Lösung für das Problem wird natürlich von den *Illuminaten* gleich mitgeliefert:

Tut, was wir[67] euch sagen, denn wir sind die Verkünder der Worte Gottes, dann kommt ihr in den Himmel, ansonsten werdet ihr auf ewig in der Hölle gefoltert!

Doch schauen wir uns nun an, wie die *Illuminaten* tatsächlich einen wahren Teufel mit den von Dawkins zitierten Eigenschaften geschaffen haben. **Damit sind wir wieder bei der Baphomet-Philosophie: Gegensätze zu vertauschen und zu vermischen. Die Bibel ist ein Werk, das Lüge zur Wahrheit erklärt, diese Gegensätze miteinander vermischt und einen wahren Teufel zu Gott erhebt.**

Beginnen wir mit dieser Verwirrung des Geistes, indem wir uns zunächst den Zehn Geboten im Buch Mose widmen[68].

Vorwegschicken möchte ich an dieser Stelle noch, dass ein Verstoß gegen eines dieser Gebote eine sogenannte »Todsünde« bedeutet, was ewige Verdammnis in der Hölle nach sich zieht. Diese Drohung muss man sich mal auf der Zunge zergehen lassen. Jede durch Menschen an einem anderen durchgeführte Folter, so grauenhaft sie auch sein mag, hat irgendwann ein Ende (spätestens mit dem Ableben des Gefolterten). Hier wird jedoch mit ewiger Folter gedroht, einer unbeschreiblichen Grausamkeit, die man für alle Zeit ohne Aussicht auf ein Ende über sich ergehen lassen muss. Na, wenn das die Angst vor

---

[67] Sie sprechen natürlich nicht selbst zu uns, sondern durch ihre Akkreditierten 1. und 2. Ordnung, die wir als Papst, Kardinäle, Bischöfe und sonstige Geistliche kennen. Von diesen wissen nur jene 1. Ordnung von der Existenz der *Bruderschaft*.

[68] Ich beziehe mich in dem vorliegenden Buch auf die Bibel in der revidierten Elberfelder Version von 1985.

dem Tod nicht schürt … Doch schauen wir uns diese Regeln nun genauer an:

Vorrede:

Und Gott redete alle diese Worte und sprach:

Ich bin der HERR, dein Gott, der ich dich aus dem Land Ägypten, aus dem Sklavenhaus herausgeführt habe.

Dies ist eine direkte Verhöhnung der »Gläubigen« durch die *Bruderschaft*. Gesagt wird, dass dieser Gott sein Volk aus der Sklaverei geführt hätte, tatsächlich dient dieser Gott der *Bruderschaft*, um das Volk in die Sklaverei hinein zu führen.

1. Gebot:

Du sollst keine andern Götter haben neben mir.

Hier zeigt sich das von Dawkins erwähnte Attribut »eifersüchtig«. Der Sinn des Gebotes ist klar: Die *Bruderschaft* will keine Konkurrenz, denn das könnte Kontrollverlust über das Denken der Menschen bedeuten. Der gleiche Absolutismus zeigt sich heute im Umgang mit der von den *Illuminaten* bevorzugten Staatsform: der parlamentarischen Demokratie. Wer etwas anderes auch nur zur Sprache bringen will, ist ein Ketzer, der gesellschaftlich geächtet wird. Damals, zur Zeit der Gebote, waren die Strafen (ewige Verdammnis) noch ein wenig härter, im Mittelalter drohte dem Ketzer zuerst das endliche Vergnügen des Scheiterhaufens mit anschließender ewiger Verdammnis, heute verliert man lediglich seinen Job, wird gesellschaftlich geächtet und dann barmherzig von *illuminierten* Segnungen wie Hartz IV aufgefangen. Schließlich ist das Christentum ein echter Fortschritt. Aber dazu kommen wir noch.

Interessant ist, dass das erste Gebot, das dieser »Gott« uns mitteilt, nicht etwa eine der Grundregeln ist, ohne die keine menschliche Gesellschaft funktionieren kann (Verbot des Tötens usw.), sondern um eine verbindliche Regel zur persönlichen Lebensgestaltung, die nichts mit »gut« und »böse« zu tun hat. Schließlich schadet kein Mensch einem anderen, ob er nun an einen oder viele Götter glaubt.

2. Gebot:

Du sollst dir kein Götterbild machen, auch keinerlei Abbild dessen, was oben im Himmel oder was unten auf der Erde oder was in den Wassern unter der Erde ist.

Hier kommt klar zum Vorschein, dass die *Bruderschaft* die Menschen dumm halten will. Forschung ist nach diesem Teil des 2. Gebots eine Todsünde. Den Hintergrund kennen wir: Die Lehrmeister der *Bruderschaft*, die *Dragonen*, fürchten eine starke Menschheit. Es gibt aber auch noch einen weiteren Grund für die Forschungsfeindlichkeit: Erkenntnisse über die Struktur des Universums stehen natürlich in krassem Widerspruch zu dieser archaischen Wüstenreligion, weshalb dieses Wissen zum Abfall vom Glauben an die Lehren dieses Bibel genannten Machwerks führt.

Du sollst dich vor ihnen nicht niederwerfen und ihnen nicht dienen.

Schon klar, dienen und sich vor ihm niederwerfen soll der Gläubige nur diesem Teufel (JHWH) und damit der *Bruderschaft*.

Denn {ich,} der HERR, dein Gott, bin ein eifersüchtiger Gott,

(dazu Dawkins: »Eifersüchtig und auch noch stolz darauf«.)

der die Schuld der Väter heimsucht an den Kindern, an der dritten und vierten <Generation> von denen, die mich hassen,

Das ist Rachsucht in primitivster Reinform. Mal ehrlich: Welcher Mensch einigermaßen klaren Verstandes macht die Kinder für die Vergehen ihres Vaters verantwortlich? Und das auch noch bis zu den Enkeln und Urenkeln? Was wir hier sehen, ist ein ganz besonders ekelhaftes ethisches Konzept, nämlich das der Erbsünde, das im Neuen Testament wieder aufgegriffen wird und bis in unsere »moderne« Zeit nachhallt. Die Behauptung der »Kollektivschuld der Deutschen« am 2. Weltkrieg und am Holocaust basiert ebenfalls auf diesem fürchterlichen ethischen Konstrukt, das es erlaubt, Menschen für Dinge verantwortlich zu machen, die sie überhaupt nicht getan haben[69].

der aber Gnade erweist an Tausenden <von Generationen> von denen, die mich lieben und meine Gebote halten.

Da haben wir es wieder: Ewige Verdammnis für jene, die der *Bruderschaft* nicht gehorchen, großzügig gewährte Gnade für diejenigen, die sich der Sklaverei unterwerfen – und das auch noch geltend für Menschen (die nachfolgenden Generationen) die damit überhaupt nichts zu tun haben.

Du sollst den Namen des HERRN, deines Gottes, nicht zu Nichtigem aussprechen, denn der HERR wird den nicht ungestraft lassen, der seinen Namen zu Nichtigem ausspricht.

Das soll ein gütiger Gott sein? Einer, der mit ewiger Verdammnis droht, wenn jemand im Haarausfall von Blattläusen den göttlichen Willen zu erkennen glaubt? Wie eitel muss dieser Gott sein, wenn er seinen Namen nur mit Wichtigem statt Nichtigem verbunden wissen will? So jemanden nennt man einen Wichtigtuer. Erneut möchte ich an dieser Stelle feststellen, dass die ersten beiden Gebote (Konkurrenzausschlussklausel und Forschungsverbot) noch vor den Grundregeln für eine funktionierende menschliche Gesellschaft stehen, womit die Prioritäten der *Bruderschaft* und ihrer Religion schon mal klar sind: das Aufzwingen von Verhaltensregeln, die nichts damit

---

[69] Eine Anmerkung zur Strategie, Gegensätze miteinander zu vermischen: Nach den Zehn Geboten werden unschuldige Menschen für die Taten anderer von Gott verurteilt; nach dem aus dem neuen Testament resultierenden Gutmenschentum werden tatsächlich Schuldige für »schuldunfähig« erklärt. Nach dieser entgegensetzten geistigen Verwirrung liegt die Schuld bei allem Möglichen (Gesellschaft, schlechte Kindheit, usw.), nur nicht beim Täter.

zu tun haben, anderen Menschen Schaden zuzufügen oder eben nicht. Deshalb handelt es sich um Dinge, die nach freiheitlichen Maßstäben Privatsache sind. Und das Schlimmste daran ist: **Durch das Annehmen dieses »Glaubens« akzeptiert der Gläubige, das es richtig ist, anderen Menschen in ihre Privatsphäre hineinzureden. Dementsprechend wird er selbst seine Vorstellungen anderen aufzwingen. Diese Einstellung ist die Hauptursache aller Kriege.**

3. Gebot

Denke an den Sabbattag, um ihn heilig zu halten. Sechs Tage sollst du arbeiten und all deine Arbeit tun, aber der siebte Tag ist Sabbat für den HERRN, deinen Gott. Du sollst <an ihm> keinerlei Arbeit tun, du und dein Sohn und deine Tochter, dein Knecht und deine Magd und dein Vieh und der Fremde bei dir, der innerhalb deiner Tore <wohnt>. Denn in sechs Tagen hat der HERR den Himmel und die Erde gemacht, das Meer und alles, was in ihnen ist, und er ruhte am siebten Tag; darum segnete der HERR den Sabbattag und heiligte ihn.

Dieses Gebot hat den Sinn, die Menschen produktiv zu halten. Jeder von uns hat wahrscheinlich schon einmal an sich selbst festgestellt, dass man innerlich ausbrennt, wenn man sich keine Ruhe- und Erholungsphase gönnt. In diesem Fall sinkt die Produktivität dramatisch und von Kreativität kann keine Rede mehr sein. Die *Bruderschaft* hat jedoch ein großes Interesse an produktiven Sklaven, um mit den von ihnen erarbeiteten Reichtümern die Sklavenhalter (Religionsführer und Politiker) zu korrumpieren (siehe Abschnitte 2.1, 2.3 – 2.5).

Und wieder handelt es sich bei diesem Gebot um eine Privatsache, die für das Funktionieren der menschlichen Gesellschaft irrelevant ist. Ob man produktiv sein möchte, sollte jedem selbst überlassen sein, und wann man gedenkt, zu diesem Zweck Ruhephasen einzulegen, muss auch jeder selbst für sich entscheiden.

Die Vermischung dieser Verhaltensregeln (Gebote 1 – 3), die nicht dem Funktionieren der menschlichen Gesellschaft, sondern nur der Herrschaft der *Bruderschaft* dienen, mit den Grundregeln »nicht töten, stehlen usw., s.u.«, ist nichts anderes als angewandtes Baphomet-Prinzip: Die weiter unten folgenden sinnvollen Gebote (*Basis*) suggerieren die Rechtmäßigkeit, auch die Einhaltung der lediglich der Herrschaft dienenden obigen Verhaltensregeln zu fordern (*Verallgemeinerung*).

4. Gebot

Ehre deinen Vater und deine Mutter, damit deine Tage lange währen in dem Land, das der HERR, dein Gott, dir gibt.

Vater und Mutter zu ehren ist sicherlich eine gute Sache und auch wichtig für eine funktionierende menschliche Gesellschaft. Die Eltern haben einen Großteil ihrer Ressourcen dafür aufgewendet, das Überleben ihrer Kinder zu sichern, also ist es nur gerecht, wenn die Kinder ihren Eltern später einen Teil in Form von Achtung und, wenn nötig, Ressourcen zurückzahlen. Es handelt sich also um eine berechtigte moralische Forderung, die als *Basis* für die *Verallgemeinerung* dient.

5. Gebot

Du sollst nicht töten.

Hört sich erst einmal für den naiven Betrachter (an den die Bibel schließlich gerichtet ist) sinnvoll an. Schließlich ist es ein *Basis*-Gebot und darf deshalb nicht kompliziert sein. Doch nehmen wir das Gebot ernst, obwohl wir seine Konstruktion verstanden haben: Dann muss an dieser Stelle die Frage erlaubt sein, warum im 3. Gebot lang und breit erklärt wird, dass man auf jeden Fall den Sabbat heiligen soll, weil Gott ja schließlich in sechs Tagen die Erde geschaffen hat (obwohl es ohne Erdrotation noch keinen 1. – 5. Tag gegeben hat, aber nehmen wir das mal so hin) und am 7. Tag ruhte (ein Gott, der sich ausruhen muss?).

Wir müssen uns jedoch selbst einen Reim darauf machen, wann die für unser aller Zusammenleben so wichtige Grundregel »Tötungsverbot« Anwendung findet und wann nicht.

Gilt es generell? Muss ich verhungern, weil ich keine Pflanze, geschweige denn ein Tier töten darf? Darf ich auch kein Raubtier töten, das mich fressen will? Oder einen anderen Menschen, der mir nach dem Leben trachtet? Kann ich aber umgekehrt vielleicht sogar die Rache Gottes etwas beschleunigen, indem ich jemanden vorzeitig zu Gott schicken darf, der beispielsweise den Sabbat nicht ehrt, damit der »liebe Heiland« den Sünder ewig in der Hölle quälen kann?

Immerhin hat die Tatsache, dass der genaue Anwendungsbereich göttlicherseits nicht festgelegt wurde, gerade bei den Religionen zu einer ziemlich lockeren Auslegung dieses Tötungsverbotes geführt: Religionskriege werden angezettelt, Ehebrecherinnen gesteinigt und Ketzer auf dem Scheiterhaufen verbrannt. Vielleicht hätte sich Gott JHWH, wenn es ums Morden geht, doch ein wenig klarer ausdrücken sollen, statt auf dem bevormundenden Sabbatgebot herumzureiten.

Mein Beispiel mit dem Sabbat-Gebotbrecher, den man flugs ein wenig früher in Gottes ewige Verdammnis schicken darf, ist übrigens nicht weit hergeholt. So etwas fällt laut Bibel tatsächlich nicht unter das 5. Gebot. Die nach freiheitlichen Maßstäben als Privatsache einzuordnende Vorschrift, wann man arbeiten darf und wann nicht (Sabbatgebot) wird sogar über die moralische Grundregel (Tötungsverbot) gestellt, womit der eigentliche Sinn des Tötungsverbots als *Basis*gebot enttarnt wird. Dies wird zusätzlich durch den Umstand dokumentiert, dass das Sabbatgebot weiter oben auf der Gebotsliste steht als das Tötungsverbot. Auf diese Weise wird klargestellt, dass das Hineinreden in die private Lebensgestaltung für diese Religion(en) höchste Bedeutung hat. Schließlich soll dieses Hineinreden durch neuronale Stabilisierung zum allgemein akzeptierten Normalfall werden.

Im 4. Buch Mose lesen wir im 15. Kapitel, wie ein Mann am Sabbat Brennholz sammelt und dabei von den Israeliten beobachtet wird. Und dann gibt Gott persönlich natürlich prompt seine Anweisungen:

Der Herr aber sprach zu Mose: Der Mann soll des Todes sterben.

Interessant. Erstens: Der abrahamitische Gott ist offensichtlich zu blöd, einen Pleonasmus zu erkennen. Vielleicht stammen diese Worte also doch nicht von Gott und es sind nur ein wenig zu viele Hirnzellen des Schreiberlings des Todes gestorben. Zweitens: Wenn der Mann »des Todes sterben«[70] soll, warum tötet der liebe Gott ihn dann nicht selbst und braucht stattdessen Moses und seine religiösen Fanatiker dafür? Will er sie prüfen, ob sie für ihn morden? Warum? Er ist doch allwissend, also weiß er das doch auch ohne Prüfung. Weiter im Text:

Die ganze Gemeinde soll ihn steinigen draußen vor dem Lager. Da führte die ganze Gemeinde ihn hinaus vor das Lager und steinigte ihn, sodass er starb, wie der Herr dem Mose geboten hatte.

Er soll also für das ungeheure Verbrechen, eine dieser die private Lebensgestaltung betreffenden Regeln nicht eingehalten zu haben (vielleicht wusste der arme Kerl überhaupt nichts von dem religiösen Unfug der Israeliten, oder er hatte seinen Ruhetag schon vorher eingelegt), nicht einfach nur sterben, sondern einen extrem grausamen Tod erleiden. Mit Steinen beworfen zu werden, bis man stirbt, kann eine ziemlich langwierige, extrem schmerzvolle Prozedur sein. Wenn dieser Irrsinn schon sein muss, warum dann nicht kurz und schmerzlos? Schließlich hat »der Herr« doch anschließend eine Ewigkeit Zeit, den Frevler für seine »Untat« zu quälen.

---

[70] Ich gebe zu, immer wieder über diese aufgebauschte, wichtigtuerische und dabei unglaublich dümmliche Formulierung lachen zu müssen.

Tut mir leid, aber nach diesen zutiefst unmoralischen, das Niedere zum Oberen verkehrenden[71] Regeln und ihrer absurden biblischen Auslegung, kann man nicht davon ausgehen, dass die nun folgenden Gebote mehr sind als die *Basis*, das Hineinreden in Privatangelegenheiten durch *Verallgemeinerung* zu legitimieren. Deshalb behandele ich die biblischen Formulierungen wie sie es verdienen: mit Spott.

6. Gebot

Du sollst nicht ehebrechen.

Erst einmal sinnvoll. Aber wie sieht's aus, wenn die Frau zwangsverheiratet wurde? Was ist, wenn ihr Mann sie dauernd schlägt und sie von ihm weg in meine zärtlichen Arme möchte? Darf ich dann? Es handelt sich wieder um ein *Basis*-Gebot, entsprechend einfach, ohne jede Komplexität formuliert, damit es von den Gefühlszentren als »sinnvoll« erkannt werden kann.

7. Gebot

Du sollst nicht stehlen.

Basis-Gebot (s.o.). Hurra! Die *Illuminaten*, die Akkreditierten 1. bis 3. Ordnung und ganz besonders die Mitarbeiter des »Beitragsservice« (vormals GEZ)[72] kommen in die Hölle! Schließlich tun die den ganzen Tag nichts anderes, als stehlen und das 8. – 10. Gebot verletzen.

8. Gebot

Du sollst gegen deinen Nächsten nicht als falscher Zeuge aussagen.

Basis-Gebot. Was ist mit Notlügen / Schutzbehauptungen?

---

[71] Das niedere Motiv der *Bruderschaft*, Herrschaft auszuüben, wird zum oberen verkehrt, indem es über die tatsächlich für uns alle bedeutsame Grundregel, das Tötungsverbot, gestellt wird. Baphomet in Reinkultur.

[72] Auf diese Parasiten kommen ich noch mehrfach zu sprechen.

9. und 10. Gebot

Du sollst nicht das Haus deines Nächsten begehren. Du sollst nicht begehren die Frau deines Nächsten, noch seinen Knecht, noch seine Magd, weder sein Rind noch seinen Esel, noch irgendetwas, was deinem Nächsten <gehört>.

Mist! Haus, Knecht, Rind und Esel kann der Nächste gern behalten, bei Frau und Magd bin ich jedoch unter Umständen hochgradig gefährdet. Reicht wirklich »begehren« schon, selbst wenn man seine Wünsche nicht in die Tat umsetzt, um trotzdem ewige Höllenqualen zu erleiden? Wenn ja: Autsch! Immerhin sind die Kinder des Nächsten nicht erwähnt – eine Gesetzeslücke, die gelegentlich von Priestern, aber auch von Politikern mit »christlichen Werten« (siehe Abschnitt 2.5) ausgenutzt wird.

Abspann:

Und das ganze Volk nahm den Donner wahr, die Flammen, den Hörnerschall und den rauchenden Berg. Als nun das Volk <das> wahrnahm, zitterten sie, blieben von ferne stehen.

Selbstverständlich muss dieser profilneurotische *Illuminaten*-Gott seine Gebote mit Donner, Flammen und dem ganzen Brimborium unterstreichen, damit das »Volk« auch schön Angst vor ihm hat (schließlich besteht sonst die Gefahr, als Gott nicht ernstgenommen zu werden). Was für ein Kitsch!

Doch wie sieht es mit dem moralischen Wert der übrigen Bibel aus? Die Ungeheuerlichkeit Lots, die eigenen, jungfräulichen Töchter einer Massenvergewaltigung preiszugeben, haben wir bereits in Abschnitt 1.3 diskutiert. Die männlichen Gäste Lots dürfen vom geilen Mob auf keinen Fall geschändet werden, die Vergewaltigung der eigenen Töchter wird hingegen von Lot, der als »moralischer Mann« in der Bibel dargestellt wird, den Lüstlingen sogar angeboten. Das legt natürlich den Verdacht nahe, dass Frauen in der Bibel keinen Wert haben oder zumindest einen erheblich geringeren als die Männer. Ein wichtiger Punkt. Auf die tiefere Bedeutung dieser »Moral« für die *Illuminaten* werde ich gleich noch zu sprechen kommen. Schauen wir uns jedoch zunächst an, ob wir in der Bibel weitere Stellen finden, aus denen die Geringschätzung der Frau deutlich wird. Vorab kann ich sagen: Die Bibel ist voll von derartigen Textstellen!

Beginnen wir mit dem zuvor zitierten 9. und 10. Gebot. Aus dem Halbsatz *Du sollst nicht begehren die Frau des Nächsten* wird schon einmal deutlich, dass derjenige, dessen Dinge man im weiteren Verlauf der beiden Gebote nicht begehren darf, ein Mann ist (ich gehe mal nicht davon aus, dass Lesben in der Bibel gemeint sind). Dies bedeutet, dass es kein Gebot gibt, das es verbietet, die Dinge einer Frau zu begehren (außer sie selbst, sofern sie Eigentum eines anderen Mannes ist). Wenn man einer Frau das Haus, den Esel oder das Rind wegnimmt, ist das im Sinne der Zehn Gebote keine Straftat.

Doch kommen wir zurück zu Lot, diesem einzig »moralischen« Mann aus Sodom. Er entkommt mit seiner Familie aus Sodom, das Opfer von Gottes Nuklearangriff wird, wobei seine unglückselige Frau zur Salzsäule erstarrt, weil sie sich das Feuerwerk anschauen wollte. Das ist natürlich eine angemessene Bestrafung für ein derartig furchtbares Vergehen.

Seine Töchter, die doch nicht vergewaltigt wurden, weil die Gäste Lots ja schließlich Engel waren und die geilen Böcke erblinden ließen, begleiten ihren Vater ins Gebirge und leben dort in einem Lager. Da Frauen in der Phantasie der Bibel-Schreiberlinge offensichtlich immer geil sind und nur daran denken, sich an uns Männern sexuell zu vergehen – ich hab's schon immer gewusst –, trauern die beiden jungfräulichen Töchter offenbar der knapp verpassten Massenvergewaltigung nach. Aus Mangel an Alternativen machen sie ihren Vater betrunken und haben eine nach der anderen an aufeinanderfolgenden Abenden Geschlechtsverkehr mit ihm. Der Alkoholiker[73] Lot merkt im Suff nichts davon, aber beide Töchter werden von ihm schwanger (1. Buch Mose, 19. Kapitel). Respekt! Er ist so besoffen, dass er noch nicht einmal mehr mitbekommt, dass er Sex mit seinen Töchtern hat, schafft es aber trotzdem, sie zu schwängern. Wahrscheinlich ist die Lehre der Bibel für uns Männer die, dass wir nicht so viel saufen sollten, sonst kommen irgendwelche notgeilen Nymphen aus finsteren Ecken hervorgekrochen, um sich von uns schwängern zu lassen.

Diese verkommene Familie war also nach biblischer Moral die einzige, die es wert war, von Gott aus Sodom gerettet zu werden. Wie müssen dann erst diejenigen drauf gewesen sein, die Gottes Missfallen erregten?

Zeichnen wir das Frauenbild der Bibel weiter. Die Geschichte mit den jungfräulichen Töchtern Lots, die anstelle von den selbstverständlich viel wertvolleren Männern dem geilen Mob dargeboten werden, ist kein Einzelfall. Sie wiederholt sich fast wörtlich im Buch der Richter, 19. Kapitel. Diesmal ist es ein Priester, der mit seiner Geliebten bei einem älteren Mann übernachten will. Prompt erscheint wieder der schwule Mob, um den Mann zu »schänden«. Der Alte meint, die Schwulen sollten sich ein wenig flexibel zeigen nach dem Motto »ein bisschen bi schadet nie« und bietet ihnen stattdessen seine jungfräuliche Tochter und die Geliebte des Priesters an. Zusätzlich äußerst er sich erzürnt darüber, wie der Mob einem Mann (dem Priester) den gebührenden Respekt verweigern und ihn vergewaltigen will. So was geht ja auch schließlich nicht! Er sagt wörtlich (Richter, 19,24): *Siehe, meine Tochter, die <noch> Jungfrau <ist> und seine Nebenfrau, sie will ich <euch> herausbringen. Ihnen tut Gewalt an und macht mit ihnen, was gut*

[73] Wer ohne sich zu übergeben derart viel trinken kann, dass er nicht mehr weiß, mit wem er Sex hat, hat sicherlich ein ernstes Alkoholproblem. Wem dieses Kunststück in zwei aufeinanderfolgenden Nächten gelingt, ist ein hochgradiger Gewohnheitstrinker.

ist in euren Augen. Aber an diesem Mann dürft ihr so eine schwere Schandtat nicht begehen!

Diesmal geht die Sache für die beiden Frauen nicht so glimpflich ab wie für die Töchter Lots (Richter 19, 25-26).

Aber die Männer wollten nicht auf ihn hören. Da ergriff der Mann [der ehrbare Priester, Anm. von mir] *seine Nebenfrau und führte sie zu ihnen hinaus auf die Straße. Und sie erkannten sie und trieben ihren Mutwillen mit ihr die ganze Nacht hindurch bis an den Morgen. Und sie ließen sie gehen, als die Morgenröte aufging.*

Und die Frau kam beim Anbruch des Morgens und fiel nieder am Eingang des Hauses des Mannes, wo ihr Herr war, <und lag dort>, bis es hell wurde.

Ihr Mann, ihr Herr (!), der vorbildliche Priester, hat nicht nur nichts gegen diese Massenvergewaltigung unternommen, er kümmert sich auch nicht um sie, während sie vor dem Haus liegt. Ach, ich vergaß, es ist ja nur eine Frau!

Weiter geht's! (Richter 19, 27-29):

Und ihr Herr stand am Morgen auf, öffnete die Tür des Hauses und trat hinaus, um seines Weges zu gehen. Siehe, da lag die Frau, seine Nebenfrau, am Eingang des Hauses, ihre Hände auf der Schwelle.

Da sagte er zu ihr: Steh auf und lass uns gehen! Aber niemand antwortete. Da nahm er sie auf den Esel, und der Mann machte sich auf und zog an seinen Ort.

Seine Nebenfrau wurde gerade Opfer einer Massenvergewaltigung und kam durch diese Gräuel zu Tode, weil ihr feiger, Frauen verachtender Liebhaber nichts unternommen hat. Kein Wort des Bedauerns, geschweige denn Verzweiflung und Trauer. Kein Fünkchen Selbstkritik, ein feiger Drecksack zu sein.

Stattdessen packt er ihren zu Tode geschändeten Leib auf einen Esel, und zwar um Folgendes zu tun, als er wieder zuhause war:

Und als er in sein Haus gekommen war, nahm er das Messer, ergriff seine Nebenfrau und zerlegte sie, Glied für Glied, in zwölf Stücke und schickte sie ins ganze Gebiet Israels.

Das macht er, um die zwölf Stämme Israels zum Krieg gegen die Benjamin (zu denen gehören die Vergewaltiger) anzustacheln, was ihm auch gelingt. Das ist neben der ganzen Frauenverachtung biblische Moral: Eine Unschuldige wird vergewaltigt und getötet, ihr gottgefälliger Mann schändet daraufhin ihren Leichnam und versendet sie stückchenweise, weshalb flugs ein Krieg gegen einen ganzen Stamm geführt wird, von dem sicherlich nicht alle an dem Verbrechen teilgenommen haben. Also wieder müssen Unschuldige, die nichts getan haben, sterben. Sie ahnen es vielleicht:

Es ist wieder dieser *Verallgemeinerung*strick. Die *Basis* lautet: »Vergewaltigung ist böse«. Da glüht bei jedem geistig gesunden Menschen das Gefühlszentrum. Die *Verallgemeinerung*: Die Vergewaltiger waren Benjamin, also sind alle Benjamin böse. Der Rest ist eine blutrünstige Geschichte, bei der Zehntausende umkommen – natürlich nicht, ohne dass Gott JHWH mehrfach um Rat gefragt wurde.

Ein weiteres schönes Beispiel für die Frauenverachtung, weil es die Grundlage dieses Machwerks betrifft, möchte ich Ihnen nicht vorenthalten. Im 1. Buch Mose (12. Kapitel, 18,19) verschachert der Begründer der drei Weltreligionen, Abraham, seine Frau zunächst an den Pharao, später an Abimelech, den König der Gerar (Kapitel 20, 2-5). Auch hier wird der biblische Wert der Frau deutlich. Neu ist eigentlich nur die Erkenntnis, dass der Begründer der drei Weltreligionen ein Zuhälter war. Das sind natürlich genau die Leute, die uns allen als Vorbild für Moral dienen sollten.

Das muss nun reichen. Wer Lust hat, kann sich ja noch weitere frauenverachtende Textstellen aus diesem Pamphlet heraussuchen. Doch was ist der Grund, worin liegt der Vorteil für die *Bruderschaft*, Frauen derart abwertend darzustellen und zwar nicht irgendwo, sondern in *der* Leitlinie moralischen Verhaltens für die Gläubigen, der Bibel?

Zur Antwort muss ich ein wenig ausholen. Zunächst einmal ist klar, dass sich dumme und feige Sklaven besser beherrschen lassen als intelligente und mutige. Außerdem wünschen sich die *Illuminaten* eine schwache, unterentwickelte Menschheit, um ein mögliches künftiges *Dragonen*reich nicht zu gefährden. Aus diesem Grunde ist es verständlich, dass der *Bruderschaft* daran gelegen ist, die in der menschlichen Bevölkerung verbreiteten Gene der *Anunnaki* wieder aus der Population »herauszuzüchten«. Zusätzlich wird auf diese Weise ihre eigene Überlegenheit zementiert – schließlich sind sie selbst Träger dieser Gene. Wie kann eine solche Rückzüchtung gelingen?

Schauen wir uns an, wie natürliche Partnerwahl in menschlichen Gesellschaften funktioniert: Die attraktivsten und intelligentesten Frauen erwählen die intelligentesten, attraktivsten und erfolgreichsten Männer. Letztere können mehr Kinder versorgen als die weniger starken und intelligenten Männer. Folglich werden sich die Gene für Intelligenz und Stärke – bei freier Partnerwahl durch die Frau – in der Bevölkerung verbreiten. Auf diese Weise findet durch die Auswahl des geeigneten Partners durch die Frau eine »Höherzüchtung« des Menschen statt. Ebenso funktioniert dies auch bei anderen Tierarten, wobei der Effekt erheblich schwächer ist als beim Menschen, weil Letzterer in den Genuss einer genetischen Manipulation durch die *Alderaaner* gekommen ist, also einen künstlich herbeigeführten Evolutionssprung durchmachte. Mit anderen Worten: Durch die Partnerwahl der Frau finden die *Anunnaki*-Gene, die intelligent, stark und damit auch attraktiv machen, schnelle Verbreitung in der menschlichen Population. Genau das ist es, was die *Bruderschaft* zu verhindern sucht. Dies kann sie auf zwei Arten erreichen:

Erstens: Durch den Sozialstaat und die Ideologie des Materialismus werden die Verhältnisse auf den Kopf gestellt (siehe

Abschnitte 2.5 und 2.7). Nun sind es die erfolgreichen, starken und intelligenten Frauen und Männer, die arbeiten, statt eigene Kinder zu haben. Dafür finanzieren sie die Kinder derjenigen, die ohne fremde Hilfe niemals in der Lage wären, so viele Nachkommen durchzubringen. Der Erfolg ist eine Rückzüchtung. Die Gene der Dummen und/oder Faulen verbreiten sich im Vergleich zu jenen der Intelligenten, Fleißigen überproportional[74]. Nun mag ein eingefleischter Sozialist[75] einwenden, Intelligenz würde durch das Umfeld geprägt und nicht durch die Gene. Das ist ziemlich genau *halb* richtig. Die eine Komponente für das Auftreten von Intelligenz sind die Gene, die andere das Umfeld. Letzteres ist aber wiederum von der Intelligenz der Eltern abhängig, woran die Gene wieder mindestens den halben Anteil haben. Doch zur Zeit, als die Bibel geschrieben wurde, gab es noch keine Technologie, die einen Sozialstaat ermöglicht hätte, also eine derartige Produktivität, dass jeder mit durchgefüttert wird und so viele Kinder haben *kann*, wie er oder sie *will* (und gerade die Versager *wollen*, weil das Kindergeld neben ihrer Sozialunterstützung die Haupteinnahmequelle darstellt). Damit kommen wir zur zweiten Methode, wie Rückzüchtung erreicht bzw. die Verbreitung von *Anunnaki*-Genen verhindert werden kann.

Zweitens: Man unterdrückt die Frau, betrachtet sie als »minderwertig«, und nimmt ihr damit das Recht der freien Partnerwahl. Zumeist ist es der Vater, der in patriarchalischen Gesellschaften den Ehemann der Tochter bestimmt. Der Vater mag jedoch ganz andere Kriterien für die Wahl des Partners seiner Tochter haben, als sie selbst. Der Bräutigam muss nach Vaters

---

[74] Die Folgen einer solchen sozialstaatlichen Rückzüchtung sind satirisch aufbereitet sehr schön im Film Idiocracy (2005) verarbeitet. Empfehlenswert!

[75] Die glauben schließlich an den Unsinn, alle Menschen seien von Geburt an gleich. Die Herkunft dieser geistigen Verwirrung schildere ich ausführlich im Buch »Agent der Dritten Macht.«

Vorstellungen den gleichen (frauenverachtenden) Glauben haben wie er selbst, und/oder zum gleichen Stamm gehören. Diese Wünsche gehen zumeist einher damit, dass der »Auserwählte« der Sohn eines Freundes oder sogar des eigenen Bruders ist. Und manche Väter mögen einen Mann für die Tochter sogar danach aussuchen, dass er nicht stark und intelligent genug ist, um das Patriarchat des Familienoberhaupts vor dessen Tod zu gefährden. Schließlich hat sich Papa selbst auch nicht auf einen brutalen Konkurrenzkampf gegen die anderen Männer um das eigene Weibchen einlassen müssen, denn es wurde ihm schließlich die Tochter eines Verwandten zugeschachert, ohne dass er sich selbst dafür hätte ins Zeug legen müssen, das Mädchen für sich zu gewinnen. Dies alles fördert natürlich nicht unbedingt die Verbreitung der Gene der Besten.

Die Gegenstrategie dazu war eine der Motivationen für die *Artur*, die Aufklärung zu initiieren. Nun fingen die unverschämten Weiber plötzlich an, sich ihre Kerle selbst auszusuchen, was mit einer Erhöhung des durchschnittlichen Intelligenzquotienten vom Mittelalter bis heute um mindestens 30 Punkte einherging – womit wir wiederum verstehen, warum diese rasante technische Entwicklung bei uns und nicht etwa in Arabien eingetreten ist. Schließlich steht eine Aufklärung dort noch aus. Natürlich hatten die *Illuminaten* eine Gegenstrategie gegen die Gegenstrategie parat: den bereits erwähnten Sozialstaat, worauf ich ausführlich in Abschnitt 2.5 eingehen werde.

Hinzu kommt noch ein weiterer negativer Effekt des Patriarchats, den ich Ihnen nicht vorenthalten möchte, und für den wir uns ein klein wenig mit Genetik auseinandersetzen müssen.

Jede Zelle des menschlichen Körpers, außer die Samen- bzw. Eizellen, dazu komme ich gleich, enthalten je 23 Chromosomen von der Mutter und ebenfalls 23 vom Vater, also insgesamt 46. Lassen Sie uns die Chromosomen einfach von 1 bis 23 durchnummerieren und mit m für »Mutter« und v für »Vater« versehen. Anschaulich kann man jedes Chromosom als Band eines Lexikons verstehen, wobei das gesamte Lexikon der Bauplan des Menschen ist. Dieser Bauplan besteht also aus den Bänden 1m-23m und 1v-23v. Jeder dieser Bände ist in einer bestimmten Anzahl Kapitel geschrieben. Diese Kapitel sind die Analogie zu den Genen. In einem bestimmten Kapitel eines bestimmten Bandes geht es um eine spezielle Eigenschaft des Menschen. So mag Kapitel 6 von Band 13 beispielsweise die Augenfarbe beschreiben. Nehmen wir nun an, in Band 13, Kapitel 6 väterlicherseits (13,6v), stünde der Bauplan für blaue Augen, in 13,6m wäre der für braune Augen enthalten. In diesem Fall hätte das Kind mit 100%iger Sicherheit braune Augen, weil sich das Gen (= Kapitel) für braune Augen gegenüber dem für blaue Augen immer durchsetzt. Man sagt, das Gen für blaue Augen sei rezessiv, das für braune Augen dominant und zwei Kapitel, die die gleiche Nummer im gleichen Band tragen, nennt man »Allele«. Damit das Kind blaue Augen bekommt, müssen *beide* Elternteile ihm das entsprechende Gen vererben. Es gibt aber auch Fälle, in denen keines der beiden Gene für eine bestimmte Eigenschaft, also keines der beiden Allele, gegenüber dem anderen dominant ist. In diesem Falle wird eine Mischform realisiert oder es entsteht manchmal sogar etwas ganz Neues.

Bei der Herstellung von Samen- und Eizellen passiert jedoch etwas Ungewöhnliches. Es erfolgt keine normale Zellteilung (Mitose), sondern eine besondere Art der Teilung, die »Meiose« genannt wird. Dabei wird nach dem Zufallsprinzip ein einziger 23-bändiger Chromosomensatz aus den Genen (Kapitel) von Vater und Mutter zusammengewürfelt. Die so entstandene Samenzelle (bzw. Eizelle) verbindet sich dann mit der ebenfalls durch Meiose entstandenen Eizelle (bzw. Samenzelle), und es entsteht der Embryo mit wieder 23 Chromosomenpaaren, also 46 insgesamt.

Hervorgerufen durch eine Vielzahl möglicher Umwelteinflüsse, können einige Kapitel (Gene) jedoch verändert werden

(Mutation). Eine solche Veränderung des Bauplans für eine bestimmte Eigenschaft ist meist schädlich[76] und in vielen Fällen sogar tödlich. Auf diese Weise entstehen Erbkrankheiten. Und an dieser Stelle sind wir schon beim Vorteil der geschlechtlichen Fortpflanzung: die mutierten, meist schädlichen Gene sind rezessiv. Das bedeutet, dass in diesem Fall das »gesunde« Gen des anderen Elternteils zur »Konstruktion« des Kindes herangezogen wird. Das Kind hat das »kranke« Gen zwar in einem seiner Chromosomenpaare und kann es deshalb mit einer Wahrscheinlichkeit von 50% an die eigenen Nachkommen vererben, es wird jedoch selbst nicht darunter leiden.

Doch was passiert, wenn beide Elternteile das schädliche Gen, das die Erbkrankheit verursacht, als Kapitel im gleichen Band an der gleichen Stelle haben? Dann hat das Kind ein ernstes Problem, denn es hat keine Alternative an dieser Stelle – die Erbkrankheit nimmt ihren Lauf

Nach dieser kurzen Einführung in die Genetik komme ich zurück zum Patriarchat. Wenn Papa also mit seinem Bruder einen Deal macht, seinen Sohn mit dessen Tochter zu verheiraten, so können aus dieser Verbindung ernsthafte genetische Risiken für die Nachkommen von Cousin und Cousine entstehen. Schauen wir uns das genauer an.

Als die Eltern der beiden Brüder Geschlechtsverkehr hatten, wurde sowohl bei der Mutter als auch beim Vater der jeweils 23-bändige Chromosomensatz willkürlich zusammengestellt und zwar aus den Chromosomen der Großeltern mütterlicherseits bzw. väterlicherseits. Das bedeutet, dass die beiden Brüder mit einer Wahrscheinlichkeit von 50% das gleiche Gen für eine bestimmte Eigenschaft vom Vater erworben haben. Genauso verhält es sich bei der Mutter. Daraus folgt, dass ein

---

[76] Nur in sehr seltenen Fällen hat eine Mutation positive Auswirkungen auf den Reproduktionserfolg. Dieses Gen verbreitet sich dann schnell innerhalb der Population und wird fester Bestandteil des Genpools.

bestimmtes Gen mit einer Wahrscheinlichkeit von 50% bei beiden Brüdern zugleich vorkommt. Nehmen wir nun an, einer der beiden Eltern hätte ein Erbkrankheiten verursachendes Gen in einem seiner beiden Chromosomensätze. Dann vererbt dieses Elternteil das »kranke« Gen mit einer Wahrscheinlichkeit von 50% an jeden Bruder. Jeder der Brüder besitzt also mit einer 50%igen Wahrscheinlichkeit ein »krankes« Gen auf einem seiner Chromosomensätze. Das bedeutet, dass jeder Bruder dieses Gen mit einer Wahrscheinlichkeit von 25% an sein Kind vererbt. Wenn nun die Kinder der beiden Brüder, also Cousin und Cousine, ein Kind miteinander haben, so beträgt die Wahrscheinlichkeit 25% x 25% = 6,25% = 1/16, dass das Kind das »kranke« Gen auf beiden Allelen zugleich hat, d.h. dass die Erbkrankheit ausbricht. Wenn mehrere Erbkrankheiten in der Verwandtschaft verbreitet sind, steigt die Wahrscheinlichkeit der Erkrankung des Kindes entsprechend. Genau dies ist das Problem beim Inzest. Dieses Risiko ist bei Lot und seinen Töchtern natürlich noch einmal erheblich größer. Rechnen Sie selbst nach, wenn Sie Lust haben.

Im Gegensatz dazu trifft ein Erbkrankheiten verursachendes Allel bei der Paarung von nicht miteinander verwandten Individuen in praktisch 100% der Fälle auf ein »gesundes« Allel, welches dominant ist – das Kind erkrankt also nicht. Neben dem weiter oben beschriebenen Nachteil der »Dummzüchtung« ergibt sich aus dem Patriarchat also noch ein weiterer, gravierender Nachteil: die Verbreitung von Erbkrankheiten. Beide Effekte sind im Interesse der *Illuminaten*, die an den entstehenden »Sozial«kosten prächtig verdienen, wie ich noch in den Abschnitten 2.3 und 2.4 ausführlich beleuchten werde.

Nachdem wir nun die Frauenfeindlichkeit der Bibel und den Sinn dieses Verbrechens an der Menschheit diskutiert haben, möchte ich mich noch mit ein paar weiteren Aspekten dieses Machwerks beschäftigen. Diese Aspekte belegen eindeutig, dass es sich keinesfalls um Richtlinien handelt, die einem Menschen klaren Verstandes als Bezugspunkt für seine Lebensgestaltung dienen könnten, sondern bestenfalls für Satanisten geeignet sind. Stattdessen ist die Bibel genau darauf ausgelegt, die Urinstinkte der Menschen zur Beherrschung des Denkens auszunutzen und damit deren Handeln zu bestimmen.

Da wäre zunächst die folgende kleine Anekdote (1. Buch Mose, Kap. 22), wieder über den »ehrbaren« Begründer der drei Weltreligionen: den Zuhälter Abraham.

Und es geschah nach diesen Dingen, da prüfte Gott den Abraham. Und er sprach zu ihm: Abraham! Und er sagte: Hier bin ich!

Und er sprach: Nimm deinen Sohn, deinen einzigen, den du lieb hast, den Isaak, und ziehe hin in das Land Morija, und opfere ihn dort als Brandopfer auf einem der Berge, den ich dir nennen werde!

Da machte sich Abraham früh am Morgen auf, sattelte seinen Esel und nahm seine beiden Knechte mit sich und seinen Sohn Isaak. Er spaltete Holz zum Brandopfer und machte sich auf und ging an den Ort, den Gott ihm genannt hatte.

Am dritten Tag erhob Abraham seine Augen und sah den Ort von ferne.

Da sagte Abraham zu seinen Knechten: Bleibt ihr mit dem Esel hier! Ich aber und der Junge wollen dorthin gehen und anbeten und zu euch zurückkehren.

Und Abraham nahm das Holz zum Brandopfer und legte es auf seinen Sohn Isaak, und in seine Hand nahm er das Feuer und das Messer. Und sie gingen beide miteinander.

Da sprach Isaak zu seinem Vater Abraham und sagte: Mein Vater! Und er sprach: Hier bin ich, mein Sohn.

Und er sagte: Siehe, das Feuer und das Holz! Wo aber ist das Schaf zum Brandopfer?

Da sagte Abraham: Gott wird sich das Schaf zum Brandopfer ersehen, mein Sohn. Und sie gingen beide miteinander.

Und sie kamen an den Ort, den Gott ihm genannt hatte. Und Abraham baute dort den Altar und schichtete das Holz auf. Dann band er seinen Sohn Isaak und legte ihn auf den Altar oben auf das Holz.

Und Abraham streckte seine Hand aus und nahm das Messer, um seinen Sohn zu schlachten.

Da rief ihm der Engel des HERRN vom Himmel her zu und sprach: Abraham, Abraham! Und er sagte: Hier bin ich!

Und er sprach: Strecke deine Hand nicht aus nach dem Jungen, und tu ihm nichts! Denn nun habe ich erkannt, dass du Gott fürchtest, da du deinen Sohn, deinen einzigen, mir nicht vorenthalten hast.

Also: Gott will Abraham prüfen, indem er ihm aufträgt, seinen Sohn als Brandopfer darzubringen. Abraham findet das völlig in Ordnung, bereitet alles vor, und kurz bevor er den eigenen Sohn grillt, erscheint ein Engel und sagt: Verarscht, verarscht, das war alles nur ein kleiner Scherz, dich zu prüfen!

Viel ekelhafter und moralisch verwerflicher kann eine Geschichte kaum noch sein. Nehmen wir die Sache ernst, schließlich will die Bibel kein Satiremagazin oder Ähnliches sein. Wenn sich ein übernatürliches Wesen als Gott ausgibt und von einem Mann, der auch nur ansatzweise über Moral und Gerechtigkeitssinn verfügt, verlangen würde, seinen Sohn zu verbrennen, dann würde dieser gerechte Mann diesem sadistischen »Gott« unmissverständlich klarmachen, dass er sich in die Hölle zurückscheren soll, aus der er hervorgekrochen ist. Schließlich würde ein gütiger Gott, das Gute an sich, niemals etwas Derartiges von einem Menschen verlangen. Folglich kann es sich nur um den Teufel handeln. Vielleicht bestand ja auch genau darin die Prüfung – und Abraham ist durchgefallen!

Der Sinn dieser Geschichte liegt auf der Hand: Die *Illuminaten* wollen die Todesangst der Menschen dazu nutzen, sie zu *bedingungslosem* Gehorsam zu erziehen. Egal was die *Bruder-*

schaft (die dem JHWH-Gott die Worte in den Mund legt) verlangt, ist ohne wenn und aber zu befolgen. Nur wenn man die Anweisungen einer sich in alle Lebensbereiche einmischenden Religion, ohne sie zu hinterfragen, befolgt, egal wie abstoßend und verkommen bis hin zur Kindstötung diese »Prüfungen« sein mögen, ist man ein aufrechter Gläubiger und kommt in den Himmel. Doch ist so etwas zutiefst Unmoralisches wie diese Isaak-Geschichte vielleicht die große Ausnahme? Nein, auch diese Geschichte wiederholt sich in der Bibel. Ähnlich wie die Massenvergewaltigung von Lots Töchtern und die Isaak-Geschichte von Engeln zum Guten[77] gewendet wurden, so kommt es bei der Wiederholung des Vergewaltigungsdramas (die Nebenfrau des Priesters) ebenso wie bei der Wiederholung der Brandopfergeschichte zu keinem guten Ende.

Letztere finden wir unter Richter, Kapitel 11 und ist schnell erzählt:

Jeftah schließt folgenden Handel mit Gott ab: Wenn es ihm als Heerführer gelingt, die Ammoniter zu besiegen und heil nach Hause zu kommen, so bringt er alles als Brandopfer dar, was ihm aus seiner Haustüre entgegeneilt. Gesagt getan, Gott hat gerade nichts Besseres zu tun, mischt sich in den Krieg zweier Primatenstämme ein, Jeftah siegt, und als er nach Hause kommt, stürmt ihm seine jungfräuliche Tochter entgegen (mir scheint langsam, die Bibelschreiberlinge hatten so etwas wie einen Jungfrauen-Fetisch mit sadistischen Zügen). Jeftah ist immerhin verzweifelt und jammert, zerreißt sich die Kleider, doch Gott besteht auf seinem Brandopfer. Also brät Jeftah seine Tochter. Diesmal greift niemand ein, um diese Unmenschlichkeit zu verhindern. Ach ja, es ist ja auch nur eine Tochter, kein Sohn, wie bei Abraham.

---

[77] Zumindest fand weder die Vergewaltigung noch das Brandopfer auf Intervention von Engeln statt. Dass die Kinder in beiden Fällen ihr Leben lang traumatisiert sein dürften, steht auf einem anderen Blatt.

Das soll ein Gott sein? Jemand, der einen sadistischen Gefallen daran findet und darauf besteht, dass unschuldige Menschen verbrannt werden[78]?

Ein Mensch, der nicht bereits als Kind mit diesem ekelhaften Schwachsinn indoktriniert wurde, erkennt sofort, dass hier die Dinge auf den Kopf gestellt werden, dass der Teufel zu Gott erhoben wird – ganz im Sinne Baphomets. An dieser Stelle möchte ich noch ein paar Worte zur Indoktrination von Kindern verlieren. Nicht umsonst versuchen die Kirchen möglichst früh Einfluss auf die Kinder zu bekommen, sie zu prägen. Nicht umsonst heißt es im Markus-Evangelium: Lasset die Kindlein zu mir kommen und haltet sie nicht zurück! Was die Pfaffen damit wirklich anrichten, dürfte nach unserem Exkurs in die Neurobiologie klar sein:

Gerade die Gehirne von Kindern sind noch erheblich formbarer als die von Erwachsenen. Die meisten Gehirnzellen haben wir nicht im Alter, sondern bei unserer Geburt[79]. Dieser »Überschuss« an Neuronen lechzt förmlich danach, vernetzt zu werden. Jene Nervenzellen, die wir nicht gebrauchen, werden schließlich abgebaut. Deshalb ist es besonders einfach, das »jungfräuliche« Gehirn von Kindern zu prägen. Die in dieser Zeit stabilisierten Denkmuster werden ein Leben lang beibehalten, sofern sich der spätere Jugendliche oder Erwachsene nicht massiv dazu gezwungen sieht, diese Vernetzungen wieder aufzulösen, weil er erkannt hat, dass diese »Autobahnen« zu einem für ihn schädlichen Ziel führen. Dazu gehört jedoch eine sehr starke Persönlichkeit, ein hohes Maß an Intelligenz und eine starke Willenskraft – also zwei Eigenschaften, die beim Großteil der Bevölkerung wenn überhaupt, dann aber nicht gemeinsam auftreten.

---

[78] Welche Form von Gerechtigkeit soll das sein, bei der die Tochter für die militärischen Erfolge des Vaters mit ihrem Leben bezahlen muss?

[79] Hüther (2012)

Genau diesen Mechanismus nutzen die Priester, um die Kinder zu indoktrinieren[80]. Wenn man den Kleinen oft genug erzählt, bedingungsloser Gehorsam sei etwas Gutes und damit die Vermeidung der Angst vor ewiger Verdammnis verbindet (also ein gutes Gefühl), so werden die diesen Sachverhalt repräsentierenden neuronalen Muster immer weiter stabilisiert, bis es für die meisten Menschen unmöglich geworden ist, diese Denkmuster wieder aufzulösen.

Das Alte Testament ist voll von weiteren Grausamkeiten und Völkermorden, die von JHWH angezettelt werden. Alleine dieses Thema würde bereits genug Stoff für ein eigenes Buch liefern. Ich wollte Ihnen an dieser Stelle lediglich einen Überblick über einige »Highlights« dieses Machwerks geben und die Hintergründe darlegen, weshalb die *Bruderschaft* sich so etwas Abscheuliches ausgedacht hat.

Doch kommen wir nun zum Neuen Testament. Bedeutet dies nicht eine radikale Abkehr vom bösartigen Rachegott JHWH? Ist Jesus nicht genau der gütige Heiland, den wir im Alten Testament nicht finden konnten? Nein. Die *Bruderschaft* hat dazugelernt. Das Neue Testament ist eine noch geschicktere Vermischung von Gut und Böse, Wahrheit und Lüge, dessen ekelhaft heuchlerische Philosophie auch heute noch das sogenannte »Gutmenschentum« prägt. Der wesentliche, das menschliche Zusammenleben vergiftende, Grundsatz ist aber geblieben:

Wer meinen Glauben nicht teilt, muss entweder bekehrt, dazu gezwungen oder vernichtet werden. Wohlgemerkt, dabei geht es um Verhaltensregeln, die Privatsache sind und nichts damit zu tun haben, ob man anderen Menschen Schaden zufügt oder nicht.

Die Motivation der *Illuminaten* für die Erfindung des Neuen Testaments war die Stärke des Römischen Imperiums. Letzte-

[80] Natürlich haben die meisten Priester keine Ahnung von Neurobiologie. Sie befolgen lediglich Anweisungen, die über die Akkreditiertenkette letztlich von den *Illuminaten* stammen.

res war der *Bruderschaft* mehr als ein Dorn im Auge, denn die unter der okkulten Herrschaft der *Artur*[81] selbstbewussten Römer waren Welten davon entfernt, sich dem sadistischen Rachegott eines Wüstenvolkes zu unterwerfen.

Folglich brauchte man eine Reform, die die Massen ansprach und sie gegen die imperiale Regierung aufbrachte. Schließlich war Rom nur durch Unterwanderung zu schlagen. Ein militärischer Sieg über das Imperium war zu jener Zeit – nach der Niederlage der Karthager im 2. punischen Krieg (ich meine die darauf folgenden vier Jahrhunderte zwischen -200 und 200) – undenkbar.

Wie immer, ganz im Sinne der Plan-B-Strategie, ging die *Bruderschaft* mehrgleisig vor.

Erstens begannen sie im vorletzten Jahrhundert vor der Zeitenwende damit, den Materialismus hoffähig zu machen. Damals verfügte man zwar noch nicht über die unerschöpfliche Geldquelle eines modernen Bankensystems (siehe Abschnitte 2.3, 2.4), doch speziell aus den von der *Bruderschaft* unterworfenen süd- und mittelamerikanischen Reichen[82] war man in der Lage, Gold in großen Mengen einzuführen: doch um damit Senatoren oder sogar Konsuln Roms zu bestechen, musste erst einmal ein entsprechendes Verlangen nach materiellem Reichtum geweckt werden.

Das war nicht einfach, denn Bescheidenheit galt bis -200 in Rom als Tugend. Es existierte sogar ein gesetzliches Verbot des Kleiderluxus, weil die *Artur* von der Gefahr wussten, die aus dem Materialismus hervorgehen konnte.

---

[81] Der Einfluss der beiden Geheimgesellschaften in den Epochen der Geschichte der Menschheit ist ein höchst interessantes Thema, das aufgrund des strategischen Schwerpunktes dieses Buches nur gestreift werden kann.

[82] Auch zu diesen Hintergründen muss ich Sie an dieser Stelle vertrösten.

Ganz nach *Illuminaten*art akkreditierten sie für Reichtum besonders Empfängliche – eine Vorgehensweise, die sich bis heute nicht geändert hat –, die den Römern ein Leben im Luxus vorzuleben begannen. Es wurden üppige Fressgelage und später, als der Boden dafür bereitet war, ausschweifende Orgien gefeiert.

Damit war die Grundlage geschaffen, immer wieder mächtige Männer zu akkreditieren, die Intrigen gegen die Regierung einfädelten und in den folgenden Jahrzehnten eine Vielzahl von Bürgerkriegen vom Zaun brachen. Dabei kam es dann immer wieder zu Machtwechseln zwischen Herrschern unter dem Einfluss der *Artur* und der *Bruderschaft*.

Alleine das über jene Zeit mir vorliegende Material wäre Stoff für ein spannendes Sachbuch. Dieses Hin und Her fand erst ein vorläufiges Ende, als Julius Caesar, Mitglied der *Artur*, aus Gallien kommend mit den in die Geschichte eingegangenen Worten »Die Würfel sind gefallen« im Jahre -49 den Rubikon überschritt.

Er zog gegen Rom und zerschlug die von Pompejus und dem Senat gegen ihn gerichtete Verschwörung. An den darauf folgenden Machtverhältnissen zugunsten der *Artur* änderte sich auch nichts nach der Ermordung Caesars im Jahre -44. Sein Großneffe, Octavian, setzte die Regentschaft der *Artur* zunächst im Triumvirat mit Antonius und Lepidus und, nach deren Verrat, als Alleinherrscher fort.

Zweitens schürte die *Bruderschaft* immer stärker die Unzufriedenheit der italienischen Bundesgenossen Roms und trieb sie an, die vollen Bürgerrechte für sich zu erlangen. Ein erster Vorstoß dazu von Gajus Gracchus im Jahre -123 scheiterte.

Doch 30 Jahre später gelang es den *Illuminaten,* die römischen Bundesgenossen dazu zu bewegen, sich gegen Rom zu erheben. Im Jahre -89 wurden ihnen schließlich die vollen Bürgerrechte zugestanden. Daraufhin hatten nun alle Italiener das

Recht, nach Rom zu ziehen, was vor allem die besitzlosen Proletarier[83] auch taten[84].

Zusätzlich wurde das Heer der Proletarier durch eine maßlose Ungerechtigkeit (ähnlich dem heutigen Steuersystem in Verbindung mit dem Sozialstaat, siehe Abschnitte 2.3 - 2.5) vergrößert. Bauern, die nach jahrelangen Kriegen auf ihre Höfe zurückkehrten, fanden diese verödet vor. Die Großgrundbesitzer, die ebenfalls in den Krieg gezogen waren, konnten es sich jedoch leisten, ihren Besitz derweil von Sklaven bewirtschaften zu lassen. Da es sich bei Letzteren um billige Arbeitskräfte handelte, konnte der heimgekehrte Bauer mit seinem Land voller Unkraut nicht gegen diese Großgrundbesitzer konkurrieren. Folglich blieb den Bauern nichts anderes übrig, als ihre Höfe an die Großgrundbesitzer zu verkaufen, die dadurch immer reicher wurden, während die Bauern nach Rom zogen, wo ihr kleines Vermögen vor dem Hintergrund der dortigen materiellen Verlockungen (siehe Erstens) schnell aufgebraucht war. Die Schere zwischen Arm und Reich wurde so immer größer (auch hier wiederholt sich Geschichte heute, und zwar als Folge des Zinssystems, siehe Abschnitte 2.3 – 2.5).

Auf diese Weise wuchs die Unzufriedenheit in Rom und der Zusammenhalt zwischen den Römern wurde untergraben. Doch zwölf Jahre zuvor hatten die *Artur* eine solche Entwicklung bereits vorhergesehen und unter ihrem Anhänger Gajus Marius den Eintritt des Proletariats in die Legionen ermöglicht. Auf diese Weise erhielten die besitzlosen Proletarier einen Beruf und waren ihrem Feldherrn, von dem sie sich ein Aus-

[83] Der Begriff leitet sich aus dem lateinischen Wort »*Proles*« für »Nachkommenschaft« ab und bezeichnet den hauptsächlichen Besitz dieses Standes.

[84] Der Leser mag bemerkt haben, dass sich Geschichte wiederholt. Heute werden die Proletarier jedoch unter anderen Vorwänden in die wohlhabenden Länder geschafft (siehe die folgenden Abschnitte).

kommen für das Alter versprachen, treu ergeben. Trotzdem gaben die *Illuminaten* nicht auf und verwandelten Rom in den folgenden zwei Jahrhunderten in eine multikulturelle Gesellschaft, in der jeglicher Zusammenhalt zerbrach und Orientierungslosigkeit herrschte. Damit war der Boden für die dritte Strategie bereitet:

Drittens: Die alttestamentarische Religion wurde überarbeitet und an die Bedürfnisse des Proletariats angepasst. Dazu wurden die Lehren des *Artur* Jesus Christus (!) nach *Illuminaten*manier vollkommen verdreht und sinnentstellt. Christus hatte sich massiv gegen den sadomasochistischen Rachegott JHWH der *Illuminaten* gewandt und war dafür gekreuzigt worden. Seine aufklärerischen Lehren wurden jedoch von der *Bruderschaft* zu einer Irrlehre der Gleichheit umgedichtet (aus »Gott richtet alle Menschen nach dem gleichen Maß« wurde einfach die »Gleichheit aller Menschen«, wodurch sich speziell die *Proles* gebauchpinselt fühlten (siehe »Agent der Dritten Macht«). Diese Irrlehre würzten sie mit einer aberwitzigen Philosophie von Sünde und Schuld, die mindestens so stark auf das Urgefühl der Todesangst wirkte, wie die vorherige Lehre vom Rachegott, dessen sadomasochistische Eigenschaften nach wie vor den Kern der neuen Religion bildeten.

Lassen Sie mich diesen Punkt kurz erläutern. Nach dem heute noch als Lehre verbreiteten Christentum *illuminierter* Prägung schickt Gott seinen Sohn auf die Erde, um für die Tilgung der Sünden der Menschen einen grausamen (JHWH lässt grüßen!) Tod am Kreuz zu sterben. Das mag den meisten von uns normal erscheinen, weil es uns schließlich von Kindheit an eingebläut wurde (siehe meine obigen Ausführungen über Neuroplastizität). Betrachtet man diese »Lehre« jedoch mit etwas Abstand, so wird schnell deutlich, dass es sich um kompletten Irrsinn handelt – damit haben sich die *Illuminaten* selbst übertroffen.

Zunächst einmal eine einfache Definition, mit der sich wahrscheinlich jeder anfreunden kann: Jemand begeht eine Sünde, wenn er einem anderen Menschen ein Unrecht antut. Warum sollte dieses begangene Unrecht auf einmal kein Unrecht mehr sein, nur weil ein Dritter an ein Kreuz genagelt wird? Das ist völlig verrückt!

Doch damit nicht genug. Es wird uns erzählt, dass der Schöpfer des Universums, der Milliarden von Galaxien geschaffen hat, seinen Sohn auf einen kleinen Planeten in einem unbedeutenden Spiralarm einer dieser Galaxien schickt, um dort einen qualvollen Tod zu sterben, damit die Sünden einer Primatenart, die sich zufällig dort entwickelt hat, getilgt werden können. Überschätzen wir Menschen nicht unsere eigene Bedeutung grenzenlos, wenn wir so einen Unsinn für wahr halten?

Doch damit immer noch nicht genug des den menschlichen Geist verhöhnenden Schwachsinns. Wenn dieser allmächtige Gott unsere Sünden tilgen möchte, warum vergibt er sie uns dann nicht einfach? Warum muss er selbst oder sein Sohn sich trotz seiner ganzen Allmacht zu diesem Zweck selbst zu Tode quälen (lassen) – einem Tod, der aber in Wirklichkeit gar keiner ist, weil er ja unsterblich ist? Das sind sadomasochistische Phantasien gepaart mit blankem Irrsinn in Reinkultur.

Aber eine noch verrückt-abscheulichere Kleinigkeit habe ich bislang unterschlagen, komme aber nun auf diese Perversion der Moral zu sprechen: Es geht nicht einfach nur um die »Vergebung« der Sünden, also Unrecht, dass jemand begangen hat, es geht um die Vergebung der Erbsünde, also eine Sünde, die bereits jedes unschuldige Neugeborene laut dieser teuflischen Religion in sich trägt. Das Nachhallen dieses fürchterlichen ethischen Konzeptes bis in unsere Gegenwart (Kollektivschuld der Deutschen) erwähnte ich bereits im Zusammenhang mit unserem lieben Rachegott JHWH, der alle bis in die x-te Generation verflucht, die nicht nach seiner Pfeife tanzen. Auf diese

Weise soll uns eingeredet werden, dass wir als Träger der Erbsünde Gott sogar fürchten müssen, wenn wir überhaupt nichts verbrochen haben. Diese Perversion von Gerechtigkeit ist auch dafür verantwortlich, wenn die meisten von uns »die Juden«, »die Palästinenser« oder »die Deutschen« dafür verantwortlich machen, was einige wenige Juden, Palästinenser oder Deutsche verbrochen haben. Diese Unfähigkeit, zu differenzieren, dieser Hang, alle über einen Kamm zu scheren, hat ihre Hauptursache in dem ausführlich diskutierten »Verallgemeinerungs-Gen« und wird für die Indoktrination obiger Konzepte von Erbsünde durch die *Bruderschaft* genutzt. Diese Indoktrination wird untermauert durch Geschichten wie die der jungfräulichen Töchter, die für die Taten ihres Vaters zu büßen haben usw., usf.. Bereits in der für Indoktrination besonders anfälligen Kindheit werden durch Religionen die einer solchen himmelschreienden Ungerechtigkeit zugrunde liegenden neuronalen Muster stabilisiert.

Worauf ich hinaus will: Die Grundlagen des Neuen Testaments sind ethisch genauso abstoßend und teilweise noch irrsinniger als die des Alten Testaments. Der hauptsächliche Unterschied besteht in der Verherrlichung des Proletariats, der Erhebung des Dummen, Schwachen – und dem Diskreditieren des Intelligenten, Starken.

Das Neue Testament ist voll von Beispielen, die eine solche Weltanschauung belegen – zu viele, als dass ich Sie, lieber Leser, mit diesen Details langweilen will. Und ich möchte an dieser Stelle darauf hinweisen, dass meine harsche Kritik sich an die moralisch zutiefst abstoßenden *Illuminaten*lehren des Neuen Testaments wendet, nicht jedoch an den *Artur* Jesus Christus, dessen tatsächliche Lehren nach Baphomet-Art auf den Kopf gestellt wurden.

In einem späteren Buch werde ich mich, entsprechende Leserresonanz vorausgesetzt, mit dem Jesus-Evangelium beschäftigen, das Teil des Heiligen Grals ist (weshalb die Templer ein außerordentlich wirksames Druckmittel gegen die katholische Kirche in Händen hatten, das ihnen jedoch letztlich beinahe zum Verhängnis geworden wäre).

Behalten wir im Hinterkopf, dass die geschilderten Maßnahmen der *Illuminaten*

- Verbreitung des Materialismus und in dessen Folge ständiges Säen von Zwietracht und das gegeneinander Ausspielen der verschiedenen Machtgruppen,
- Vergrößerung des Proletariats, um den Zusammenhalt der Gesellschaft zu untergraben und so Regierungen zu schwächen und somit in die materielle Abhängigkeit von der *Bruderschaft* zu treiben und
- Etablieren einer neuen Religion, die dazu geeignet ist, die gesellschaftlichen Verhältnisse dauerhaft zu destabilisieren,

einzig dazu dienten, das die meiste Zeit unter Kontrolle der *Artur* stehende Römische Reich zu Fall zu bringen. Wenn Sie, lieber Leser, gleich dieses Buch einmal für ein paar Minuten zur Seite legen und sich überlegen, wie eine solch destabilisierende Religion aussehen müsste, so werden Sie wahrscheinlich etwas konstruieren, das den Kernthesen des Neuen Testamentes recht nahekommt. Probieren Sie's aus und lesen Sie erst danach weiter.

1. Eine solche Religion müsste den Armen, also den Proletarier, automatisch auf eine moralisch höhere Stufe stellen als den Erfolgreichen. Und jetzt kommt das Perfide: Damit haben die Armen, speziell was die Verhältnisse im römischen Reich anbelangt, *teilweise* sogar Recht. Durch das von den *Illuminaten* klammheimlich eingeführte System der *de facto* Enteignung der Bauern (s.o.), standen diese Männer, die als ehrbare Soldaten für Rom gekämpft hatten, plötzlich vor dem Nichts. Dies erinnert verdächtig an die heutige *de facto*-Enteignung der arbeitenden Bevölkerung durch das Zinssystem.

Und jetzt greift wieder die Verallgemeinerungsstrategie der *Illuminaten*. *Basis* ist: Die reichen Großgrundbesitzer (Rom) und die Geld mit Geld Verdienenden (heute) sind böse. *Verallgemeinerung*: Alle (Erfolg)Reichen sind böse. Es ist immer wieder das gleiche Spiel, die Ausnutzung der angeborenen mangelnden Fähigkeit des »einfachen Mannes« (und der »einfachen Frau«), zu differenzieren (Verallgemeinerungs-Gen). Dieser Punkt ist so wichtig, dass ich ihn mit anderen Worten wiederholen will: Aus der wahren Aussage »Es existieren unmoralisch handelnde Erfolgreiche« (die Großgrundbesitzer im römischen Reich und die Banken und Profiteure des Zinssystems heute) folgt nämlich keineswegs »*Alle* Erfolgreichen handeln unmoralisch.« Doch genau das wird durch das Neue Testament dem Proletarier suggeriert, wenn beispielsweise die *Illuminaten*-Version von Jesu seinen Jüngern sagt (Markus)[85]:

10,23: *Und Jesus blickte umher und spricht zu seinen Jüngern: Wie schwer werden die, welche Güter haben, in das Reich Gottes hineinkommen.*

10,25: *Es ist leichter, dass ein Kamel durch das Öhr der Nadel geht, als dass ein Reicher in das Reich Gottes hineinkommt.*

Dies ist nur ein Beispiel von vielen für diese Irrlehre. Die Bedeutung ist klar: Reiche (Erfolgreiche) sind *immer* böse. Diese moralische Wertung kann man direkt daraus folgern, dass Gott sie nicht in sein Reich lassen wird (nur die Guten kommen in den Himmel, die Bösen eben nicht).

Wir haben also die folgende Situation: Die *Illuminaten* konstruieren ein System, bei dem einige Reiche ungerechterweise immer reicher auf Kosten der ehrlichen Normalbevölkerung werden. Dann nutzen sie diesen Umstand, um dem mit mangelndem Differenzierungsvermögen ausgestatteten Normalbür-

---

[85] Ich verwende wieder die revidierte Elberfelder Version von 1985.

ger glaubhaft einzutrichtern, alle »Reichen« seien moralisch minderwertig. Mit dieser öffentlichen Meinung lassen sich die ehrlichen Reichen, die ihren Wohlstand durch Produktivität (nicht mit Geld) erlangt haben, prima von den *Illuminaten* ausnehmen wie die Weihnachtsgänse.

Also wieder die Brücke zur Gegenwart: Die Banker verzocken Milliarden und streichen dafür persönlich Millionenprämien ein. Aufgrund des fehlenden Differenzierungsvermögens der Normalbevölkerung sind plötzlich *alle* Manager gierige Egomanen.

Dabei arbeitet ein Großteil dieser Manager bis zum Umfallen, finanziert mit dem Großteil seines Einkommens (mehr als die Hälfte durch direkte und indirekte Steuern, dazu komme ich noch in Abschnitt 2.4) die »Armen« und lässt im eigenen Betrieb die Mitarbeiter durchaus an den Gewinnen teilhaben. In anderen Unternehmen, speziell den Kapitalgesellschaften, in denen die Banken das Sagen haben, sieht dies oftmals (nicht immer!) natürlich anders aus.

Doch was folgt nun aus dieser neutestamentarischen Lehre, die dem Proletarier erfolgreich eingepflanzt wurde? Wenn Gott persönlich die Reichen ablehnt, so ist es das gute Recht des moralisch Besseren, also des Armen, den Reichtum desjenigen *einzufordern*, der mehr hat als er selbst. Schließlich ist Reichtum immer relativ. Auf diese Weise wird die Gesellschaft vollkommen destabilisiert.

In 99 von 100 Fällen fordert nämlich der Arme zu Unrecht einen Anteil vom Besitz des Wohlhabenderen, weil Letzterer einfach fähiger war und härter gearbeitet hat. In einem von 100 Fällen jedoch ist die Forderung des Armen gerechtfertigt, weil der Wohlhabende durch Betrug und Diebstahl zu seinem Reichtum gekommen ist, wozu auch gehört, Geld mit Geld zu verdienen, was ich in den Abschnitten 2.3 und 2.4 näher erläutern werde. Die christliche Verallgemeinerung dieses einen Falls von 100 ist sowohl moralisch verwerflich als auch logisch falsch und bildet die Grundlage des Sozialismus[86], ob nationaler oder internationaler Couleur.

Eine instabile Gesellschaft bedeutet immer eine schwache Regierung (weil sie sich ständig zwischen den Gegensätzen innerhalb der Gesellschaft aufreiben muss), die empfänglich dafür ist, durch die Macht der *Bruderschaft* gestützt zu werden. Zusätzlich führen Transferleistungen von den produktiven Wohlhabenden zu den unproduktiven »Armen« in Verbindung mit einhergehender Staatsverschuldung (Zinszahlungen an die *Illuminaten*) und einem progressiven Steuersystem zu unermesslichem Reichtum und damit absoluter Macht der *Bruderschaft* – zumindest in Systemen, deren Regierungen vom Geld abhängig sind. Diesen Zusammenhang werde ich ausführlich im Abschnitt 2.3 behandeln.

2. Es muss sich um eine Religion handeln, die den »Gläubigen« zum Sklaven macht, ohne dass sich dieser dessen bewusst ist (der perfekte Sklave weiß nicht, dass er ein Sklave ist). Diese Religion muss daher eine Sklavenmoral vertreten, die sich grundlegend von der Herrenmoral[87] (der Moral derjenigen, die selbst über ihre Lebensgestaltung entscheiden) unterscheidet. Wenn jeder Herr seines eigenen Geistes wäre, könnten die *Illuminaten* nicht herrschen. Das funktioniert natürlich nur, wenn der Sklave mit seinem Sklavendasein zufrieden ist und sich erst gar nicht zum Herren über sein eigenes Leben aufschwingen will, weil jeder Kritiker der Sklavenmoral schließlich bei Gott »durchfällt«.

Friedrich Nietzsche, wohl einer der intelligentesten Menschen des vergangenen Jahrtausends (bevor vermutlich die

---

[86] Der wiederum seinen Ursprung in der christlichen Ethik hat.

[87] Mit »Herr« ist hier »Herr über das eigene Leben«, nicht etwa »Herr über das Leben anderer«, gemeint. Vor diesem Hintergrund möchte ich mit diesem Buch jeden ermutigen, einer Herrenmoral im Sinne Nietzsches (s.u.) statt einer Sklavenmoral im Sinne der *illuminierten* Religion zu folgen.

Syphilis seinen Verstand vernebelte), begründete ausführlich[88], warum das Neue Testament im Allgemeinen und die Bergpredigt im Speziellen eine »Vergiftung wahrer Ethik« darstellen und die Grundlage für eine solche Sklavenmoral bilden. Ich werde hier nicht die Argumentation Nietzsches wiederholen, ganz einfach, weil ich weit davon entfernt bin, die deutsche Sprache zu einem solch scharfen Schwert zu schmieden, wie Nietzsche es vermochte. Stattdessen möchte ich Sie, lieber Leser, dazu ermutigen, sich selbst mit diesen herausragenden und von mir zitierten Werken zu beschäftigen. Jedoch möchte ich gerne eine bei Wikipedia[89] zusammengefasste Aussage Nietzsches vergleichen mit einer Aussage, die die *Bruderschaft* Jesus in den Mund gelegt hat:

Nietzsche: Der *Gute* [im Sinne der Sklavenmoral] ist *gutmütig, leicht zu betrügen, ein bisschen dumm vielleicht, ... Überall, wo die Sklavenmoral zum Übergewicht kommt, zeigt die Sprache eine Neigung, die Wörter »gut« und »dumm« einander anzunähern.*

Jesus (laut *Bruderschaft*): *Glückselig die Armen im Geist, denn [ihrer] ist das Reich der Himmel* (Matthäus, Seligpreisungen, 5,3).

In Deutschland ist jeweils ein Drittel der Bevölkerung katholisch bzw. evangelisch. Muslime und die übrigen Religionen machen nur wenige Prozent aus. Das übrige Drittel ist konfessionslos. Wenn man die Christen befragt, woran sie eigentlich glauben, so stellt sich heraus, dass die überwiegende Mehrheit weder das Alte noch das Neue Testament sonderlich ernst nimmt. Die Mehrheit der Christen bildet zusammen mit den Konfessionslosen eine in der Tat aufgeklärte Gesellschaft, die

---

88 Nietzsche (2006), (2008)

89 http://de.wikipedia.org/wiki/Sklavenmoral

an den religiösen Hokuspokus nicht glaubt. Die Frage, die sich nun stellt, ist die, warum sie mit ihren Steuergeldern diesen offensichtlichen Unfug unterstützen – doch das ist ein anderes Thema und führt uns an dieser Stelle in eine andere Richtung.

Hat die Aufklärung also ganze Arbeit geleistet? Haben die großen Philosophen die Mehrheit vom Aberglauben befreit? Ich denke schon. Es gibt neben den ewig gestrig immer noch gläubigen Christen auch Menschen in Deutschland, die ernsthaft Horoskope oder irgendwelchen esoterischen Firlefanz in ihre Lebensgestaltung mit einbeziehen, doch Letztere neigen zumindest meistens nicht dazu, anderen Menschen mit ihrem Aberglauben auf die Nerven zu gehen.

Warum sollte nicht jeder nach seinen Verrücktheiten leben dürfen, solange er sie anderen nicht aufzwingt? Jeder nach seinem Geschmack!

Warum habe ich mich dann im vorherigen Abschnitt so ausführlich über Religionen, speziell das Christentum, ausgelassen, wenn ohnehin nur noch eine kleine Minderheit *wirklich* an diese Irrlehren glaubt?

Es ist zwar richtig, dass die Erbsünde für die meisten Menschen heute keinerlei Relevanz mehr hat und dass kaum jemand die Geschichte von der einen übers Wasser wandelnden Sohn gebärenden Jungfrau für wahr hält. Doch das Perfide daran ist, dass die Lehren zur Lebensgestaltung, die aus dieser irrsinnigen religiösen Grundlage abgeleitet wurden, heute mindestens so gefestigt sind wie vor dreihundert Jahren.

Die meisten Menschen leben immer noch so, als glaubten sie an das, was im Alten und Neuen Testament geschrieben steht. Dieser scheinbare Widerspruch wird durch unsere Ausflüge in die Neurobiologie und der Indoktrination im Kindesalter natürlich sofort verständlich. Im Laufe ihrer weiteren Entwicklung erkennen dann die meisten Menschen, dass die Grundlagen dieser Religion (wie der anderen Wüstenreligionen natürlich auch) schlicht absurd sind. Deshalb verlassen sie die neuronale

Autobahn und nehmen den Weg in die geistige Freiheit über einen Feldweg, der bei häufiger Benutzung ebenfalls zur Autobahn wird. Leider wurde die aus der absurden Religion abgeleitete Lehre, wie man sein Leben zu gestalten hat, ebenfalls als Autobahn angelegt.

Da diese Lehre auf dem angeborenen *Verallgemeinerungs*-prinzip beruht (alle Reichen sind böse) und somit, wenn auch logisch falsch, dem Massenmenschen im Gegensatz zu übers Wasser wandelnden Söhnen sinnvoll erscheint, sehen die meisten Menschen keinen Grund, diese bequeme Autobahn zugunsten eines zunächst holprigen Feldweges zu verlassen.

Das Ergebnis ist, dass die Lehre, obwohl auf als solchen erkannten Aberglauben aufgebaut, nach wie vor intakt in den Köpfen der Menschen bleibt. Was übrig bleibt, sind die Kerngedanken der christlichen Religion die Lebensgestaltung betreffend – bloß ohne Gott. Diese christliche Essenz hat einen Namen: Sozialismus.

Der Kerngedanke, es sei richtig, anderen Menschen in ihre Privatangelegenheiten hineinzureden, bleibt genauso intakt wie der Irrglaube, die Armen wären die Guten und die Reichen die Bösen. Daraus ergibt sich natürlich die Forderung, dass es die Pflicht jedes Menschen sei, einen Teil der Früchte seiner Arbeit anderen (den vermeintlich ärmeren) zu geben, und wer das nicht einsieht, muss eben dazu gezwungen werden.

Diesmal sind es nicht Religion und Gläubige, die ihre Vorstellungen der Lebensgestaltung anderen aufzwingen wollen, diesmal sind es der Staat und seine Sozialismus-Gläubigen.

Ich möchte an dieser Stelle darauf hinaus, dass es klar ist – wenn man einmal versucht, die Autobahn der anerzogenen christliche Lehre zu verlassen –, dass die Bevormundung, was jemand mit den Früchten seiner eigenen Arbeit (gefälligst) anzustellen hat, einen tiefen Eingriff in die Freiheitsrechte bedeutet. Dabei geht es nicht um die Frage, ob es richtig oder falsch ist, einen Teil seines Einkommens »sozial Benachteiligten« zu geben. Natürlich gibt es Argumente dafür und dagegen, und je nachdem, wie man diese gewichtet, hat jeder dazu eine Meinung. Die Frage lautet stattdessen: Darf man andere mit Gewalt dazu zwingen, sich der eigenen Meinung anzuschließen, selbst wenn es die Mehrheitsmeinung ist?

Ein »Ja« als Antwort auf diese Frage steht im Widerspruch zu einer freiheitlichen Gesellschaftsordnung (kein Wunder, denn dieses Ja entstammt der Religion). Schließlich ist eine Diktatur ein System, das den Menschen die private Lebensgestaltung diktiert – und die Früchte der eigenen Arbeit nach eigenem Gusto zu verwenden, gehört zweifellos zur privaten Lebensführung.

Der Drang zur Selbstbestimmung ist ein natürliches Grundbedürfnis des Menschen. Wenn man ihm dies nimmt, was in unserer »freiheitlichen Demokratie« der Fall ist, so handelt man gegen die menschliche Natur, was zwangsläufig zu Aggression führt.

Letzteres ist natürlich ein aus Sicht der *Illuminaten* wünschenswerter Effekt, den sie durch Kirche und Staat pflegen lassen, weil er das Führen von Kriegen mit den damit verbundenen irrsinnigen Gewinnen für die *Bruderschaft* (siehe Abschnitt 2.3) erheblich erleichtert.

Wenn man die obige Frage hingegen mit »Nein« beantwortet, schränkt man niemandes Freiheitsrechte ein. Wer der Meinung ist, er müsse einen Teil seines Einkommens »Bedürftigen« geben, wird schließlich in keiner Weise daran gehindert, dies zu tun. Dieses »Nein« bedeutet lediglich, dass der »Spender« seine eigene Meinung nicht Verabsolutieren und anderen vorschreiben darf.

In den westlichen »Demokratien«[90] wird diese für die individuelle Freiheit so wichtige Frage eindeutig mit »Ja« beantwortet.

---

[90] Die Anführungszeichen finden ihre Begründung in Abschnitt 2.5.

Die Produktiven[91] werden mit staatlicher Gewalt gezwungen, die Hälfte[92] der Früchte ihrer Arbeit dem Staat zu geben, der dann einen saftigen Teil davon an die »sozial Benachteiligten« und einen noch größeren an die Regierenden und Zinsempfänger umverteilt – ein System, das für die *Bruderschaft* extrem lukrativ ist, wie wir in Abschnitt 2.3 sehen werden.

Ein Argument für dieses »Ja« der massiven Einschränkung der individuellen Freiheitsrechte könnte lauten: Wenn man die Menschen nicht dazu zwingt, einen Teil ihres Geldes den Bedürftigen zu geben, würde das durch freiwillige Spenden zusammenkommende Geld bei weitem nicht für ein »menschenwürdiges« Leben der Empfänger ausreichen. Etwas in der Art soll ein Argument sein? Wenn die arbeitende Bevölkerung darüber entscheidet, wie viel jeder von ihnen anderen ohne Gegenleistung von ihrer geleisteten Arbeit abgeben möchte, so wäre doch genau das echte Demokratie. Arbeitsleistung ohne Gegenleistung erbringen zu *müssen*, ist hingegen Sklaverei. Und im Umkehrschluss bedeutet dieses Argument, dass der Zwangstransfer von Arbeitsleistung auf der Heuchelei derer beruht, die selbst keine Arbeitsleistung zu diesem Transfer beitragen. Die Früchte der Arbeit anderer umzuverteilen ist schließlich keine Großtat und dient vor allem der Reputation des heuchelnden Politikers als guter Christ bzw. Sozialist.

Wollen wir eine solche sich auf Heuchelei gründende Gesellschaft? Wenn wir dies zulassen, untergraben wir die für das

---

[91] Damit sind jene gemeint, die etwas produzieren oder eine Dienstleistung erbringen. Damit sind nicht die wirklich Reichen gemeint, also jene, die Geld mit ihrem Geld verdienen, ohne Arbeitskraft und Kreativität beizusteuern. Diese Form des Geldverdienens ist in höchstem Maße asozial, weshalb die Gesellschaft jedes Recht hat, diesen Leuten ihren Anteil am Produktivitätskuchen zu verweigern (siehe weiter hinten).

[92] In Wirklichkeit ist es deutlich mehr, doch die Diskussion, ob es nicht tatsächlich 70% oder 80% sind, möchte ich vermeiden, weil es mir um die prinzipiellen Aspekte geht.

menschliche Zusammenleben wichtigen Grundwerte, weil Moral allgemein nicht mehr ernst genommen wird. Genau dies ist von der *Bruderschaft* beabsichtigt – und es funktioniert hervorragend, wie wir an unserer gegenwärtigen Gesellschaft beobachten können. Der Grund ist mehr als offensichtlich: Eine Gesellschaft ist natürlich leicht zu kontrollieren – besonders wenn man die Kontrolle über das Geld hat (siehe Abschnitte 2.3 und 2.4) –, in der grundlegende moralische Werte nur noch Lippenbekenntnisse sind, die Protagonisten eine glänzende Karriere mit entsprechendem Wohlstand bescheren.

Ein anderes Argument lautet: Die Reichen können ruhig etwas abgeben, schließlich haben sie genug! Dem stimme ich zu, sofern wir von den gleichen »Reichen« sprechen! Die wirklich Reichen verdienen ihr Geld mit Geld (wundersame Geldvermehrung durch Zinsen und »Renditen«). Das ist, wie ich in Abschnitt 2.3 ausführen werde, nicht nur unmoralisch, sondern dies führt auch zu einem instabilen Schneeballsystem. Und genau diese Leute tragen überhaupt nichts zur Produktion bei. Ihren Beitrag zur Gesellschaft in Form von Steuern auf mit Geld verdientem Geld zahlt schließlich die arbeitende Bevölkerung durch die Herstellung von Produkten und die Erbringung von Dienstleistungen, die den eigentlichen Gegenwert der Banknoten und der Zahlen in einem Computer bilden.

Hier liegt also ein (von der *Bruderschaft* bewusst implementierter) Fehler im System vor. Um diese »Reichen«, die ihr Geld mit Geld verdient haben, geht es hier nicht. Denen das unverdiente Geld wieder abzunehmen, wäre nur recht und billig. Es geht um die für ihr Geld arbeitende Bevölkerung, die Produkte und Dienstleistungen erzeugt, und sich dabei durchaus einen gewissen Wohlstand erwirtschaftet.

Diese Menschen werden schlicht entmündigt, selbst zu bestimmen, wofür sie arbeiten. Und genauso wie die Bevormundung durch Religionen, ist auch die Entmündigung der Staatsbürger zur Normalität geworden (die neuronalen Denkmuster haben sich stabilisiert, das Denken zu diesem Thema läuft automatisiert – wie beim Autofahren – ab, ohne dass es bewusst hinterfragt wird).

Wir haben also folgende Situation: Als Folge der Neuroplastizität wird den Menschen vom Kindesalter an die Rechtmäßigkeit religiöser und staatlicher moralischer Vorgaben, die private Lebensgestaltung betreffend, indoktriniert.

Diese Rechtmäßigkeit wird dann von den meisten Menschen nicht mehr hinterfragt, sondern wie ein unabänderliches Naturgesetz hingenommen. Auf diese Weise wird eine Gesellschaft geschaffen, die sich ohne zu murren bevormunden lässt. Das ist die bereits mehrfach erwähnte Herrschaft der *Bruderschaft* über den Geist der Menschen. Nur deshalb ist es möglich, der Bevölkerung – ganz legal – einen Großteil der Früchte ihrer Arbeit zu rauben.

Das meiste davon landet bei den »Reichen« jener Geld mit Geld verdienenden Sorte, wobei es sich um die *Illuminaten* selbst und ihre Akkreditierten 1. und 2. Ordnung handelt.

Ein weiterer Großteil fließt in die Taschen der Profiteure des Systems, Politiker, Journalisten, Sozialindustrie, von denen zumindest die beiden zuerst genannten mehrheitlich (nicht alle, bitte differenzieren!) außer inhaltslosem Gelaber überhaupt nichts zur Produktivität und somit zu unser aller Wohlstand beitragen. Ein erheblich geringerer Teil (bei den Amerikanern ist er deutlich größer) fließt in die Rüstungsindustrie, die volkswirtschaftlich keinen Nutzen hat. Wenn man einen Bagger herstellt, kann damit etwas gebaut werden, er erhöht somit die Produktivität der Gesellschaft. Ein Panzer dient hingegen dem umgekehrten Zweck.

Und dann folgt der Teil, der tatsächlich an die »Bedürftigen« fließt. Der Gedanke liegt nahe, dass Letztere nur als Vorwand dienen, damit die Geldflüsse an die zuvor genannten Parteien erst möglich werden. Wie dies genau funktioniert, ist Thema der Abschnitte 2.3 und 2.4.

Die Beherrschung des Geistes ist das von Kindesbeinen an indoktrinierte Recht der Obrigkeit zur Bevormundung. Die Frage, die sich nun stellt, ist die, ob dieses Recht von den Herrschenden lediglich zur Umverteilung der Produktion genutzt wird oder ob zusätzlich auch noch in andere private Bereiche »hineinregiert« wird. Tatsächlich gibt es noch eine ganze Reihe weitere Aspekte, bei denen sich der Staat anmaßt, unsere Privatsphäre gewaltsam zu gestalten. Bitte haben Sie dabei immer die Neurobiologie im Hinterkopf: Je häufiger dieses Recht auf Bevormundung eingefordert und von den Menschen akzeptiert wird, um so mehr wird dieses Recht als neuronales Denkmuster stabilisiert, also als »richtig« empfunden. Das ist der ganze Zweck der Übung.

Kommen wir nun zu weiteren ursprünglich religiös begründeten staatlichen Eingriffen in die Privatsphäre.

Wie im vorherigen Abschnitt aufgezeigt, besteht der wesentliche Trick der Religionen, über unsere Gefühle unser Denken und damit unser Handeln zu beherrschen, in der Ausnutzung der angeborenen Todesangst. Angeborene Gefühle (Instinkte) müssen jedoch nicht zwangsläufig unser Leben beherrschen. Sie bilden, wenn wir geboren werden, zusammen mit den pränatalen Erfahrungen im Mutterleib lediglich die Grundlage der neuronalen Strukturierung unseres Gehirns. Selbstverständlich können wir diese neuronalen »Autobahnen« verlassen, sofern wir zu dem Schluss kommen, dass sie vielleicht für unsere Gene – oder für die Ziele der Herrschenden – nützlich sein mögen, für unsere individuelle Entwicklung jedoch nicht. Wäre dem nicht so, wären schließlich sämtliche Therapien zur Überwindung irgendwelcher Ängste überflüssig.

Konkret auf die Todesangst bezogen bedeutet dies folgendes: Im vorherigen Abschnitt führte ich aus, warum die Todesangst zwar genetisch kodiert, aber vollkommen irrational ist. Egal ob sie an einen Gott glauben (sofern es nicht der bösartige Teufel des Alten Testaments ist) oder ob Sie überzeugter Atheist sind, gibt es keinen vernünftigen Grund, den Tod zu fürchten. Diese Gedanken, die natürlich zunächst nur ein holpriger Feldweg sind, entwickeln sich erst zur Landstraße und schließlich zur gut ausgebauten Autobahn, um bei den anschaulichen Bildern Professor Hüthers zu bleiben. Die alte, angeborene Autobahn der Todesangst hingegen wuchert immer mehr zu, bis sie schließlich ganz verschwindet. Das bedeutet noch lange nicht, dass man den Tod als etwas Gutes empfindet, es bedeutet lediglich, dass man keine Angst mehr davor hat.

Warum bringt man das den Kindern, deren Gehirne formbarer als die von Erwachsenen sind, nicht bei? Warum erzählt man ihnen stattdessen etwas von Himmel, Hölle und Fegefeuer? Die Antworten liegen natürlich auf der Hand: Weil es nicht im Interesse der *Bruderschaft* ist, dass die Menschen ihre Todesangst verlieren. Schließlich würde damit die Basis ihres Gebäudes zur Beherrschung des Geistes nicht länger tragfähig sein. Folglich ist es den *Illuminaten* daran gelegen, dass diese angeborene Angst nicht überwunden, sondern – im Gegenteil – verstärkt wird.

Eine Methode dazu ist der bereits erwähnte Rachegott. Eine weitere Methode gründet sich auf die Tatsache, dass der Tod zwar etwas ist, vor dem man keine Angst zu haben braucht, vor dem Sterben jedoch schon. Letzteres kann schließlich eine ziemlich unangenehme Angelegenheit sein. Und schon sind wir bei der Einmischung in die Privatsphäre.

Die christliche Religion verbietet Selbstmord[93]. Nach diesem verrückten Glauben entscheidet schließlich Gott, wer wann zu sterben hat – und damit diejenigen, die diese Religion erfunden haben, statt desjenigen, um dessen Leben es geht. Alleine der Begriff »Selbstmord« sagt schon alles: Die Tat wird moralisch auf eine Stufe gestellt mit dem »Mord« an einem anderen Menschen.

---

[93] Der Islam und das Judentum selbstverständlich auch. Schön, wie einig man sich da ist.

Das alles wäre überhaupt kein Problem, wenn nur die Gläubigen dies so für sich entscheiden und ein langes, qualvolles Sterben bei schwerer Krankheit oder im Alter über sich ergehen lassen würden.

Jeder so, wie er es für sich entscheidet. Dummerweise zwingen diese religiösen Irren allen anderen Menschen ihre Anschauung auf. Dieses missionarische Denken hat, wie bei der Pflicht, einen Großteil seiner Arbeit für andere zu leisten, ebenfalls Einzug in die Gesetze unserer »freiheitlichen« Demokratie gehalten.

Wenn also jemand an einer unheilbaren, schmerzvollen Krankheit leidet, so muss er dieses Leiden bis zum bitteren Ende ertragen, weil andere Menschen glauben, dass nur Gott Leben geben und nehmen darf (was nicht schlimm wäre, wenn sie diesen Glauben nicht auch den anderen aufdrängen würden).

Wenn man seinem Leiden auf humane Weise ein Ende machen möchte – ein Privileg, das wir selbst unseren Haustieren gewähren –, so geht dies niemanden etwas an außer den Betreffenden selbst. Es ist schon eine seltsame Form von Freiheit, bei der uns nicht nur hineingeredet wird, wie wir zu leben haben, sondern auch, wie wir zu sterben haben.

Doch was ist in anderen Fällen, wenn jemand aus einem anderen Grund als einer unheilbaren Krankheit nicht mehr leben möchte? Soll man ihm dann gestatten, sein Leben zu beenden? Alleine diese Frage zeugt schon von der geistigen Verwirrung von Kindesbeinen an, dass man überhaupt in Erwägung zieht, es gäbe jemanden mit dem Recht, für andere Menschen über deren private Entscheidungen zu bestimmen. Wer einen solchen Standpunkt der individuellen Unfreiheit vertritt, dessen Geist ist bereits voll und ganz im Besitz der *Illuminaten*.

Doch die letztlich auf religiösem Denken basierende Einmischung des Staates in private Dinge erstreckt sich auch auf weit weniger wichtige Dinge wie die Verwendung des selbst erwirtschafteten Geldes oder die eigene Wahl des Zeitpunkts, an dem man diese Welt verlassen will.

Diese weniger wichtigen Einmischungen in private Entscheidungen dienen hauptsächlich dem Zweck, diese Einmischungen zur Normalität werden zu lassen. Lassen Sie uns gemeinsam Gesetze hinterfragen, die auf den ersten Blick sinnvoll erscheinen.

Nehmen wir die Pflicht, im Auto einen Gurt oder auf dem Motorrad einen Helm zu tragen. Selbstverständlich ist es für den Betreffenden besser, wenn er im Falle eines Unfalls angegurtet ist oder beim Motorradfahren einen Helm trägt. Das ist jedoch nicht die Frage. Die Frage lautet stattdessen: Haben andere Menschen, in diesem Falle der Staat, das Recht, jemandem das Tragen von Gurt oder Helm vorzuschreiben?

Hier offenbart sich übrigens wieder die angeborene Differenzierungsschwäche der Menschen. Die meisten Menschen, mit der zuletzt gestellten Frage konfrontiert, beginnen erst einmal die Vor- und Nachteile von Helm oder Gurt aufzuzählen. Und wenn man ihnen dann endlich klargemacht hat, dass es nicht darum geht, ob das Tragen von Helm oder Gut sinnvoll ist – das ist unstrittig! –, sondern um das Recht des Staates, in derartige private Entscheidungen hineinzuregieren, dann antwortet die überwiegende Mehrheit: Ja, der Staat hat das Recht, diese Dinge vorzuschreiben, weil sonst im Falle eines Unfalls schwere Verletzungen auftreten können, die zu hohen Kosten im Gesundheitssystem führen.

Betrachten wir eine solche Antwort zunächst einmal inhaltlich. Rein rational betrachtet ist der Zusammenhang zwischen Gurt- bzw. Helmpflicht und den Kosten des Gesundheitssystems keineswegs so eindeutig, wie diese Antwort suggeriert. Schließlich würden einige Menschen ohne Gurt oder Helm bei einem Unfall sterben (keine Kosten für das Gesundheitssystem), während sie mit Helm oder Gurt schwerverletzt überleben und hohe Kosten verursachen. Schließlich geht es hier um das Argument »Kosten«. Ob diese Kosten diejenigen überwiegen oder nicht, die von schweren Verletzungen aufgrund des Verzichtes auf Gurt oder Helm entstehen, hängt natürlich davon ab, wer die entsprechende Statistik fälscht.

Doch kommen wir nun zum prinzipiellen Aspekt des »Ja«. Dadurch stellen wir dem Staat einen Freibrief aus, in private Entscheidungen hineinzureden. Schließlich kann immer ein Konstrukt von den Bevormundern präsentiert werden, nach dem man an irgendeiner Stelle irgendwelche Kosten verursacht, d.h. anderen schadet, wenn man sich nicht an die Bevormundung hält.

Wenn man beispielsweise der Meinung ist, dass andere nicht einen *Anspruch* auf einen Großteil der eigenen Arbeitsleistung haben, so schadet man durch eine Verweigerung natürlich den Empfängern der Wohltat. Ich denke, ich brauche das Ausmaß der Perversion einer solchen Argumentation nicht weiter auszuführen. Wer das nicht versteht, möge bitte sein Geld in der Fußgängerzone verteilen, denn wenn er das nicht tut, schadet er ja den Menschen, die dort entlanggehen.

Ebenso verhält es sich, wenn man die Frechheit besitzt, ohne Erlaubnis (die man nicht bekommt) aus dem Leben zu scheiden. Man hinterlässt trauernde Hinterbliebene und schadet ihnen damit. Oder jemand, der sich vor einen Zug wirft, schadet der Bahn und den Fahrgästen (wieder ein perverses Argument, weil sich niemand, von völlig durchgeknallten Zeitgenossen einmal abgesehen, vor einen Zug wirft, dem eine humane Methode ermöglicht wird, aus dem Leben zu scheiden).

Und ohne Gurt oder Helm schadet man der Allgemeinheit, die für die Kosten möglicher Gesundheitsschäden aufkommen muss (was man, wie oben erwähnt, durchaus diskutieren kann). Doch wenn man dieses Argument akzeptiert, handelt man sich ein gravierendes Problem ein: Mit dem Gesundheitssystem (das übrigens selbst auf Zwang basiert) kann man praktisch jede Bevormundung verargumentieren. Das gleiche Helm-

Argument gilt schließlich auch für das Fahrradfahren. Mit Helm sinkt auch in diesem Fall das Kopfverletzungsrisiko. Basta! Also sollte man auch das vorschreiben?

Dem Gesundheitssystem entstehen (je nach gefälschter Statistik) sicherlich Kosten in zweistelliger Milliardenhöhe durch falsche Ernährung und zu wenig Sport. Hat der Staat dann nicht das Recht, uns vorzuschreiben, was wir essen dürfen und wie häufig wir Sport treiben *müssen*? Sollte fettes, ungesundes Essen nicht zumindest mit einer Sondersteuer belegt werden? Preisfrage: In wessen Taschen würde diese Sondersteuer dann wohl fließen?

Und selbstverständlich ist das Rauchen ungesund. Warum es also nicht grundsätzlich verbieten? Auch hier kann man sicherlich Milliardenkosten vorrechnen. Und worum geht es beim Rauchverbot in Gaststätten? Um Nichtraucherschutz? Welcher Nichtraucher muss denn davor geschützt werden, in eine verqualmte Gaststätte gehen zu *müssen*? Er hat doch die Freiheit, nicht hinzugehen. Doch hier geht es nicht um die Bevormundung von Rauchern. Das mache ich auch, wenn ein Raucher bei mir zu Besuch ist. Dabei ist meine Motivation nicht meine Sorge, am Passivrauchen zu sterben, sondern ich möchte nicht, dass meine Bude auch am nächsten Tag noch nach Qualm stinkt. Mein Haus, meine Regeln. Nein, beim »Nichtraucherschutz« werden nicht die Raucher, sondern die Gastwirte bevormundet. Es ist deren Kneipe, nicht die der Regierung. Seine Kneipe, seine Regeln. Wer sonst, wenn nicht der Gastwirt, sollte über die Verwendung des Eigentums des Gastwirtes bestimmen? Wenn er das Rauchen erlaubt und ihm dann die nichtrauchende Kundschaft wegbleibt, überlegt er es sich vielleicht anders – oder auch nicht. Seine Entscheidung.

Noch schlimmer sieht es mit dem Alkohol aus. Nicht nur, dass Gesundheitsschäden in Milliardenhöhe entstehen, regelmäßig Alkohol Trinkende büßen im Laufe der Zeit immer mehr ihrer Produktivität ein, was ebenfalls einen beträchtlichen volkswirtschaftlichen Schaden nach sich zieht. Nicht zu vergessen die Schäden, die durch enthemmte und aggressive Verhaltensweisen und schließlich durch alkoholbedingtes Fehlverhalten im Straßenverkehr auftreten. Na, sind das nicht genug Argumente, Alkohol generell zu verbieten?

Worauf ich hinaus will: Wenn man dem Staat gestattet, in alle Lebensbereiche hineinzuregieren, öffnet man die Büchse der Pandora. Wo dann die Grenze gezogen wird, ist nur noch Geschmacksache der Regierenden. Eine objektive Grenze, wo Bevormundung enden sollte, gibt es dann nicht mehr.

Der Bevölkerung werden nach und nach immer wieder kleine Stückchen ihrer Freiheit zur persönlichen Lebensgestaltung genommen. Manchmal wird ein bisschen gemurrt, manchmal wird das kommentarlos geschluckt – schließlich ist Bevormundung durch diese Politik der kleinen Schritte zur Normalität geworden. Hätte man all diese Einschränkungen der persönlichen Freiheit auf einmal beschlossen, wäre wohl selbst im autoritätsgläubigen Deutschland eine Revolution ausgebrochen.

Als im Jahre 1976 die Helmpflicht für Motorradfahrer eingeführt wurde, hätten die Leute nur ungläubig mit den Köpfen geschüttelt, wenn man ihnen erzählt hätte, im Jahre 2014 würde ernsthaft über die Einführung einer Helmpflicht für Fahrradfahrer diskutiert.

Schließlich bleibt nur noch die Frage, warum die *Bruderschaft* über ihre Akkreditierten diesem Bevormundungswahn frönt. Ihre Motivation ist die gleiche wie bei der Einführung der Religion: **Bevormundung in den Köpfen der Menschen zur Normalität werden zu lassen**.

Neben direkter Bevormundung gibt es eine weitere, wichtige Säule der Herrschaft der *Bruderschaft* über den Geist der Menschen: den Materialismus, d.h. den Profit zum vornehmlichen Lebenszweck zu machen. Einmal etabliert, ermöglicht dann die Kontrolle des Geldes die Herrschaft über das Handeln der

Menschen. Wie das funktioniert, führe ich in den nächsten Abschnitten aus und spanne dann den Bogen zur dazu passenden Gesellschaftsform: der parlamentarischen Demokratie, die ihrem Namen nicht gerecht wird und eher einer Diktatur gleichkommt.

2.3 Das Bankensystem

Um besser zu verstehen, wie ich es wagen kann, unsere heutige Gesellschaftsordnung als „unfrei“ und „undemokratisch“ zu bezeichnen, muss man zunächst einmal das Bankensystem verstanden haben. Hier nun die von jeglichem Ballast befreite Konzentration auf das Wesentliche. Einige Aspekte dürften denjenigen, die sich bereits mit dem Thema beschäftigt haben, bereits bekannt sein. Für die Leser, denen das Thema bislang fremd ist, möchte ich die Grundlagen hier erläutern und in den Gesamtzusammenhang stellen.

Bei oberflächlicher Betrachtung macht das Banken- bzw. Finanzsystem einen sehr komplizierten Eindruck. Doch, wie gesagt, dabei handelt es sich größtenteils um eine künstliche Verkomplizierung, damit die breite Masse nicht versteht, in welch epischem Ausmaß sie über den Tisch gezogen und letztlich versklavt wird.

Die *Illuminaten* selbst haben sich niemals persönlich in Geschäfte und Politik eingemischt. Dazu instrumentalisieren sie Personen, die sie »Akkreditierte« nennen. Diese Diener der *Bruderschaft* erledigen die Drecksarbeit und treten öffentlich in Erscheinung. Es handelt sich um Religionsführer, Politiker und Wirtschaftsbosse (hauptsächlich Banker und Medienmogule), die jedoch nichts über die wahren Pläne ihrer »Unterstützer« wissen und auch deren Identität nicht kennen (von den Akkreditierten 1. Ordnung abgesehen, siehe Abschnitt 2.1). Die niedrigeren Ränge wissen jedoch sehr genau, an welche Regeln sie sich zu halten haben, um mit oberflächlicher Macht und Reichtum belohnt zu werden. Und ihnen ist umgekehrt auch klar, dass ein Abweichen von diesen Regeln zum sofortigen Karriereende und damit verbundener gesellschaftlicher Ausgrenzung führt.

Die Frage, die sich nun stellt, ist die, wie es den *Illuminaten* gelang, nach der weitgehenden Entmachtung der Religionen (zumindest in der westlichen Welt) einen derartigen Einfluss zu bekommen. Die Antwort liegt im Bankensystem.

Geschult durch die *Dragonen,* hatte die *Bruderschaft* für den Fall des Schwindens des Einflusses der Religionen einen Alternativplan in der Schublade, nämlich den Ersatz von Religion durch den Irrglauben des Materialismus (siehe Einleitung). Selbstredend verbinden sie gerade diesen Materialismus mit den aufklärerisch wirkenden Naturwissenschaften – das bedeutet, die Dinge auf den Kopf stellen, ganz im Sinne Baphomets.

Wenn man das Streben nach materiellem Reichtum als primären Existenzzweck in den Köpfen der Menschen verankert hat, braucht man nur noch die Kontrolle über das Geld, um die totale Herrschaft auszuüben. Zu diesem Zweck, was der *Bruderschaft* durch die Lehren der *Dragonen* im Detail klar war, musste das durchaus nützliche Geld zunächst einmal erfunden werden.

Der Begriff stammt aus dem althochdeutschen und steht im Zusammenhang mit »Vergeltung« im Sinne von »Vergütung«, was seinen Ursprung wiederum in »Gold« hat (jemandem Gold zu geben war die edelste Form, demjenigen etwas Gutes zu »vergelten«). Gold ist auch der tatsächliche Ursprung von Geld, wie wir gleich sehen werden.

Am Anfang standen Gold- und Silbermünzen, die gegen Waren eingetauscht wurden, und deren Material den eigentlichen Tauschwert darstellte. Bis zu diesem Punkt ging es immer noch mit »rechten Dingen« zu. Bei der Zahlung mit Münzen handelte es sich im Prinzip um ein ehrliches Tauschgeschäft, für das man einen realen Gegenwert bekam. Dieser Gegenwert bestand aus der Seltenheit der Edelmetalle, der Arbeit, diese zu finden und zu schürfen, und schließlich dem Aufwand, die Metalle zu reinigen und zu Münzen zu verarbeiten.

Die Goldschmiede, die aus diesen Edelmetallen Schmuck und Münzen herstellten, waren natürlich bevorzugtes Ziel von Räubern, vorzugsweise des Nachts, wenn niemand da war, die

Diebe von ihrem schändlichen Tun abzuhalten. Aus diesem Grunde schafften besagte Goldschmiede Tresore an, um ihr Material und ihre bereits fertiggestellten Produkte zu schützen.

Das Gold der Fürsten und Könige war einigermaßen sicher auf deren Burgen und in ihren Schlössern untergebracht. Das aufstrebende Bürgertum des Mittelalters verfügte jedoch nicht über genug Vermögen, als dass sich aufwendige Tresore und weitere Schutzmaßnahmen wie permanente Bewachung für den Einzelnen gelohnt hätten. Folglich bestand eine Nachfrage nach der sicheren Unterbringung von Schmuck und Münzen. Genau diese Nachfrage befriedigten die Goldschmiede. Sie boten den Bürgern an, ihre Wertsachen gegen eine Gebühr in ihren Tresoren zu deponieren. Zur Sicherheit stellte der Goldschmied eine Quittung über das deponierte Gold aus (z.B. eine Quittung über eine Feinunze).

Die Goldschmiede waren klug genug (wahrscheinlich auf Veranlassung der *Illuminaten*, die natürlich die Gesamtstrategie im Blick hatten), die Quittungen nicht auf eine bestimmte Person auszustellen. Dies ermöglichte dem Quittungsinhaber, irgendetwas im Wert des Goldes zu kaufen, der auf der Quittung dokumentiert war. Schließlich konnte der Verkäufer der Ware (der Empfänger der Quittung) anschließend, wenn er wollte, mit dieser Quittung den Goldschmied aufsuchen und die Herausgabe der Feinunze Gold fordern, um bei dem Beispiel zu bleiben. Stattdessen konnte der Verkäufer natürlich wiederum die Quittung für den Kauf eines Gegenstandes mit entsprechendem Gegenwert bei einem Dritten verwenden.

Soweit war die Welt noch in Ordnung. Für jede Quittung, die nichts anderes als ein früher Geldschein war, existierte ein realer Gegenwert in Form einer bestimmten Menge Edelmetall, die sich im Tresor des Ausstellers der Quittung, dem Goldschmied, befand. Dieses Prinzip blieb auch bestehen, als die akkreditierten Goldschmiede die nächste Geschäftsidee hatten: Sie verliehen Gold gegen Zinsen und zwar in Form von Quittungen. Das war für den Kreditnehmer ja auch viel praktischer, als zum Kauf von etwas die entsprechende Menge Gold mit sich herumschleppen zu müssen.

Und jetzt kommt eine der genialsten Ideen der Menschheitsgeschichte, die, obwohl denkbar einfach, letztlich zur Weltherrschaft geführt hat: Die Quittungen (Geldscheine) zirkulierten und nur ein geringer Prozentsatz (sagen wir 10%) der Inhaber einer solchen Quittung kam auf die Idee, damit zum Goldschmied zu gehen, um sich den Betrag in Gold auszahlen zu lassen. Jetzt die Idee: Der Goldschmied konnte also (in unserem Beispiel) zehnmal mehr Quittungen ausgeben, als er tatsächlich Goldbestände in seinen Tresoren hatte, ohne in die Verlegenheit zu kommen, das Gold nicht auszahlen zu können, sollte jemand dies wünschen (was statistisch nur jeder Zehnte tat). Das bedeutet, die von den *Illuminaten* akkreditierten Goldschmiede verliehen zehnmal so viel Gold, wie sie tatsächlich besaßen. Mit anderen Worten: Sie bekamen Zinsen auf Gold, *das sie überhaupt nicht hatten.*

Diese Geldschöpfung[94] aus dem Nichts ist eigentlich eine gute Sache. Zehnmal mehr Menschen als zuvor verfügten nun über die entsprechende Kaufkraft, was die Wirtschaft natürlich enorm ankurbelte. Die Schattenseite des Systems sind die Zinsen. Wenn ein Goldschmied beispielsweise für 100 Goldeinheiten Quittungen ausstellte (weil er 10 Goldeinheiten im Tresor hatte) und diese gegen 5% Zinsen pro Jahr verlieh, so belief sich die Gesamtforderung des Goldschmiedes nach einem Jahr auf 105 Goldeinheiten gegenüber seinen Schuldnern. Es existierten aber nur Quittungen für 100 Goldeinheiten. Die übrigen 5 konnten also entweder nur durch neue Schulden aufgebracht werden (was den Goldschmied sehr erfreute) oder indem jemand fünf Einheiten Gold zum Schmied brachte (was den Goldschmied noch mehr erfreute, weil er daraufhin Quittungen

[94] Dies ist auch heute noch der Begriff, der für die Geldschöpfung der Banken aus dem Nichts verwendet wird.

über weitere 50 Goldeinheiten ausstellen konnte, für die er wiederum Zinsen bekam).

Diese Idee der Geldschöpfung aus dem Nichts ist die Geburt des Bankensystems und im Prinzip nichts anderes als ein Schneeballsystem. Heute ist es nicht mehr Gold (der Goldstandard wurde infolge der Weltwirtschaftskrise in Jahre 1929 abgeschafft), das von den Banken hinterlegt wird, sondern sogenanntes Eigenkapital (dies entspricht dem tatsächlich vorhandenen Gold der Goldschmiede). Dabei handelt es sich um Geld, das die Kunden der Bank leihen, sei es durch Einkommen auf dem Girokonto oder durch Geldanlagen.

Dieses »Eigenkapital« können die Banken bei der Zentralbank hinterlegen und dürfen dafür das derzeit 100fache an Giralgeld (Buchgeld) schöpfen[95]. Diese Hinterlegung des »Eigenkapitals« nennt man Mindestreserve-System. Wer Genaueres darüber erfahren will und sich ein Lehrstück darüber zu Gemüte führen möchte, wie man einfache Dinge verkompliziert, möge die Details bei Wikipedia nachlesen. Diese Verkomplizierung liegt nicht in der Verantwortung von Wikipedia, sondern wird ganz bewusst von den »Designern« des Bankensystems, den *Illuminaten*, konstruiert, um die Dinge möglichst intransparent zu gestalten.

»Eigentlich ist es gut, dass die Menschen der Nation unser Banken- und Geldsystem nicht verstehen. Würden sie es nämlich, so hätten wir eine Revolution noch vor morgen früh.«
– Henry Ford (1863 – 1947), Begründer der Ford Motor Company

Die meisten Mitbürger gehen davon aus, dass das Geschäftsmodell von Banken ungefähr folgendermaßen aussieht: Der Kunde A hat mehr Geld zur Verfügung, als er zurzeit

[95] Der Mindestreservesatz beträgt bei der Europäischen Zentralbank zurzeit 1%.

braucht (sagen wir 1.000 € zu viel), also bringt er dieses Geld zur Bank und erhält dafür beispielsweise 2% Zinsen pro Jahr. Kunde B hat zu wenig Geld, also bittet er die Bank um einen Kredit. Letztere leiht ihm die 1.000 € von Kunde A, fordert dafür aber 5% Zinsen. Die Differenz, die 3%, sind dann der Bruttogewinn (vor Kosten) der Bank. Richtig?

Nein, das Geschäftsmodell der Banken ist viel genialer. In unserem Beispiel hinterlegt die Bank die 1.000 € von Kunde A als Reserve bei der Zentralbank. Dafür erhält sie das Recht, das hundertfache der hinterlegten Summe, also 100.000 € Giralgeld zu schöpfen. Sie zahlt also Kunde A 2% Zinsen pro Jahr, das sind 20 €.

Gleichzeitig verleiht sie jedoch 100.000 € geschöpftes Giralgeld an ihre Kunden und bekommt dafür 5.000 € pro Jahr Zinsen. In Wirklichkeit ist das Verhältnis noch viel krasser. Sie, liebe Leser, brauchen sich nur einmal die Zinssätze für die Überziehung ihres Girokontos anzuschauen.

Das System hat sich also seit der Zeit der Goldschmiede im Prinzip nicht geändert. In unseren Beispielen legte nur jeder zehnte Kunde dem Goldschmied die Quittung vor und forderte dafür Gold, weshalb der Goldschmied zehnmal so viel Gold verleihen konnte, wie er tatsächlich im Tresor hatte, ohne jemals in die Schwierigkeit zu kommen, eine vorgelegte Quittung nicht in Gold auszahlen zu können. Heute beträgt der Faktor sogar einhundert, weil nur jeder hundertste Kunde das Buchgeld auf seinem Konto als Bargeld abholt.

99% des Zahlungsverkehrs werden über Buchungen abgewickelt, was lediglich eine Verschiebung von Giralgeld bedeutet. Deshalb würde sofort ein Bankenchaos entstehen, wenn jedermann sein Guthaben bzw. seine Kredite in Form von Bargeld bei den Banken abheben würde (ein Mechanismus, der von den *Illuminaten* gelegentlich ausgenutzt wird, um Konkurrenten aus dem Weg zu räumen und »Bankenpaniken« auszulösen, siehe Abschnitt 2.4).

Wenn also jemand einen Bankenkredit erhält, sagen wir über 100.000 €, wofür die Bank nur 1.000 € »Eigenkapital« benötigt, so zahlt der Schuldner die vereinbarte Tilgung (z.B. 1% pro Jahr) plus die fälligen Zinsen (z.B. 5% pro Jahr). Die Tilgung wird gegen die geschöpfte Summe (100.000 €) gebucht, die Summe reduziert sich also in den Büchern der Bank im Laufe der Jahre, bis sie vollständig getilgt wird (in unserem Beispiel nach ungefähr 30 Jahren). Diese Reduzierung der geschöpften Geldmenge durch Tilgung nennt man »Geldvernichtung«[96]. Und dieser Mechanismus hat einen zwingenden Grund: Würde das geschöpfte Geld einfach im Umlauf bleiben, ohne durch Tilgung »vernichtet« zu werden, so würde sich mit jeder Geldschöpfung die im Umlauf befindliche Geldmenge erhöhen. Was jedoch reichlich vorhanden ist, hat wenig Wert. Mit anderen Worten: Eine Vergrößerung der Geldmenge führt zur Geldentwertung (Inflation).

Es tut mir wirklich leid, Sie, lieber Leser, mit diesem Finanzkram zu behelligen, aber dieses trockene Thema ist eine wichtige Grundlage der Macht der *Illuminaten*. Deshalb ist es unumgänglich, dass wir uns etwas ausführlicher damit beschäftigen.

Haben Sie sich schon mal gefragt, warum die westlichen Industrienationen sich so schwer tun, mit Hilfe von ein paar Milliarden € Staatsmitteln beispielsweise einen insolventen Automobilbauer zu retten, der Tausende Menschen beschäftigt, gleichzeitig jedoch bereitwillig Hunderte von Milliarden, letztlich Billionen, aus Steuermitteln bereitstellen, um in Schwierigkeiten geratene Banken vor der Insolvenz zu bewahren?

Die Begründung für die Verweigerung der Hilfe für ein großes, produktives Unternehmen ist einfach: Ganz offensichtlich spielt das Schicksal von ein paar tausend Menschen für unsere

---

[96] Damit ist also nicht etwa der Umgang des Staates mit unseren Steuergeldern gemeint, auch wenn der Begriff dafür ebenfalls zutreffend wäre.

Politiker keine besondere Rolle. Wie wir noch sehen werden, interessiert sich die überwiegende Mehrheit dieser Spezies, von ein paar wenigen Idealisten einmal abgesehen, nur für das eigene Wohl. Warum aber diese Bereitschaft, das hundert- bzw. tausendfache zur Unterstützung von Banken auszugeben?

Die Antwort ist nach unserer obigen Beleuchtung des Finanzsystems leicht zu finden: Wenn Banken Kredite vergeben, die von ihren Schuldnern nicht zurückgezahlt werden können, so bleibt das geschöpfte Geld im Umlauf (es wird nicht, wie bei der Kreditvergabe vorgesehen, durch Tilgung vernichtet) und vergrößert die Geldmenge. Für den Fall, dass der Staat eine Bank pleitegehen lässt, die in ihrer Gier nach Zinsen Leuten Geld geliehen hat, die Tilgung und Zinsen nicht mehr zahlen können, so riskiert der Staat eine Inflation. Letzteres bedeutet, dass wir alle die Verluste der Bank zahlen, weil unser Geld weniger wert wird. Die Alternative für den Staat besteht darin, den Banken Geld aus Steuermitteln zur Verfügung zu stellen, damit das fahrlässig geschöpfte Geld wieder vernichtet werden kann. Das nennt man dann »Bankenrettung«. Dies bedeutet, dass nicht *alle* haften, wie im Fall einer Bankenpleite, sondern »nur« der *Steuerzahler*, wenn sie »gerettet« wird.

Jetzt werden auch die Hintergründe der Finanzkrise von 2008 deutlich. Damals war die Ausgangssituation folgende: Der Immobilienmarkt in den Vereinigten Staaten boomte. Die Preise stiegen seit vielen Jahren. Daraufhin kamen die Banker auf die »geniale« Idee, ihren Kunden vorzuschlagen, ihre Häuser über den aktuellen Wert hinaus entsprechend des *in Zukunft zu erwartenden Wertes* zu beleihen, um sich beispielsweise ein neues Auto oder eine Urlaubsreise leisten zu können. Doch wie es mit allen Übertreibungen der Fall ist, platzte auch die Immobilienblase. Im Jahre 2008 begannen die Preise für Eigenheime in den USA sogar zu fallen. Beliehen waren viele davon jedoch auf Basis einer spekulativen zukünftigen Wertsteigerung. Damit löste sich die Sicherheit der Bank, der erhoffte zukünftige Wert der beliehenen Immobilie, in Luft auf. Säumige Schuldner konnten ihre Kredite also nicht mehr durch den Verkauf der beliehenen Immobilie zurückzahlen. Soll heißen: Das von den Banken geschöpfte Geld konnte nicht mehr vernichtet werden. Die Folge war und ist eine unaufhörliche Kette von Bankenpleiten seit dem Jahre 2008, mit dem prominentesten Vertreter Lehman Brothers. Für andere Geldinstitute wurden hingegen in der westlichen Welt Billionen in Form von Steuermitteln zur »Bankenrettung« bereitgestellt. Das Ganze lief natürlich darauf hinaus, dass Banken, an denen die *Bruderschaft* Anteile hatte, gerettet und Wettbewerber aus dem Weg geräumt wurden (immer wieder das gleiche Schema, siehe Bankenkrise von 1907, Abschnitt 2.4).

An dieser Stelle möchte ich das Geschäftsmodell der Banken noch einmal mit einfachen Worten zusammenfassen: Die im Besitz von Privatpersonen befindlichen Banken haben das gesetzliche Recht, ihr tatsächlich vorhandenes Geld zu verhundertfachen und gegen Zinsen zu verleihen.

Solange die Schuldner in der Lage sind, die Kredite zu bedienen, verdienen sich die Banken eine goldene Nase und das »geschöpfte« Geld wird durch Tilgung wieder »vernichtet«, was nichts anderes bedeutet, als dass es einfach wieder aus den Bilanzen verschwindet. Die Banken produzieren überhaupt nichts und bekommen ihre Zinsen im Prinzip dafür, dass jemand die Kreditsumme in einen Computer eintippt. Wenn die Banken jedoch faule Kredite vergeben, so gibt es für die Allgemeinheit, also uns alle, keinen Ausweg. Wir müssen die Schulden entweder in Form der Entwertung unseres Geldes oder durch Steuermittel begleichen.

Stellen Sie sich vor, Sie würden es irgendwie schaffen, den Staat zu veranlassen, ein Gesetz zu verabschieden, das Ihnen folgendes Recht einräumt: Wenn Sie ein Spielkasino aufsuchen, so erhalten Sie an der Kasse erst einmal das Hundertfache des Geldes, das sie einzahlen. Damit können Sie dann spielen. Wenn sie gewinnen, dürfen Sie ihren Gewinn behalten, wenn Sie verlieren, trägt das Casino ihre Verluste.

Natürlich würde kein Staat, dessen Regierung bei klarem Verstand ist, ein solches Gesetz verabschieden. Wirklich nicht? Im Falle des Bankensystems hat der Staat genau das getan. Es gibt exakt zwei Möglichkeiten, wie man das Verhalten der verantwortlichen Politiker, so etwas zuzulassen, erklären kann: Erstens, diese Politiker sind komplett irre oder zweitens, sie genießen erhebliche persönliche Vorteile, derartige kriminelle Handlungen zu legalisieren.

Ich spreche hier ausdrücklich von Kriminalität, die dadurch gekennzeichnet ist, dass man jemandem etwas wegnimmt, ohne eine (von beiden Parteien vereinbarte) Gegenleistung dafür zu erbringen. Genau das ist hier der Fall: Die Banken bekommen Unsummen für das Eintippen von Kreditsummen in Computer, und wenn's schief geht, zahlt die Allgemeinheit, ohne jedoch von den Banken am Gewinn dieses Geschäftes auch nur im Mindesten beteiligt zu sein – ganz im Gegenteil, die Allgemeinheit übernimmt nicht nur das Verlustrisiko, sie zahlt dafür auch noch oben drauf, denn wenn der Staat die Banken rettet, verschuldet er sich bei diesen Banken noch mehr, was zu zusätzlichen Zinszahlungen an diese Banken führt. Das ganze System ist so absurd kriminell, dass sich die meisten Menschen weigern zu glauben, dass ihr doch so sehr für die Allgemeinheit sorgender Staat so etwas zulassen könnte. Genau das tut er aber nun mal, womit klar sein dürfte, worum sich die Regierenden sorgen – um das Wohl der Allgemeinheit ganz bestimmt nicht. Und solchen Leuten will man Macht über das Privatleben der Bürger geben? – Die Versuchung war einfach zu groß, den Bogen zurück zum vorherigen Abschnitt zu spannen.

Wenn Sie nun glauben, die erste Erklärungsmöglichkeit (der komplett irren Politiker) träfe zu, so ergibt sich allerdings das Problem zu erklären, warum Menschen, die wirklich nicht alle

Tassen im Schrank haben, in solche Positionen kommen können. Deshalb ist die zweite Erklärungsmöglichkeit (der von diesem Verbrechen profitierenden Politiker) erheblich glaubwürdiger. Wenn Sie dem zustimmen, sind Sie bereits ein »Verschwörungstheoretiker« – vielleicht, ohne sich dessen bewusst zu sein. Denn wenn die Politiker aus Gründen des persönlichen Profits (monetär oder karrierefördernd, was aufs Gleiche hinausläuft) Gesetze zum Schaden der Allgemeinheit und zum Wohle einiger weniger Privatpersonen erlassen, so muss es eine »geheimnisvolle Macht im Hintergrund« geben, die mächtig genug ist, den Politikern die zuvor genannten persönlichen Vorteile zu gewähren. Wenn Sie sich, lieber Leser, jetzt noch mit mir auf den Namen (Schall und Rauch) dieser Gruppe Mächtiger im Hintergrund einigen, nennen wir sie *Illuminaten*, dann steht nichts mehr im Wege, meiner weiteren Argumentation zu folgen – unabhängig davon, ob Sie mir die Geschichte mit meinem Großvater oder die Existenz der Gegenspieler der *Illuminaten*, der *Artur*, abnehmen.

Doch zunächst möchte ich etwas klarstellen: Meine Kritik gilt nicht der Geldschöpfung als solcher. Das ist im Prinzip eine tolle Idee, weil es die Gesellschaft mit Liquidität versorgt, was sich sehr positiv auf die Wirtschaft auswirkt. Meine Kritik entzündet sich stattdessen daran, dass sich das Recht zur Geldschöpfung in privater Hand befindet (was unweigerlich zur Diktatur dieser Privatleute führt) und dass Zinsen für dieses nicht-existente Geld verlangt werden dürfen. Denn wenn dieses Treiben schief geht, muss die Allgemeinheit dafür geradestehen. Folglich muss auch nur die Allgemeinheit, also der Staat, darüber entscheiden dürfen, zu welchem Zweck Geld geschöpft wird. Ich bin ganz sicher kein Sozialist, der den Transfer von Geld von den hart arbeitenden Tüchtigen zu den Polit-Schmarotzern und faulen und/oder dummen »Bedürftigen« fordert. Ebenso wenig halte ich die Verstaatlichung von Produktionsbetrieben für sinnvoll. Gewisse Dinge müssen jedoch in staatlicher Hoheit liegen. Schließlich wünscht sich niemand eine privatisierte Polizei, weil die Eigentümer dieser Polizei dann schalten und walten könnten, wie sie wollen. Ähnlich verhält es sich mit den Gerichten oder dem Militär. Jedermann, selbst der überzeugteste Anhänger des »Freien Marktes«, sieht ein, dass diese Dinge unter staatlicher Kontrolle stehen müssen.

Die Macht, die durch die Geldschöpfung Privatpersonen verliehen wird, ist jedoch keinesfalls geringer als jene, die jemand durch Kontrolle von Polizei und Militär erhalten würde. Im Gegenteil – die Lizenz zum Gelddrucken führt zur Macht über die Regierung und damit auch über alle staatlichen Organe *inklusive* Polizei und Militär. Mayer Amschel Rothschild (1744 – 1812), Begründer der Rothschild-Bankendynastie, drückte dies folgendermaßen aus (häufig zitiert und immer wieder schön):

»Gib mir die Kontrolle über das Geld einer Nation, und es interessiert mich nicht, wer dessen Gesetze macht.«

Die Welt beherrscht also, wer das Geld beherrscht. Wenn das nicht der Staat ist, so lebt die Bevölkerung in einer Diktatur einiger weniger Privatpersonen, die dazu in keiner Weise demokratisch legitimiert wurden. So gesehen, leben wir in einer Diktatur der »Geldschöpfer«. Unsere angeblichen (dazu komme ich im übernächsten Abschnitt) Demokratien sind nur Blendwerk gemäß der Baphometischen Doktrin, die Dinge zu verschleiern, zu verwirren und zu vermischen.

Neben der privaten Geldschöpfung erwähnte ich als zweiten Kritikpunkt am System die Zinsen, um die die Menschen von den Banken ganz legal für geschöpftes Geld bestohlen werden dürfen. Meine Kritik an den Zinsen hat zwei Aspekte: den systematischen und den sozialen.

Wie ich bereits darlegte, sind die Zinsen, die für Kredite aufgewendet werden müssen, überhaupt nicht in der im Umlauf befindlichen Geldmenge vorhanden. Letztere besteht schließlich aus den von den Privatbanken geschöpften Geldern für aufgenommene Kredite. Woher also soll das Geld für die Zinsen kommen?

Da es nicht vorhanden ist, kann es nur durch Aufnahme weiterer Kredite geschöpft werden. Auf diese Weise entsteht eine sich immer weiter aufblähende Schuldenblase. Die daraus resultierenden stetig wachsenden Zinsforderungen können dann zwangläufig irgendwann nicht mehr erfüllt werden, weshalb es sich nicht um ein stabiles System handelt, sondern um ein Schneeballsystem, das zusammenbrechen *muss*. Der Anfang eines neuerlichen Zusammenbruchs – davon ereigneten sich bereits etliche in der Geschichte – fand mit dem Beginn der Bankenkrise im Jahre 2008 statt.

Sämtliche »Rettungsversuche« können den Kollaps nur verzögern, aber nicht verhindern, denn wenn sich die Staaten durch die Billionen für die Bankenrettung bei genau diesen Banken weiter verschulden, müssen die Zinsforderungen für die Staatsverschuldung zwangsläufig irgendwann die Steuereinnahmen übersteigen. Genau dies ist im Fall Griechenland bereits geschehen, weitere Staaten werden folgen.

Es ist eine wirklich simple Rechenaufgabe, wann es auch die finanzstärksten Staaten dieser Welt, wie Deutschland, erwischen wird. (Der deutsche Staat ist bereits mit 2 Billionen verschuldet und muss nun über die gemeinsame Währung mit Griechenland für dessen Schulden haften. Hier wird der Sinn des Euro aus Sicht der *Bruderschaft* deutlich, nämlich so lange wie möglich diejenigen auszupressen, die das Ganze durch reale Produktion noch bezahlen können. Wenn Griechenland das nicht mehr kann, muss eben Deutschland herhalten.).

Fazit: **Das Zinssystem kann überhaupt nicht funktionieren.** Und das soll es auch nicht. Schließlich ist der Anteil an den Steuereinnahmen, den die Geldschöpfer für ihre Zinsen, also fürs Nichtstun, bekommen, kurz vor dem Kollaps am größten[97] – Geld, das sie, solange es noch etwas wert ist, in bleibende Werte wie Firmenbeteiligungen oder Rohstoffe stecken. Nach dem unweigerlichen Crash werden die Uhren wieder auf null gestellt, z.B. in Form einer neuen Währung, wobei diejenigen, die noch Geld in der alten Währung haben, die Gelackmeierten sind, und das Spiel beginnt von vorne. Die Gewinne der *Illuminaten* in Form von Sachwerten aus der Zeit vor dem Crash bleiben jedoch.

Der soziale Aspekt meiner Kritik am Zinssystem ist denkbar einfach: Nur wer zu wenig Geld hat, muss sich welches leihen. Und nur wer zu viel Geld hat, es also nicht selber braucht, kann welches verleihen. Das Zinssystem führt also dazu, dass diejenigen, die ohnehin zu wenig Geld haben, noch mehr zurückzahlen müssen und dass diejenigen, die mehr Geld haben, als sie brauchen, noch mehr zurückbekommen (vgl. Bauern und Großgrundbesitzer im alten Rom). Asozialer kann man Vermögen eigentlich nicht verteilen. Ein Politiker, der vor diesem Hintergrund darüber klagt, dass die »Schere zwischen Arm und Reich« immer größer wird, ist entweder einfach nur dumm oder ein widerwärtiger Heuchler. Wie erwähnt, ist die Erklärungsvariante »dumm« unrealistisch, also ist klar, was wir von Politikern zu halten haben, die von obiger »Schere« faseln.

Doch schauen wir uns nun einmal das Argument an, das *für* Zinsen spricht: Wenn ein Schuldner seinen Kredit nicht mehr bedienen kann, so muss die Bank dafür geradestehen (solange sie das kann, danach ist die Allgemeinheit dran). Folglich muss sie bei der Kreditvergabe einen Risikoaufschlag kalkulieren. Wenn jeder zwanzigste Kreditkunde (statistisch) seine Schulden nicht mehr bedienen kann (das ist viel zu hoch gegriffen und soll hier nur als illustrierendes Beispiel dienen), so würde

[97] Kurz vor dem Kollaps werden die Zinsen zwar immer weiter gesenkt, was den Staat entlastet, aber nur zu dem Zweck, den Zusammenbruch so lange wie möglich hinauszuzögern, um die Allgemeinheit so lange wie möglich bestehlen zu können.

dieser Risikoaufschlag 5% bedeuten. Zusätzlich hat die Bank Aufwand, um die Kreditwürdigkeit des Kunden zu prüfen, damit das Risiko auf 5% begrenzt bleibt. Damit lässt sich zwar nicht die *private* Geldschöpfung begründen, aber so ließe sich argumentieren, wenn staatlich geschöpftes Geld mit einem Risiko- und Bearbeitungsaufschlag *vom Staat* verliehen würde.

Was sich jedoch überhaupt nicht argumentieren lässt, ist die Tatsache, dass die Privatbanken Zinsen für geschöpftes Geld bekommen, das sie dem Staat leihen. Dieses »Geschäft« ist nämlich für die Banken absolut risikolos. Ein Staat, der die Hoheit über seine eigene Währung hat[98] (!), kann die Kreditsumme, sofern sie in eigener Währung ausgestellt ist[99], immer zurückzahlen. Zur Not druckt er das Geld einfach und zahlt es bei der Bank ein. Dadurch entstünde für die Bank keinerlei Nachteil. In der Bilanz steht die geschöpfte Menge Geld, also einfach nur eine Zahl, die durch die Bargeldeinzahlung des Staates wieder gelöscht werden könnte (Geldvernichtung bei Kreditrückzahlung). Dieses Gelddrucken des Staates würde zwar Inflation bedeuten, also dass wir alle letztlich für diese Schuldenpolitik des Staates zahlen, aber das tun wir auch in normalen Zeiten, nämlich durch Steuern, und das wäre nicht das Problem der Banken (aus dem Nichts geschöpftes Geld würde wieder mit aus dem Nichts gedruckten Geld vernichtet und somit aus den Bilanzen verschwinden).

Bei der Kreditvergabe in dessen Eigenwährung an einen souveränen Staat haben wir also tatsächlich den Fall, dass die Bank nichts anderes macht, als eine Zahl in einen Computer zu tippen. Das Risiko ist null, und es muss auch keine Kreditwürdigkeit geprüft werden. Trotzdem zahlt der deutsche Staat zurzeit 55 Milliarden pro Jahr, was rund einem Zehntel der gesamten Steuereinnahmen und in etwa dem Doppelten des Wehretats (!) entspricht, für Schuldzinsen an die Banken – ohne dass

---

[98] Was bei Griechenland nicht der Fall ist.

[99] Was bei Argentinien nicht der Fall ist.

wir alle, also der Staat, auch nur die geringste Gegenleistung dafür bekommen. Wie gesagt, jemandem etwas abzunehmen, ohne eine Gegenleistung zu erbringen, ist kriminell und nennt sich Diebstahl. Dieser Raub an uns allen durch die Banken ist jedoch legal, d.h. per Gesetz ausdrücklich erlaubt. Wäre die Geldschöpfung in staatlicher Hand, würde dieser zweitgrößte Posten im Staatshaushalt komplett wegfallen (der größte sind natürlich die Transferleistungen, genannt »Sozialausgaben«).

Lassen Sie uns diesen Sachverhalt aus einer anderen Perspektive betrachten, nämlich aus der Sicht der *Illuminaten*. Stellen wir uns also vor, wir hätten auf wundersame Weise – wie, dazu kommen ich noch – die Lizenz zum Gelddrucken, sprich: zur Geldschöpfung erhalten. Dieses Geld, das wir gar nicht haben, können wir nun gegen Zinsen verleihen. Das hört sich gut an, ist aber ein hartes Geschäft. Schließlich rekrutieren sich unsere Kunden nur aus denjenigen, die zu wenig Geld haben. Entsprechend schwierig wird es sein, diese eher klamme Kundschaft mit Zinszahlungen zu belegen, die sie auch zahlen können. Viel lieber würden wir unsere »Geschäfte« mit den Wohlhabenden machen. Denn in diesem Fall müssten wir uns keine Sorgen machen, dass wir unserem Geld hinterherlaufen müssen. Doch diese fleißigen Gutverdiener kommen mit ihrem Einkommen leider gut klar, sie brauchen also unser geschöpftes Geld nicht und sind folglich nicht bereit, irgendwelche Zinsen an uns zu bezahlen.

Wie also kommen wir vielleicht doch an das Geld der Fleißigen, der Produktiven? Ganz einfach: Wir sorgen dafür, dass sich der Staat bei uns verschuldet. Dann bekommen wir Zinszahlungen aus den Steuereinnahmen. Wenn wir dann auch noch für ein »soziales«, d.h. progressives Steuersystem sorgen, in dem die Produktiven den Löwenanteil zahlen, so gelangt deren Geld über den Umweg »Steuer« zu uns. Mit anderen Worten: Diejenigen, die von ihrem Einkommen gut leben können und sich deshalb privat niemals verschulden würden, müssen nun plötzlich über den Umweg »Steuer« Schuldzinsen zahlen. Ein großartiger Plan! Jetzt zur Umsetzung: Wir brauchen zunächst einmal korrupte Politiker, die nach unserer Pfeife tanzen. Dazu eignet sich eine parlamentarische Demokratie natürlich hervorragend. In diesem System macht hauptsächlich derjenige Karriere, der die Mehrheitsmeinung vertritt, also der typische Opportunist, der nicht das geringste Problem damit hat, die eigene Meinung, sofern er überhaupt eine hat, auf dem Altar der eigenen Karriere und somit des persönlichen Wohlstands zu opfern. Und diese Mehrheitsmeinung haben wir durch die Sklavenmoral des Christentums (vgl. Abschnitt 2.2) bereits bestens auf den Transfer von den Erfolgreichen zu den »Armen« vorbereitet.

Gerade Letzteres passt wieder hervorragend zur parlamentarischen Demokratie. »Sozialneid« ist nach christlicher Philosophie absolut berechtigt, weil jeder, der *mehr* hat, vor Gott schlechter ist als der, der weniger hat. Also fordert die Mehrheit, die eben nicht steinreich ist und »schlecht« bis »ganz gut« mit ihrem Geld auskommt, dass »die da oben« den größten Teil des Steuerkuchens bezahlen müssen. Leider begreift diese Mehrheit nicht, dass »die da oben« überhaupt keine Steuern auf Einkommen durch Produktivität zahlen. Wenn überhaupt, zahlen die Reichen Steuern auf Geld, das sie mit Geld verdient haben, also auf Zinsen im weiteren Sinne[100] und somit auf ein ungerechtfertigt angeeignetes Stück des Kuchens der von der Mehrheit erbrachten Produktivität (Produkte und Dienstleistung). Mit anderen Worten: **Die Mehrheit erarbeitet die Steuern in Form von realer Produktion, die von »denen da oben« gezahlt werden**. Genau das empfindet das Volk als »sozial gerecht«, womit wir wieder beim perfekten Sklaven wären.

---

[100] Damit sind z.B. auch Aktiengewinne gemeint, also alles, was dazu dient, sich mit Geld noch mehr Geld, also ein noch größeres Stück vom Produktivitätskuchen, abzuschneiden.

Clever, wie wir *Illuminaten* nun mal sind, fällt uns spontan neben dem ausufernden »Sozialstaat« ein weiteres Geldvernichtungssystem ein, das zur Staatsverschuldung und somit zu Zinszahlungen der Produktiven an uns führt: Rüstung.

Die hat wie das Sozialsystem den Vorteil, dass wir uns an der entsprechenden Industrie beteiligen können und somit doppelt daran verdienen. Rüstung hat aber auch noch den zusätzlichen Vorteil, dass sie in den Händen von uns abhängiger Regierungen wunderschön dazu eingesetzt werden kann, andere Länder für unsere allein selig machende Demokratie zu erob…, 'tschuldigung, sagen wir: sie davon zu überzeugen.

Wir haben also folgende Situation: Sozialstaat und Rüstung führen zur Staatsverschuldung, an der die *Bruderschaft* durch die entsprechenden, völlig ungerechtfertigten Zinszahlungen des Staates Billionen verdient. Die damit verbundene extreme Steuerbelastung der Produktiven, also die mit ihrer Arbeitskraft und Kreativität einen Beitrag zu unserem Wohlstand Leistenden, hat noch einen weiteren für die *Illuminaten* sehr angenehmen Effekt. Durch die hohe Steuer- und Abgabenbelastung sinkt das frei verfügbare Einkommen der arbeitenden Bevölkerung drastisch, was dazu führt, dass sie eher bereit ist, private Kredite aufzunehmen, an denen die *Bruderschaft* wieder reichlich verdient. Wenn wir, wie ich in Abschnitt 2.5 zeigen werde, ohne Steuer- und Abgabenlast dreimal so viel Geld zur freien Verfügung hätten, würden wir das nächste Auto bar bezahlen statt es zu »finanzieren«, und unseren Kredit für unser Häuschen in fünf statt in 30 Jahren tilgen. Das wäre natürlich genau entgegengesetzt zu den Interessen der *Bruderschaft*.

Damit will ich sagen, dass Staatsverschuldung in Verbindung mit hohen Steuern einen doppelt positiven Effekt auf das Bankengeschäft hat: Zinseinkünfte durch Staatsverschuldung plus Zinseinkünfte auf Privatkredite, weil wir durch den Staatsmoloch alle erheblich weniger Geld zur freien Verfügung haben. Auf diese Weise werden ganze Völker in die Zinsknechtschaft getrieben – ein System, an dem sich die Banken und damit letztlich die *Illuminaten* mithilfe ihrer Akkreditierten einen fetten Anteil an der Produktion sichern, ohne auch nur die geringste Gegenleistung dafür zu erbringen. Schließlich steuern sie überhaupt nichts zur Produktion bei, von der sie einen erheblichen Teil abgreifen. Dazu möchte ich den Kabarettisten Volker Pispers zitieren, den ich bereits mehrfach »live« erleben durfte. Sinngemäß sagte er:

Stellen Sie sich vor, alle Ärzte, Krankenschwestern, die Müllabfuhr, LKW-Fahrer und die Kassiererinnen in den Supermärkten würden streiken. Und jetzt stellen Sie sich vor, alle Banker, Portfoliomanager, [die Angestellten bei der GEZ[101]] und die Politiker im Bundestag würden streiken. Wen würden Sie mehr vermissen?

Interessanterweise verdienen Letztere in unserem System viel mehr Geld als Erstere.

Schauen wir uns nun an, ob mein kleiner Streifzug durch die Gedankenwelt der *Illuminaten* lediglich Spinnerei meinerseits ist, oder ob wir genau dies in der Realität wiederfinden. Dabei sollten wir einen besonderen Wert auf den Zusammenhang zwischen Gelddiktatur und parlamentarischer Demokratie legen.

Im Jahre 1793 wurde die Geldschöpfung durch Privatbanken im Rahmen der französischen Revolution eingeführt[102]. Ist es nicht ein seltsamer Zufall, dass die erste parlamentarische Demokratie Europas nichts Besseres zu tun hatte, als die Macht, Geld zu schöpfen, in die Hände von Privatbanken zu legen?

---

[101] Ich weiß nicht mehr genau, wen Volker Pispers genau erwähnte. Die Angestellten der GEZ nach meiner Erinnerung auf jeden Fall nicht. Ich konnte der Versuchung jedoch nicht widerstehen, sie hier einzufügen (vgl. Abschnitt 2.5).

[102] siehe z.B. Shenoy (2011)

Streift uns da nicht ein Verdacht wie eine sanfte Brise, wer diese Revolution »organisiert« haben könnte?

Vorreiter für die private Geldschöpfung ist die Vorzeigedemokratie überhaupt: die Vereinigten Staaten von Amerika. Ihre Zentralbank, die Federal Reserve, ist keineswegs eine staatliche Institution, sondern sie gehört Privatleuten. Diesem Thema habe ich einen eigenen Abschnitt gewidmet, weil sich Amerika ganz besonders dabei hervortut, mit diesem System (parlamentarische Demokratie / private Geldschöpfung), geradezu missionarisch und – wenn nötig – mit Waffengewalt, die übrige Welt zu »beglücken«.

Betrachten wir nun, wofür die westlichen Demokratien heute das meiste Geld ausgeben: Da wären zunächst einmal wieder die Vereinigten Staaten. Sie geben heute knapp $ 700 Milliarden pro Jahr für die »Verteidigung« aus. Das ist mehr als zur Hochzeit des Kalten Krieges. Grund ist der »Kampf gegen den Terror«, mit dem wir uns noch näher beschäftigen werden. Gleichzeitig ist das Land mit $ 14 Billionen verschuldet.

Länder wie Deutschland oder kleinere europäische Staaten, die immense Rüstungsausgaben aus historischen Gründen oder aufgrund der Sicherheitslage ihrer Bevölkerung nicht plausibel machen können, konzentrieren sich stattdessen ganz auf das Thema »Sozialsystem«. Neben Deutschland tun sich in dieser Hinsicht Skandinavien und die Benelux-Staaten hervor. Die Kosten dafür bilden in diesen Staaten den bei weitem größten Posten im Haushalt. Mit anderen Worten: Die *Illuminaten* haben kein Interesse daran, dass Frieden auf der Welt herrscht, und sie haben ein großes Interesse daran, dass wir ein ständig wachsendes Heer von »Transferleistungsempfängern« haben. Genau diese Strategie haben wir in Abschnitt 2.2 bereits im Zusammenhang mit Rom kennengelernt – sie ist also keineswegs neu und hat sich im Sinne der *Illuminaten* bewährt. Dementsprechend ist die Einwanderung von niedrig bis überhaupt nicht Qualifizierten in Industrieländer im Interesse der *Bruder-*

schaft[103]. Schließlich verdienen sie an den aus Militärausgaben und Sozialstaat resultierenden Zinsen auf Staatsschulden Billionen. Dieses Geld wird zumindest teilweise in Anteile an der Rüstungs- und Sozialindustrie reinvestiert, was dazu führt, dass man sogar doppelt an diesem ganzen Wahnsinn verdient. Außerdem bringt man das Geld auf diese Weise in Sicherheit, denn das »Zinssystem« genannte Schneeballsystem muss systembedingt in regelmäßigen Abständen kollabieren.

Neben Rüstung und Sozialstaat, hat die *Bruderschaft* noch eine weitere Geldvernichtungsmaschine erfunden: Die Umweltindustrie, an der sie sich ebenfalls massiv beteiligt (*Basis*: Umwelt muss geschützt werden (unzweifelhaft richtig), *Verallgemeinerung*: Sämtliche Maßnahmen zum Schutz der Umwelt sind sinnvoll). Darauf gehe ich näher im nächsten Band ein.

---

[103] Nachdem ich ausführlich darlegte, warum die Geldschöpfung verstaatlicht werden sollte, werden mich zwangsläufig einige als »Linker« beschimpfen. Nachdem ich nun die großherzige Einwanderungs- und Asylpolitik als ein Instrument der *Illuminaten* bloßgestellt habe, den Produktiven das Geld aus der Tasche zu ziehen, gelte ich sicherlich bei einigen als »Rechter«. In diesem Zusammenhang möchte ich darauf hinweisen, dass ich zwar Demokrat bin, aber kein parlamentarischer Demokrat. Die Bezeichnungen »Links« und »Rechts« haben ihren Ursprung jedoch in der Sitzverteilung im Parlament – etwas, für das ich mich niemals hergeben würde. Auf jemanden, der den Parlamentarismus ablehnt, sind die Bezeichnungen »rechts« und »links« genauso wenig anwendbar wie die Bezeichnungen »sunnitisch« und »schiitisch« auf den Papst.

2.4 Die Federal Reserve (Fed) und die Rolle Amerikas

Die Entstehung des Bankensystems und dessen Funktionsweise habe ich im vorherigen Teil erläutert. Wenden wir uns nun der Frage zu, wie es den *Illuminaten* gelang, dem Staat das Geldmonopol zu entreißen und ihn zu zwingen, Schulden bei Privatbanken gegen Zinsen aufzunehmen. Das ist schon ein echtes Husarenstück, das eine nähere Betrachtung verdient. Die meisten Autoren befassen sich im Rahmen ihrer Diskussion der privaten Geldschöpfung mit dem für die Gegenwart bedeutendsten Bankencoup: der Gründung der US-amerikanischen Federal Reserve (Fed).

Doch die Fed war nicht die erste Notenbank eines Staates, die sich in privater Hand befindet. Die Geschichte der privaten Geldschöpfung ist viel älter und hat, wie im vorherigen Abschnitt beschrieben, ihren Ursprung bei den Goldschmieden, die Quittungen statt Gold verliehen.

Die wichtigsten Vertreter dieser in großem Stil umgesetzten Geschäftsidee sind die Bank of England (gegründet 1694), die französische Zentralbank »Banque de France« (gegründet 1800 durch Napoleon Bonaparte) und die Zentralbank des Deutschen Reiches »Reichsbank« (gegründet 1875, wobei ältere Privatbanken, wie die Badische Bank, die Bayrische Notenbank und die Notenbanken von Sachsen und Württemberg Anteilseigner waren). Alle diese Banken wurden als Privatbanken gegründet, d.h. die Anteile an diesen Instituten befanden sich im Besitz von Privatleuten.

Im Prinzip kann man die im 18. und 19. Jahrhundert geführten Kriege charakterisieren als Auseinandersetzungen darüber, welche Befugnisse diesen Privatbanken durch den jeweiligen Staat eingeräumt wurden und welchen Einfluss die *Illuminaten* auf die entsprechende Zentralbank hatten. Damit will ich sagen, dass die geführten Kriege immer zwischen Nationen stattfanden, deren Banken unter *Illuminaten*kontrolle standen und jenen, bei denen das nicht oder aus Sicht der *Bruderschaft* nicht ausreichend der Fall war.

Napoleon, beispielsweise, sicherte seinen Gefolgsleuten und sich selbst die größten Anteile an der Banque de France. Da Bonaparte zu den *Artur* gehörte, war England von Anfang an sein Todfeind. Schließlich gehörte die Bank of England seit ihrer Gründung den Akkreditierten (1. Ordnung) der *Illuminaten*, insbesondere den Rothschilds. Ähnlich verhielt es sich bei den Süddeutschen Banken, die ebenfalls unter *Illuminaten*kontrolle standen, weshalb sich diese Staaten ebenfalls gegen Napoleon wandten.

Dies war auch der Grund für die britische Neutralität im deutsch-französischen Krieg von 1870/71. Durch den deutschen Sieg (falls Deutschland verloren hätte, wäre der Kriegseintritt Großbritanniens an der Seite Deutschlands erfolgt) erhofften sich die *Illuminaten* die Kontrolle über die Banque de France, was sich schließlich auch erfüllte. Doch der Einfluss der *Artur* im jungen Deutschen Reich wuchs nach dem Krieg unaufhörlich, was zu erheblichen Beschneidungen der (privaten) Deutschen Reichsbank führte[104] – sehr zum Unmut der *Illuminaten*.

Doch nun hatten die *Illuminaten* ein ernsthaftes Problem: Das aufstrebende Deutsche Reich war militärisch stark genug, um sich alleine gegen den Angriff jeder Großmacht wehren zu können. Dies hatte das Reich eindrucksvoll bei der Niederwerfung Frankreichs, der bis dato stärksten Landmacht der Welt, bewiesen. Selbst der Ausgang eines Krieges von zwei Großmächten gegen Deutschland war ungewiss. Nur eine gemeinschaftliche Aktion von England, Frankreich und Russland (Ös-

---

[104] Dies begann mit § 9 des Bankgesetzes vom 14. März 1875, das die Geldschöpfung über ein gewisses Kontingent hinaus mit 5% Steuern versah, die Gewinne der *Illuminaten* also erheblich reduzierte bzw. fast vollständig zurück in die Staatskasse beförderte. Siehe dazu Wühle (2011).

terreich-Ungarn spielte militärisch gegen Ende des 19. Jahrhunderts nur eine untergeordnete Rolle) könnte von Erfolg gekrönt sein. Doch das Risiko einer Niederlage gegen Deutschland war trotzdem groß. Die Lösung des Problems bestand darin, die Kontrolle über eine weitere aufstrebende Großmacht zu erlangen: die Vereinigten Staaten. Zusammen mit den drei europäischen Großmächten (England, Frankreich, Russland) war ein Sieg gegen Deutschland praktisch sicher – erst recht, wenn der Krieg länger andauern würde.

Folglich musste ein Plan her, wie man die Vereinigten Staaten unter Kontrolle bekommen könnte. Die Voraussetzungen dafür hatte man bereits mit der Einführung der parlamentarischen Demokratie bei der Gründung der Vereinigten Staaten geschaffen. Diese Planung und die Ausführung werde ich nun detaillierter schildern, weil die Folgen der damaligen Ereignisse unsere heutige Welt prägen.

Eine entsprechende Leserresonanz zu diesem Thema vorausgesetzt, werde ich in einem Folgeband die Geschehnisse von der Gründung der Vereinigten Staaten und der französischen Revolution bis zum Ausbruch des 1. Weltkrieges in Einzelheiten beschreiben. Schließlich handelt es sich um die hochspannenden Auseinandersetzungen zwischen *Illuminaten* und *Artur*, die letztlich im 1. und 2. Weltkrieg mündeten. All diese Kriege waren praktisch die nächste Runde im epischen Kampf nach dem (Teil)Sieg der *Artur* gegen die *Illuminaten*religionen im Rahmen der Aufklärung. Mit anderen Worten: Es handelt sich um den Kampf der *Illuminaten* gegen die *Artur* im Bestreben, die entmachtete Religion »Christentum« durch die Ersatzreligionen »Materialismus« und »Demokratie« zu ersetzen (vgl. Einleitung und nächster Abschnitt), um so ihrer Geldherrschaft zur absoluten Macht zu verhelfen. Die *Proles* hingegen glaubten, für Freiheit, Gleichheit (!) und Brüderlichkeit oder gegen den »Erbfeind« oder sonstigen Unsinn zu kämpfen – und verbluteten auf den Schlachtfeldern.

Doch nun zur Entstehungsgeschichte und Bedeutung der Fed. Voranschicken möchte ich ein weiteres Prinzip der *Illuminaten*strategie: Ihre Pläne bewirken meist mehr als einen einzigen Vorteil für die *Bruderschaft*, d.h. sie schlagen zumeist mehrere Fliegen mit einer Klappe. So hatte der Ende des 19. / Anfang des 20. Jahrhunderts geplante Krieg gegen Deutschland einerseits den Grund, die Kontrolle über das deutsche Bankenwesen zu erhalten und andererseits an den aus den Kriegskosten resultierenden Staatsverschuldungen sowie ihren Beteiligungen an den Rüstungskonzernen zu profitieren. Außerdem wussten die *Illuminaten*, dass die *Artur*, bzw. ihr naturwissenschaftlicher Arm, die *Vril-Gesellschaft*, zu jener Zeit kurz davor stand, die Geheimnisse des Heiligen Grals zu entschlüsseln – ein Wissen, in dessen Besitz sie durch die Unterwerfung Deutschlands zu gelangen hofften. Es war also extrem verlockend für die *Illuminaten*, diesen Krieg erstens stattfinden und zweitens mit einer Niederlage Deutschlands enden zu lassen. Doch dazu brauchten sie die absolute Kontrolle über Amerika, was gleichbedeutend mit der absoluten Kontrolle über den Dollar ist.

Durch den Besitz der europäischen Notenbanken (außer der Reichsbank, an der sie zwar Anteile hatten, die aber für die *Illuminaten* als Folge der Reichsgesetze keinen Gewinn abwarfen) war die *Bruderschaft* um das Jahr 1900 zwar schon unermesslich reich, und das Fundament für ihren Erfolg war mit der Einführung der parlamentarischen Demokratie zementiert, trotzdem erwiesen sich die USA als »harte Nuss«. Die amerikanischen Senatoren und Abgeordneten waren mehrheitlich keineswegs die in jenem Gesellschaftssystem zu erwartenden leicht bestechlichen Wendehälse und Opportunisten. Ein Großteil dieser Männer glaubte tatsächlich an Werte wie »Freiheit« und »Selbstbestimmung«. Sie fühlten sich berufen, darüber zu wachen, dass diese Freiheit weder durch den Staat noch durch private Organisationen dem amerikanischen Bürger genommen werden konnte. Heute würde man diese standhaften Typen als »Idealisten« bezeichnen. Dies ist übrigens ein schönes Beispiel dafür, dass der Weg der *Illuminaten* zur absoluten Macht keineswegs immer geradlinig verlief, sondern dass sie sich immer wieder den Gegebenheiten anpassen mussten, was ich mit meinem Bild vom Ruderboot beschrieb.

Bereits in der zweiten Hälfte des 19. Jahrhunderts hatte die *Bruderschaft*, deren Mitglieder niemals persönlich geschäftlich oder politisch auftreten, damit begonnen, vielversprechende Persönlichkeiten für ihr Vorhaben zu akkreditieren. Darunter John Pierpont Morgan (J. P. Morgan), der im Jahre 1857 im zarten Alter von 20 Jahren in London von den ebenfalls akkreditierten Rothschilds in die »Geheimnisse« des Bankenwesens eingeweiht und für die Pläne der *Illuminaten* gewonnen wurde. Mit Hilfe der im wahrsten Sinne des Wortes uner*schöpflichen* europäischen Geldquellen der *Bruderschaft,* begann er das Morgan-Imperium in den USA aufzubauen. Dabei konzentrierte er sich selbstredend auf das Bankenwesen (J. P. Morgan & Co.) und investierte die Gelder in die Fusion mehrerer großer Stahlunternehmen, in den Stahltrust United States Steel Corp., der damals größten Aktiengesellschaft der Welt. Der Sinn dieses Engagements ist uns nach den obigen Ausführungen klar: Es wurde der Boden bereitet, um an den Zinszahlungen der aus dem bevorstehenden Krieg resultierenden Staatsverschuldung einerseits und andererseits an den damit verbundenen Rüstungsgeschäften zu verdienen.

Um die Senatoren und Abgeordneten »weich zu kochen«, organisierte J. P. Morgan die bis dato größte Bankenkrise im Jahre 1907. Aber was rede ich da. Das hört sich doch wieder alles nach »Verschwörungstheorie« an. Also lasse ich lieber an meiner Stelle eine Institution zu Wort kommen, die nicht im Verdacht steht, krude Verschwörungstheorien zu verbreiten. Ich spreche von Wikipedia. Am 27.06.2014 konnte ich dort unter dem Artikel »J. P. Morgan« folgenden Text abrufen (bitte, lieber Leser, vollziehen Sie dies selbst nach, solange der Text noch online ist[105]):

»Der Autor F. William Engdahl schreibt, dass Morgan seine Laufbahn damit begonnen habe, im Alter von 24 Jahren den Rückkauf von ausgemusterten Gewehren der US-Armee für den amerikanischen Bürgerkrieg zu organisieren. Auf sein Geheiß kauften Strohmänner 5000 Gewehre klammheimlich zum Preis von 3,50 Dollar das Stück beim Waffenarsenal in New York City und verkauften die defekten, aber als neu und in perfektem Zustand deklarierten Gewehre anschließend zum Preis von 22 Dollar das Stück an das Hauptquartier der Armee in St. Louis. So habe Morgans spektakuläre Karriere von Betrug, Täuschung und Korruption begonnen.

Es wird weiter behauptet, er habe Gerüchte über den Bankrott einer großen New Yorker Bank verbreitet und somit die Panik von 1907 ausgelöst, die dann auch andere Banken betraf. Nelson W. Aldrich, der enge Verbindungen zur Bankenwirtschaft hatte, leitete eine Kommission, die nach dieser Panik einberufen wurde. Er schlug in dieser Kommission die Einführung einer Zentralbank vor, um eine solche Panik künftig vermeiden zu können.

Laut G. Edward Griffin wurde der Gesetzentwurf für die Einführung der Zentralbank (Federal Reserve System) 1910 auf Jekyll Island, im Ferienanwesen von Morgan, von Vertretern mehrerer Banken unter strenger Geheimhaltung erstellt und anschließend an Nelson W. Aldrich übergeben, einen Geschäftspartner von Morgan.

Aldrich, der Schwiegersohn von John D. Rockefeller Jr., war der eigentliche Gastgeber. Frank Vanderlip, damals Präsident der National City Bank of New York, heute Citybank, erinnerte sich, die Teilnehmer seien angehalten gewesen, einzeln und so

---

105 http://de.wikipedia.org/wiki/J._P._Morgan

unauffällig wie möglich zum Bahnhof zu kommen, wo der Wagen von Aldrich wartete. »Wir wussten, dass wir auf keinen Fall entdeckt werden durften [...] Wenn die Öffentlichkeit erfahren hätte, dass unsere Gruppe den Entwurf für ein Bankengesetz geschrieben hatte, dann hätte dieses Gesetz im Kongress niemals eine Chance gehabt.« Der Federal Reserve Act (also das amerikanische Zentralbankgesetz) wurde am 23. Dezember 1913 beschlossen. Es war ohne große Diskussionen von den anwesenden Parlamentariern durchgewunken worden. Einen Tag vor Heiligabend und nur eine Stunde danach wurde er von Woodrow Wilson unterschrieben. In der wirtschaftskritischen Literatur wird ein eklatanter Fehler darin gesehen, dass 1913 dieser nur kleine Kreis von mächtigen Bankiers die Federal Reserve Bank mit einer viel zu großen gesellschaftlichen Machtstellung ins Leben rief. Und zwar war es von Anfang an nicht eine öffentlich-rechtliche Einrichtung, sondern ein rein privatrechtliches Unternehmen. Es wäre so, als wenn in Europa eine Handvoll Topmanager aus Banken und Industrie eine eigene Zentralbank hätte[106]. Engdahl macht auch darauf aufmerksam, dass durch fehlgeleitete geldpolitische Maßnahmen dieser Institution, ebenso wie durch ihren jahrzehntelangen Hebel auf Entscheidungen der Politik, bereits 1979 rund 24 Millionen Amerikaner unterhalb der Armutsgrenze lebten.

Nach Griffin war Morgan zwar antisemitisch eingestellt, andererseits aber auch ein Agent der Rothschilds.«

Soweit Wikipedia. Dazu nun ein paar Erläuterungen. Da der Großteil der amerikanischen Politiker Idealisten und durchaus klug genug war zu verstehen, dass eine Zentralbank in Händen von Privatleuten das Ende der Freiheit bedeutete, »organisierte« J. P. Morgan die Bankenpanik von 1907. Über die Presse,

[106] In Europa ist die Zentralbank zwar nicht privat, die Staaten dürfen bei ihr jedoch per Gesetz kein Geld leihen. Der Effekt ist also derselbe: Die Zinsen auf die Staatsverschuldung fließen an Privatbanken.

die zum Teil durch Bestechung in seiner Hand war, ließ er das Gerücht verbreiten, dass die Trust Company of America und die Knickerbocker Bank praktisch bankrott seien.

Die Bürger stürmten natürlich in der Angst um ihre Ersparnisse die Banken. J. P. Morgan, der das Bankensystem kannte wie kaum ein anderer, wusste natürlich, was Sie, lieber Leser, spätestens seit der Lektüre des vorangegangenen Abschnittes ebenfalls wissen: Die Banken halten nur einen kleinen Bruchteil des Geldes, das sie schöpfen, als Reserve (heute sind das 1% in Europa).

Erinnern Sie sich an den Grund dafür: Nur ein kleiner Bruchteil der Bankkunden fordert die Herausgabe seines Guthabens in Form von Gold oder Bargeld, der Großteil des Zahlungsverkehrs wird über Buchgeld abgewickelt. Folglich waren die fälschlicherweise als bankrott verleumdeten Banken systembedingt überhaupt nicht in der Lage, den verängstigten Kunden ihr Erspartes auszuzahlen. Plötzlich wollte nicht einer von hundert, sondern wollten alle gleichzeitig ihr Geld abheben. Für die Menschen, die mit diesen Einzelheiten des Bankensystems natürlich nicht vertraut sind, sah es aufgrund der Auszahlungsunfähigkeit der beschuldigten Banken so aus, als würden die Gerüchte stimmen.

Diese Bankenpanik griff schließlich auch auf andere Geldhäuser über. Der Kongressabgeordnete Charles A. Lindbergh beschrieb die Situation treffenderweise so[107]:

Das Geldkartell hat die Panik von 1907 verursacht. Diejenigen, die dem Geldkartell nicht genehm waren, konnten dabei aus dem Geschäft gedrängt werden, während das Volk derart in Angst versetzt wurde, dass es nach Veränderungen in den Bank- und Währungsgesetzen verlangte, die das Geldkartell formulieren würde.

[107] Siehe z.B. Griffin (2006)

Es wurden also wieder mal zwei Fliegen mit einer Klappe geschlagen: Die Konkurrenz der *Illuminaten* im Bankensektor wurde aus dem Markt gedrängt und die öffentliche Meinung wurde dahingehend manipuliert, eine Änderung der Bankengesetze zu fordern. Hier haben wir übrigens wieder eine Baphomet'sche Vermischung von Täuschung und Wahrheit: Natürlich war es sinnvoll, die Bankgesetze zu verändern (*Basis*), schließlich war das Bankenwesen der Vereinigten Staaten zu jener Zeit das blanke Chaos. Doch dass diese Änderung der Gesetze von Privatbankiers formuliert wurde (*Verallgemeinerung*: Jede Änderung eines Missstandes ist sinnvoll), stellte den eigentlichen Sinn einer Änderung der Gesetze zum Schutze der Bevölkerung natürlich vollkommen auf den Kopf.

Um nun einen dementsprechenden Gesetzentwurf zu entwickeln, ging die *Bruderschaft* folgendermaßen vor: Der Fraktionschef der Republikaner, Nelson W. Aldrich, war längst im »Besitz« der *Illuminaten*. Er war Vorsitzender der nationalen Währungskommission, womit natürlich der Bock zum Gärtner gemacht worden war, und er war der Schwiegervater von John D. Rockefeller – ebenfalls eine Akkreditiertenfamilie. Aldrich wurde aufgetragen, akkreditierte Politiker und Banker im November 1910 zu einem Geheimtreffen auf dem Feriensitz J. P. Morgans auf Jekyll Island einzuladen. Sinn des Treffens war die Ausarbeitung einer Gesetzesvorlage, die zur Gründung einer in privater Hand befindlichen amerikanischen Zentralbank (Fed) führen sollte. Nelson ließ seinen Privatwagon an einen Zug hängen, in den die Teilnehmer in einem kleinen Bahnhof am Hudson River in New Jersey zustiegen.

Man kann sich die damaligen Ereignisse wie aus einem schlechten Film entsprungen vorstellen: Die Akkreditierten reisten in ihren Kutschen bei Nacht und Nebel an, verschwanden nacheinander im Bahnhof und bestiegen dann den Wagon. Dort sprachen sie sich nur mit Vornamen an, um ihre Identität gegenüber den Bediensteten zu verschleiern. Hört sich eine solche geheimnistuerische Verschwörung für Sie unglaubwürdig an? Dann lassen wir einen Mann zu Wort kommen, an dessen Glaubwürdigkeit keine Zweifel bestehen. Einer der Teilnehmer war der Präsident der National City Bank of New York, Frank A. Vanderlip. Jahrzehnte, nachdem die Verhältnisse zugunsten der *Illuminaten* praktisch unumkehrbar stabilisiert waren, schrieb er in der Saturday Evening Post vom 9. Februar 1933:

Man bat uns, auf Nachnamen zu verzichten. [...] Wir wurden angewiesen, einzeln und so unauffällig wie möglich zur Eisenbahnstation am Hudson River zu kommen. [...] Sobald wir in der Eisenbahn waren, beachteten wir das Tabu, das auf den Familiennamen lag. [...] Enthüllung, so wussten wir, durfte nicht geschehen, sonst wären all unsere Zeit und Anstrengung vergeudet. Wäre öffentlich geworden, dass ausgerechnet diese Gruppe von Menschen zusammengekommen war, um ein Bankgesetz zu formulieren, hätte es nicht den Hauch einer Chance gehabt, durch den Kongress zu kommen.

Die gleichen Worte findet man ebenfalls in Vanderlips Buch über seinen persönlichen Aufstieg »Vom Bauernsohn zum Banker« (Übersetzung von mir)[108].

Neben Vanderlip und »Gastgeber« Aldrich nahmen an dem Treffen teil:

- Andrew, Abraham P., Ministerialdirektor des Schatzamtes
- Davison, Henry P., J. P. Morgan Comp., Hauptanteilseigner
- Norton, Charles D., J. P. Morgan First National Bank of NY, Präsident
- Strong, Benjamin, J. P. Morgan Bankers Trust Company, Vorstand
- Warburg, Paul M., Kuhn, Loeb & Company, Partner

---

[108] Vanderlip (1935)

Vielleicht noch ein paar Worte zur Befehlskette: Die *Illuminaten* (die selbst nicht in Erscheinung treten) hatten das Ziel, eine weitere Großmacht für ihren geplanten Kampf gegen Deutschland unter ihre Herrschaft zu bringen. Um dieses Ziel zu erreichen, beauftragten sie ihre Akkreditierten 1. Ordnung aus dem Bankenbereich, die Rothschilds, die Rockefellers und J. P. Morgan, mit dem Entwurf einer Gesetzesvorlage zur Kontrolle der Geldschöpfung. Diese Akkreditierten 1. Ordnung organisierten das Treffen ihrer Akkreditierten 2. Ordnung (die o.g. Teilnehmer außer Warburg, s.u.), die die eigentliche Arbeit taten. Ihnen zur Seite stellte man einen weiteren Akkreditierten 1. Ordnung (Warburg), über dessen besondere Stellung die anderen Teilnehmer jedoch nicht informiert waren. Wer die Vertreter J. P. Morgans waren, versteht sich anhand obiger Auflistung von selbst: Vanderlip vertrat Rockefeller und Warburg gehörte direkt dem Rothschild-Clan an.

Der erarbeitete Gesetzentwurf wurde drei Tage vor Heiligabend des Jahres 1913 in den Kongress eingebracht. Man ging zu Recht davon aus, dass die Abgeordneten sich bereits gedanklich im Weihnachtsurlaub befanden und dementsprechend lange Debatten vermeiden würden. Zusätzlich hatte man den Entwurf ganz bewusst kompliziert formuliert (eine immer wieder angewandte *Illuminaten*taktik, um die Dinge zu verschleiern). Die Abgeordneten hätten sich über einen längeren Zeitraum mit dem Thema intensiv auseinandersetzen müssen, um auch nur halbwegs die Konsequenzen des von »Aldrich-Plan« in »Federal Reserve Act« umbenannten Gesetzes abschätzen zu können. Trotzdem existierte eine Opposition im Kongress, die man allerdings durch vorgetäuschte Zugeständnisse, also solche, die entweder bedeutungslos oder von vornherein eingeplant waren, ruhigstellen konnte.

Damit der Federal Reserve Act, nachdem er den Kongress passiert hatte, verabschiedet werden konnte, musste er vom Präsidenten unterzeichnet werden. Selbstverständlich hatte die

Bruderschaft darauf hingearbeitet, den richtigen Mann an der (offiziellen) Spitze der Vereinigten Staaten zu haben.

Dazu hatten sie einen vielversprechend korrupten Politiker, Woodrow Wilson, akkreditiert. Denn es gab da ein kleines Problem. Der Mann, der zu jener Zeit, als man das Federal-Reserve-Verbrechen austüftelte, Präsident der USA war, William H. Taft, gehörte zu jenen Idealisten, die an Freiheit und Selbstbestimmung glaubten. Folglich war es der *Bruderschaft* klar, dass er niemals den Federal Reserve Act unterzeichnen würde. Dummerweise sprachen alle Meinungsumfragen im Jahre 1910 dafür, dass Taft im Jahre 1912 wiedergewählt werden würde. Also überlegte man sich eine Strategie, wie sich der zunächst hoffnungslos unterlegene Wilson gegen Taft durchsetzen konnte.

Die *Illuminaten* beauftragen ihren Akkreditierten 1. Ordnung, J. P. Morgan, den Freimaurer und Akkreditierten 2. Ordnung, Theodore Roosevelt, zu reaktivieren, der von 1901 – 1909 Präsident der USA gewesen war. Es wurde die Progressive Party (Fortschrittspartei) gegründet, an deren Spitze Roosevelt 1912 gegen Taft (Republikaner) und Wilson (Demokrat) antrat. Das Parteiprogramm der Fortschrittspartei wilderte jedoch eindeutig in den Gewässern der Republikaner, weshalb sich genug Wähler von Taft abwandten, damit der eigentliche *Illuminaten*-Kandidat, Wilson, mit knapper Mehrheit gewann. Wilson[109] unterzeichnete das Gesetz bereits einen Tag, nachdem es den Kongress passiert hatte, am 23.12.1913.

Die Geldschöpfung und damit alle zukünftigen amerikanischen Regierungen waren nun in der Hand der *Bruderschaft*.

---

[109] Nach dem Federal Reserve Act standen endgültig die Mittel bereit, durch Bestechung und Kontrolle der Medien dafür zu sorgen, dass fast alle weiteren Präsidenten von Wilson bis Obama Akkreditierte der *Illuminaten* waren bzw. sind. Einzige Ausnahme war John F. Kennedy, der sich gegen die Herrschaft der *Bruderschaft* auflehnte – mit bekanntem Ausgang.

Nun war der Weg frei, an jedem geschöpften Dollar Geld in Form von Zinsen zu verdienen, und gleichzeitig kontrollierten die *Illuminaten* über J. P. Morgan (unter anderem) die United States Steel Corporation, d.h. die Rüstungsindustrie, um also doppelt am Krieg zu verdienen. Es konnte demnach endlich losgehen. Es gab keinen Grund mehr, Zeit zu verlieren.

Die *Illuminaten* »organisierten« das Attentat von Sarajewo, das am 28. Juni 1914 durchgeführt wurde und bei dem der Thronfolger Österreich-Ungarns, Erzherzog Franz Ferdinand, und seine Gemahlin Sophie Chotek, Herzogin von Hohenberg, ums Leben kamen. In der darauffolgenden Julikrise lieferte die *Bruderschaft* ein Lehrstück ihrer Kernkompetenz »Lug, Betrug und Verwirrung«, bestehend aus Intrigen und geschickt konstruierten Missverständnissen innerhalb der Diplomatie der Großmächte, was dann im August zum Ausbruch des 1. Weltkriegs führte. Dabei waren ihnen die Inkompetenz und Führungsschwäche des Deutschen Kaisers, Wilhelm II., natürlich eine willkommene Hilfe. Alleine die Vorbereitung und Durchführung des Attentates und die Manipulationen der beteiligten Diplomaten durch die *Bruderschaft* während der Julikrise wären Stoff für ein weiteres Buch.

Falls nun immer noch der eine oder andere Leser glaubt, der Federal Reserve Act und der Ausbruch des 1. Weltkrieges stünden in keinem Zusammenhang, es handele sich lediglich um eine zeitliche Abfolge, die zufällig schön auf eine Verschwörungstheorie passt, so möchte ich diese möglicherweise noch vorhandenen Zweifel noch durch die folgenden Fakten ausräumen:

Paul Warburg beauftragte die bereits als Berater von Präsident Wilson eingesetzten Edward M. House und Walter Lippmann, beide Akkreditierte 2. Ordnung, einen »Think Tank« (Ideenschmiede) ins Leben zu rufen, der die amerikanische Außenpolitik nach dem Fall des Deutschen Kaiserreichs gestalten sollte (was auch so geschah). Aus dieser Ideenschmiede, die sich »The Inquiry« (die Untersuchung) nannte, wurde am 29. Juli 1921 der Council on Foreign Relations (CFR). Die ersten Direktoren waren kein geringerer als Paul Warburg (die treibende Kraft hinter dem Federal Reserve Act) selbst und Otto H. Kahn. Und nun raten Sie mal, welchen »Job« der liebe Herr Kahn zuvor innehatte? Er war Vorstand des Bankhauses Kuhn, Loeb & Co, dessen Teilhaber wiederum Warburg war.

Der CFR, zu jener Zeit noch »The Inquiry«, verfasste bis Januar 1918 unter Leitung von House und Lippmann das 14-Punkte-Programm von Präsident Wilson für eine Nachkriegsordnung. Für dieses Programm erhielt Präsident Wilson den Friedensnobelpreis. Heute braucht man sich als amerikanischer Präsident eine solche Mühe nicht mehr zu machen. Es reicht schon die passende Hautfarbe.

Doch im Vergleich zu Obama, der nun wirklich nichts für den Frieden in der Welt getan hat[110], bekam Wilson den Preis sogar dafür, dass er den nächsten Krieg unumgänglich machte[111].

Dieser 14-Punkte-Plan legte großen Wert auf die Souveränität der Völker – außer auf die der Besiegten. So sollte jedes Volk über sein eigenes Schicksal bestimmen, nicht jedoch die Deutschen in den Gebieten, die das Reich abtreten musste. Die Bewohner von Westpreußen mit Danzig, Pommern, das Sudentenland, Südtirol, das Memelland, Eupen-Malmedy und Elsass-Lothringen waren zwar mehrheitlich deutschsprachig, doch sie

---

[110] Er bekam den Friedensnobelpreis »für seine außergewöhnlichen Bemühungen, die internationale Diplomatie und die Zusammenarbeit zwischen den Völkern zu stärken«. Wer soll so einen nichtssagenden Schwachsinn eigentlich glauben?

[111] Dass die *Illuminaten* ein großes Interesse an militärischen Auseinandersetzungen haben, weil sie an Zinsgewinnen und ihren Beteiligungen an der Rüstungsindustrie doppelt gewinnen, habe ich bereits ausführlich erläutert. Dass man für die Vorbereitung eines solchen Krieges den Friedensnobelpreis bekommt, spricht natürlich für sich.

mussten laut des tatsächlich umgesetzten Wilson-Planes im Gegensatz zu allen anderen Völkern unter Fremdherrschaft leben. Der britische Premierminister David Lloyd George, der ganz sicher kein Freund Deutschlands war, brachte die Dinge im März 1919 auf den Punkt:

Ich kann mir keinen stärkeren Grund für einen künftigen Krieg denken, als dass das deutsche Volk, das sich sicherlich als einer der kraftvollsten und mächtigsten Stämme der Welt erwiesen hat, von einer Zahl kleinerer Staaten umgeben wäre, von denen manche niemals vorher eine standfeste Regierung für sich aufzurichten fähig waren, von denen aber jeder große Mengen von Deutschen enthielte, die nach Wiedervereinigung mit ihrem Heimatland begehrten.[112]

Damit nahm Premierminister George bereits im März 1919 die von Wilson geplante Ursache für den 2. Weltkrieg vorweg, der zwanzig Jahre später ausbrach: die »Heim-ins-Reich-Politik« der Nationalsozialisten, die schließlich unmittelbar nach dem Einmarsch der Wehrmacht in Polen von den Alliierten mit einer Kriegserklärung beantwortet wurde[113].

Daraus folgt, dass man beim gewaltsam durchgesetzten[114] Friedensvertrag von Versailles auf alliierter Seite ganz genau wusste, was dieses Diktat bewirken würde: einen neuen Krieg im Sinne der *Illuminaten*. Diese »Friedensverhandlungen« wurden auf amerikanischer Seite von jenem Mann geleitet, der

---

[112] Schwabe (1997)

[113] Spätestens jetzt dürfte jedem klar sein, wie sehr die *Illuminaten* frohlockten, als die Nationalsozialisten die Macht ergriffen. Es war klar, dass sich diese revanchistischen Tölpel in einen Krieg treiben lassen würden, auf den Deutschland nicht vorbereitet war (siehe »Als Agent der Dritten Macht«).

[114] Die deutsche Delegation legte vor der Unterzeichnung förmlich Protest ein.

das 14-Punkte-Programm Wilsons entworfen hatte: Edward Mandell House.

Ich habe mich hier auf die Kernpunkte dieses im Zusammenhang mit dem Federal Reserve Acts stehenden Teils der Weltgeschichte beschränkt, damit die von mir erwähnten Fakten von jedermann leicht nachvollzogen werden können, ohne irgendwelche »Verschwörungsliteratur« bemühen zu müssen. Die Schilderung von zusätzlichen Details, wer noch welche Intrige geschmiedet und welche Gemeinheit ausgeheckt hat, hätte die eigentliche Aussage nur verwässert, die da lautet:

Der Federal Reserve Act hatte den Sinn, die Kontrolle über die amerikanische Politik und den amerikanischen Reichtum zu erlangen, um zusammen mit den europäischen Großmächten über genügend militärische Macht zu verfügen, das gegen die *Illuminaten* aufsässige Deutsche Reich zu zerschlagen, bzw. für die *Bruderschaft* zu erobern.

2.5 Demokratie

Kommen wir nun zur dritten Säule, neben Religion und Bankensystem, der *Illuminaten*strategie zur Beherrschung der Welt: die Kontrolle der Regierungen. Um zu verstehen, welche Staatsform besonders gut für die Zwecke der *Bruderschaft* geeignet ist, sollten wir uns zunächst einmal ein wenig mit Regierungsformen beschäftigen. Stellen wir uns dazu vor, wir befänden uns auf einer »grünen Wiese« und könnten nun ganz von vorne beginnen, unser Regierungsgebäude zu planen. Natürlich wollen wir ein gutes, stabiles Gebäude. Die Frage ist zunächst einmal: Gut für wen? Für uns, die wir das Gebäude planen, oder für die Allgemeinheit? Lassen Sie uns beide Fälle durchdenken.

A. Design einer Regierung für das »Volk«:
Wie wollen wir das Ziel einer solchen Regierung fassen, die »gut« für die Allgemeinheit ist? Was »gut« und was »schlecht« ist, ist natürlich eine ethische Frage. Also anders formuliert: Welche Ethik sollen wir zur Grundlage unserer Regierungsform wählen? Was also halten Sie persönlich für »gut«? Reichtum? Die Regierung sollte also dafür sorgen, dass wir alle möglichst reich werden? Meine Kritik daran lautet, dass wir mit dieser Ethik der Illusion des Materialismus erliegen. Mir persönlich ist Erkenntnis viel wichtiger. Sollte die Regierung uns alle zu einem für jeden Einzelnen möglichst hohen geistigen Niveau führen? Wie Sie sehen, sind die erstrebenswerten Ziele für die Menschen durchaus unterschiedlich. Der eine wünscht sich Reichtum, der andere Erkenntnis, wieder ein anderer wünscht sich Friede, Liebe und Zuneigung, einem weiteren ist Freiheit das Wichtigste usw.

Folglich müssen wir unser Staatsziel allgemeiner fassen. Dazu drängt sich der Utilitarismus förmlich auf. Es handelt sich dabei um eine wertende, zweckorientierte, also teleologische Form der Ethik. Ihr Fundament kann mit dem folgenden Satz ausgedrückt werden: Handele so, dass ein größtmögliches Maß an Glück entsteht! Wenn wir genau dies von unserer Regierungsform fordern, so verpflichten wir sie, »gut« und »schlecht« nicht vorzugeben, sondern dem Einzelnen zu überlassen, was er für »gut« hält, was gleichbedeutend damit ist, dass es ihn glücklich macht.

Dieses »größtmögliche Maß an Glück« ist demnach die Summe des Glücks jedes Einzelnen. Somit verbietet sich nach dieser Ethik, dass jemand den anderen betrügt oder beraubt, weil dies zwar das Glück des Betrügers erhöhen mag, das des Betrogenen jedoch senkt.

Um das »größtmögliche Maß an Glück« der gesamten Gesellschaft und nicht etwa einer elitären Minderheit (auf Kosten der Mehrheit) zu erreichen, liegt es auf der Hand, die Mitglieder der Regierung nicht auf eine Minderheit zu beschränken. Damit sind wir bei unserer ersten Forderung bezüglich unserer Regierungsform:

1. Das Recht, zu regieren, darf nicht von der Abstammung abhängen.

Dies ist im Prinzip die Grundforderung der Demokratie[115]. Im Prinzip kann jedes Mitglied des Volkes Regierungsmitglied werden. Durch diese Forderung verhindern wir, dass sich die Regierung nur aus Angehörigen einer elitären Clique zusammensetzt. In diesem Fall wäre das Risiko extrem groß, dass diese geschlossene Gruppe die Maximierung ihres eigenen Glücks im Fokus hat, was notwendigerweise zu Lasten des Glücks der übrigen Bevölkerung geht. Ein konkretes Beispiel ist die absolutistische Monarchie. Der Adel, dessen Zugehörigkeit alleine auf Abstammung beruht, betrachtete sich manch-

---

[115] Griechisch »Demos« = »Volk«, »kratia« = »Herrschaft«.

mal als Diener des Volkes, manchmal jedoch als Herrscher über »Untertanen«, deren einziger Existenzzweck nur darin bestand, das Glück der Herrschenden zu mehren. Das Risiko der Abhängigkeit von der Gemütslage eines solchen Adels wollen wir natürlich nicht eingehen.

Wir hatten zuvor gesehen, dass »Glück« eine individuelle Sache ist. Was Sie glücklich macht, kann mich kalt lassen, und umgekehrt. Wenn es das Ziel ist, das Glück der Gemeinschaft zu maximieren, so darf die Regierung dem Einzelnen nicht vorschreiben, was er unter Glück (gefälligst) zu verstehen hat. Daraus folgt auch, dass man niemanden zwingen darf, seine Talente und seine Arbeitskraft für etwas einzusetzen, was andere für »Glück« halten.

Wenn es beispielsweise für einige Menschen das größte Glück bedeutet, Kathedralen zu bauen, um Gott zu ehren, so heißt das noch lange nicht, dass man andere Menschen dazu zwingen darf, am Bau dieser Gotteshäuser mitzuwirken. Damit sind wir bei unserer zweiten Forderung:

2. Die Regierenden dürfen ihre Vorstellung von Glück und Moral den Regierten nicht aufzwingen. Sie müssen im Gegenteil dafür sorgen, dass sich jeder nach seinem eigenen Empfinden frei entfalten kann, solange dieses Empfinden nicht wiederum ein erzwungenes Handeln Dritter erfordert.

Dies bedeutet, dass, selbst wenn alle Regierenden davon überzeugt wären, dass das größte Glück im Bau von Kathedralen bestünde, dürfte niemand dazu gezwungen werden. Sie müssen stattdessen jedem Menschen die Freiheit lassen, seine Ressourcen (Arbeitskraft, Talent) für jene Dinge einzusetzen, die er für richtig und gut hält.

Wenn jedoch ein Vater sein persönliches Glück darin sieht, dass seine Tochter ihren Cousin heiratet, so kann er die Entfaltung seines eigenen Glücks in Form der Heirat seiner Tochter nicht einfordern, weil dies das erzwungene Handeln (heiraten) einer Dritten (seiner Tochter) voraussetzt.

Schließlich wollen wir nicht von den Moralvorstellungen der Regierenden abhängig sein. Mit »Moral« sind hier nicht die grundlegenden Regeln menschlichen Zusammenlebens gemeint, die das Lügen, Betrügen und Töten betreffen, sondern die Vorstellungen des Einzelnen, sein eigenes Leben zu gestalten. Diese Forderung ist die Voraussetzung für Freiheit. Zusammen mit Punkt 1 ergibt dies eine »freiheitlich demokratische Grundordnung«.

Schauen wir uns die Konsequenzen an. Zunächst einmal fällt auf, dass das Mehrheitsprinzip nicht mit »Freiheit« kompatibel ist. Auch wenn die Mehrheit der Meinung ist, unser Existenzzweck bestünde im Kathedralenbauen, so darf die Minderheit, die das anders sieht, nicht dazu gezwungen werden. Das hindert die Mehrheit jedoch nicht daran, einen Großteil ihrer eigenen Ressourcen in den Kathedralenbau zu investieren, sich also frei zu entfalten.

Verallgemeinert bedeutet dies, dass die Regierung die Bürger nicht zwingen darf, dass sie für die Moralvorstellungen der Regierenden arbeiten. Dies würde die Bürger jedoch nicht daran hindern, entsprechend ihrer eigenen Ethik Arbeitskraft und Einkommen freiwillig zu spenden.

Im Klartext: Wenn man die Freiheit der Bürger ernst nimmt, müssen die (nach christlichen Moralvorstellungen gerechtfertigten) Transferleistungen von den »bösen« Wohlhabenden zu den »guten« Armen auf freiwilliger Basis erfolgen – schließlich hindert dies keinen Christen oder Sozialisten (die politische Variante des Christentums) daran, einen Teil seines Einkommens an seiner Meinung nach »sozial Benachteiligte«, also nach dem Neuen Testament »die Guten«, zu spenden.

Die Gemengelage, in der sich ein Staat befindet, ist erstens ziemlich komplex und zweitens ständigen Veränderungen unterworfen. Es sind wirtschaftliche, finanzielle, juristische, soziale und technologische Aspekte zu berücksichtigen, die keineswegs konstant sind. Kein Mensch alleine kann diese Themenbereiche auch nur annähernd überblicken. Aus diesem Faktum ergibt sich unsere dritte Forderung an das Regierungssystem:

3. Die Regierung muss aus Experten bestehen, die für ihre jeweiligen Ressorts Entscheidungen auf Basis maximaler Kompetenz treffen.

Dies ist, nach der demokratischen und der freiheitlichen, die meritokratische Komponente: Die Regierenden sollen die besten Experten auf ihrem jeweiligen Gebiet sein. Schließlich wollen wir nicht die auf Basis von Inkompetenz getroffenen Entscheidungen mittragen. Gleichzeitig müssen wir dafür sorgen, dass die Entscheidungen der Regierenden klaren Regeln unterworfen sind und ihre Macht begrenzt wird. Auf Basis einer Verfassung, in der die Grundregeln erklärt sind, soll ein bestimmter Teil der Regierenden Gesetze erlassen (Legislative), auf deren Grundlage wiederum andere Recht sprechen (Judikative), wobei die Durchsetzung der Gesetze wiederum bei anderen Regierungsmitgliedern liegt (Exekutive). Aus heutiger Sicht ist noch eine vierte »Gewalt« von Bedeutung, die nicht in den Händen der drei anderen liegen darf: die Medien. Läge sie beispielsweise in Händen der Legislative, so könnte diese durch Verdrehung der Tatsachen in den Medien Gerichtsentscheidungen gegen ein Mitglied der Legislative als falsch darstellen lassen, um in höherer Instanz eine Revision des Urteils zu erreichen. Ähnliche Konstruktionen mag der Leser selbst für die Fälle durchführen, in denen die Medien durch eine der anderen Gewalten kontrolliert werden. Dies führt uns zur vierten und letzten Forderung:

4. Legislative, Judikative, Exekutive und Medien müssen strikt voneinander getrennt sein (Gewaltenteilung).

Bisher haben wir uns noch keine Gedanken darüber gemacht, wie eine solche freiheitlich demokratisch / meritokratische Grundordnung mit Gewaltenteilung praktisch umgesetzt wird. Darum geht es auch nicht. Näheres dazu kann der geneigte Leser in meinem vorherigen Buch[116] über die Gesellschaftsform des Templerreichs nachlesen. Hier geht es lediglich um die Basisanforderungen, die man an ein System zur Maximierung des Glückes aller stellen muss. Schauen wir uns nun an, welche Grundsätze wir entwerfen würden, wenn wir ein System erschaffen möchten, das das Glück der Architekten des Systems auf Kosten der Allgemeinheit maximiert.

B. Design einer Regierung zum Wohle einer Elite

Versetzen wir uns dazu in die Situation der *Illuminaten*, denn darauf laufen die Betrachtungen in diesem Abschnitt schließlich hinaus. Als Zeitpunkt in der Geschichte wählen wir das ausgehende 18. Jahrhundert. Geld hat die *Bruderschaft* im Überfluss zur Verfügung, die großen Banken und Handelshäuser stehen unter ihrer Kontrolle, lediglich die Macht ihres Herrschaftsinstruments »Religion« über den Geist der Menschen hat durch das schändliche Treiben[117] der *Artur* ziemlich stark gelitten, wobei die zugrunde liegende Sklavenmoral jedoch nach wie vor intakt ist.

Als Regierungsform zum Wohle der *Bruderschaft* liegt zunächst einmal der Absolutismus auf der Hand. Sie strebt zwar absolute Macht an, aber keine offen ausgelebte. Wie ich in Abschnitt 2.1 ausführlich erläuterte, ist offen ausgelebte absolute Macht für den oder die Herrschenden ziemlich gefährlich und die damit verbundenen Vorzüge, wie Verehrung durch die

---

[116] von Salomon (2014), S. 179 ff.

[117] Denken Sie sich an dieser Stelle bitte einen Smiley.

Massen und persönlicher Reichtum, sind für die *Illuminaten* bedeutungslos[118]. Hinzu kommt, dass die Bevölkerung der meisten westlichen Nationen nicht länger bereit ist, die Willkürherrschaft des Adels zu akzeptieren. Also gibt ihnen die *Bruderschaft*, was sie sich wünschen: eine neue Staatsform. Das erinnert ziemlich stark an eine andere Situation, die zwar erst mehr als ein Jahrhundert später stattfinden wird, aber die gleiche Struktur aufweist: Die Bankenkrise Anfang des 20. Jahrhunderts in den USA, zu deren Lösung dann von den *Illuminaten* ein Heilmittel präsentiert wurde, das die Situation für die Allgemeinheit in Wirklichkeit nur verschlimmerte.

Zurück zur Situation Ende des 18. Jahrhunderts: Die Menschen haben die Nase voll vom selbstherrlichen Adel, einem Stand, zu dem man nur durch Abstammung gehören kann. Folglich wird die erste Grundregel der *Bruderschaft* für die neue Regierungsform identisch sein mit jener unter Punkt A, dem Modell eines Staates zum Wohle aller:

1. Das Recht, zu regieren, darf nicht von der Abstammung abhängen.

Doch ab jetzt laufen die Interessen der *Illuminaten* und jenen unter Punkt A skizzierten natürlich auseinander. Während die Maximierung des Glücks aller bei A im Fokus stand, geht es nun um die Maximierung der Macht der *Bruderschaft* über den Geist der Menschen. Die dazu notwendige Sklavenmoral haben sie bereits im Zusammenhang mit dem Christentum entwickelt und müssen nun dafür sorgen, dass diese Moral für alle Bürger verbindlich wird. Dies wird über den Trick des Mehrheitsprinzips erreicht. Wenn die Mehrheit etwas für richtig hält, muss sich auch die Minderheit danach richten. Dabei kommt die

[118] Für sich persönlich beanspruchen die *Illuminaten* lediglich genug Geld, um bequem leben (vgl. Abschnitt 2.1) und sich auf das Wesentliche konzentrieren zu können.

Umdichtung von »Gott richtet alle Menschen mit dem gleichen Maß« zum allgemeinen Gleichheitsgrundsatz zum Tragen. »Ein Mann, eine Stimme«[119] hört sich nach der Jahrhunderte langen Ungleichbehandlung durch den Adel für den »einfachen Mann« auch ziemlich sinnvoll an. Daraus ergibt sich der zweite Grundsatz:

2. Die Regierung wird von der Bevölkerung mit jeweils gleicher Stimme gewählt. Dadurch sind die Entscheidungen dieser Regierung, auch wenn sie moralische Vorgaben beinhalten, demokratisch legitimiert.

Schauen wir uns diesen Grundsatz, der oberflächlich betrachtet sicher richtig und gerecht aussieht, etwas genauer an. Jedermann kann mit der gleichen Gewichtung zu Entscheidungen beitragen, die nicht nur uns alle betreffen, sondern jedem Einzelnen eine Moral[120] vorschreiben können. An dieser Stelle sei die grundsätzliche Frage erlaubt, warum Menschen, die nicht einmal für sich selbst sorgen können, sondern auf die Hilfe anderer angewiesen sind, also für *sich selbst* schlechte Entscheidungen treffen, diese schlechten Entscheidungen auch für uns alle treffen können sollen. Aber keine Sorge, eine solche Absurdität kommt natürlich in dem von den *Illuminaten* konstruierten System ebenso wenig vor wie bei der zuvor unter Punkt A skizzierten Regierungsform, denn der Wähler hat nicht wirklich irgendetwas zu entscheiden. Der soeben aufgestellte 2. Grundsatz dient alleine dem Zweck, die Herrschaft über den Geist und damit über das Handeln der Menschen zu

[119] Forderung der demokratischen Opposition während der Aufstände in Deutschland von 1848/49.

[120] Ich kann nicht oft genug wiederholen, dass damit nicht die grundsätzlichen Regeln menschlichen Zusammenlebens gemeint sind, sondern die Vorstellungen des Einzelnen, sein eigenes Leben zu gestalten.

erlangen. Dazu muss die *Bruderschaft* nur noch dafür sorgen, dass die Regierung, unabhängig davon, wen das Volk wählt, unter ihrer Kontrolle ist. Mit anderen Worten: Das Volk darf zwar wählen, aber nicht zwischen echten Alternativen, sondern lediglich zwischen Regierungen, die unter *Illuminaten*kontrolle stehen. Dazu komme ich noch unter Punkt C, beim Vergleich von A und B mit der Realität.

Wie erhält die *Bruderschaft* nun die Kontrolle über eine »frei« gewählte Regierung? Die Antwort ist bereits im 2. Grundsatz enthalten: mit dem Mehrheitsprinzip. Der Kandidat muss möglichst überall präsent sein – auf Plakaten und in der Berichterstattung. Das gleiche Prinzip findet sich in einer heutigen Fernsehwerbung für Waschmittel wieder: Die (bescheuerten) Leute kaufen tatsächlich das, was in der Werbung gezeigt wird, was man bereits am Tag nach der Werbung anhand der Verkaufszahlen nachweisen kann. Um Werbung für einen Politiker zu betreiben, braucht er erstens Geld (wovon die *Bruderschaft* unerschöpflich viel hat), und es muss in den Medien ständig über ihn berichtet werden. Die Medien, zumeist private Unternehmen, werden ebenfalls durch Geld direkt von der *Bruderschaft* kontrolliert. Über diesen Werbe- und überall-präsent-Mechanismus bestimmen also letztlich die *Illuminaten*, wer gewählt oder wer verteufelt wird.

Das Ganze bringt natürlich nichts, wenn man dem Kandidaten zum Wahlsieg verhilft, er dann aber nicht tut, was die *Bruderschaft* will. Dazu hat man dann wieder das Druckmittel »Medien«, mit dem man leicht einen bereits gewählten Politiker wieder zu Fall bringen kann. Damit sich jedoch jemand auf diesen Mechanismus einlässt, muss es sich um eine spezielle Persönlichkeit handeln. Ihm muss die Macht, die das Amt verleiht, wichtiger sein als seine eigenen Grundsätze – schließlich muss er, um an die Macht zu kommen und dort zu bleiben, die Vorgaben der *Illuminaten* umsetzen (die durch Akkreditierte 1. und 2. Ordnung kommuniziert werden). Genau diesen Typ

Politiker bringt der aus dem Mehrheitsprinzip resultierende Parlamentarismus hervor. Der Aufstieg innerhalb einer Partei in eine Position, aus der heraus man überhaupt gewählt werden kann, erfordert bereits, dass man öffentlich die Parteilinie vertritt. Letztere ist jedoch bereits durch obigen Mechanismus von der *Bruderschaft* vorgegeben und unterscheidet sich von Partei zu Partei nur in unwesentlichen Details. Die wirklich wichtigen Fragen, wie z.B. die Struktur des Finanzsystems, werden von allen Parteien im Sinne der *Illuminaten* behandelt. Während wir unter Punkt A die Qualifikation für die Auswahl der Regierenden anführten, sehen die Anforderungen der *Bruderschaft* etwas anders aus:

3. Die Regierung muss überwiegend aus Politikern bestehen, die ihre persönliche Karriere über das Wohl der Allgemeinheit stellen.

Qualifikation spielt aus Sicht der *Illuminaten* überhaupt keine Rolle – im Gegenteil, schließlich sollen die Entscheidungen nicht von der Regierung, sondern von der *Bruderschaft* getroffen werden, und dabei ist es sogar besser, wenn dieses Spiel aus Mangel an Qualifikation und/oder analytischen Fähigkeiten von den Regierenden nicht durchschaut wird. Schließlich könnten sonst bei dem einen oder anderen Politiker Gewissensbisse auftreten. Kommen wir zum letzten Punkt: Die Gewaltenteilung ist ebenso wie unter Punkt A auch im Interesse der *Illuminaten*. An dieser Stelle laufen die Interessen einer Regierung zum Wohle aller und jener zur Herrschaft der *Bruderschaft* wieder zusammen. Schließlich könnte eine mit zu viel Macht ausgestattete Regierung die Herrschaft der *Illuminaten* gefährden. Stattdessen lassen sich Exekutive, Legislative und Judikative bei Bedarf *gegeneinander ausspielen*. Einen kleinen, aber feinen Unterschied gibt es doch: Die Unabhängigkeit der Medien von den drei anderen Gewalten spielt für die *Bruderschaft* keine erwähnenswerte Rolle, weil sich die Kontrolle darüber aus der Kontrolle des Geldes automatisch ergibt. Folglich lautet der vierte Grundsatz:

4. Legislative, Judikative und Exekutive müssen strikt voneinander getrennt sein (Gewaltenteilung).

Abgesehen davon, dass auf diese Weise eine Machtkonzentration außerhalb der *Bruderschaft* vermieden wird, ist die zweifellos sinnvolle (siehe Punkt A) Gewaltenteilung für den oberflächlichen Betrachter ein starkes Indiz dafür, dass es sich um eine freiheitliche Grundordnung handelt – ein Trugschluss in unserem Fall B.

C. Vergleich von A und B mit der Realität in den westlichen Demokratien:

Grundsatz 1, der besagt, dass das Recht, zu regieren, nicht angeboren sein darf, ist in beiden Fällen gleich und wird in der Realität auch so umgesetzt. Folglich können wir an dieser Stelle aus dem Vergleich mit der Realität keine Schlüsse ziehen.

Schauen wir uns **Grundsatz 2** an, der die Ethik des Regierungssystems beschreibt. Im Fall A ist es das maximale Glück der Gemeinschaft (Utilitarismus), im Fall B ist es verbindlich für alle die Moral der Mehrheit, d.h. die im Verlauf von zwei Jahrtausenden indoktrinierte christliche (Sklaven)Moral. Den Hintergrund, warum Letzteres so attraktiv für die *Bruderschaft* ist, habe ich ausführlich im Abschnitt 2.3 erläutert: Der Sozialstaat, also das »Geben an die (guten) Armen«, ist ein Abzocken der (bösen) Produktiven in doppelter Hinsicht: Durch horrende Steuerzahlungen, von denen natürlich nur ein Bruchteil in Form von Transferleistungen bei den tatsächlich Armen landet, der Großteil jedoch bei der Sozialindustrie und bei den Banken durch Zinszahlungen auf die Staatsverschuldung. Und wie sieht dies in der Realität aus?

Die vorherigen Sätze beschreiben ziemlich exakt die Verhältnisse in Deutschland und den meisten anderen Ländern des Westens. In Ländern wie den USA muss man nur »Sozialsystem« durch »Rüstung« ersetzen, um zu dem gleichen positiven Effekt aus Sicht der *Illuminaten* zu gelangen. Wie im Sozialstaat, in dem man nicht mitreden kann, wofür das eigene Geld ausgegeben wird, kann die Bevölkerung auch im Falle Rüstung nicht darüber mitbestimmen, gegen wen gerade Krieg geführt wird. Es darf ein wenig protestiert werden, was allerdings noch in keinem einzigen Fall etwas geändert hat.

Schauen wir uns dies am Beispiel Deutschland genauer an. Die Staatsquote beträgt rund 45%[121]. Diese Größe beschreibt den Anteil des in Deutschland erwirtschafteten Geldes, das durch die Hand des Staates fließt. Definiert ist diese Größe als Quotient aus den Ausgaben des Staates und dem Bruttoinlandsprodukt (BIP), der Summe aus Produkten und Dienstleistungen. Nun könnte man natürlich Betrachtungen anstellen, dass im BIP auch die Dienstleistungen von Beamten, staatlichen Angestellten und durch den Staat Beauftragten (Straßenbauunternehmer, Sozialarbeiter usw.) enthalten sind, wodurch der Nenner des Quotienten vergrößert und damit sein Wert künstlich erhöht wird. Deshalb wird die tatsächliche Staatsquote, wenn man also den Anteil »staatlich verordneter Produktivität« aus dem BIP herausrechnet, auf rund 70 % geschätzt. Ich möchte im Folgenden lediglich die 45% auf 50% aufrunden, denn dies bedeutet, dass der Staat über die Verwendung der Hälfte des von Ihnen, lieber Leser, und mir erwirtschafteten Geldes bestimmt.

Unter Punkt A haben wir gesehen, dass ein Staat, der die Maximierung des Glücks der Allgemeinheit zum Ziel hat, dem Einzelnen eine freie Entfaltung seiner Vorstellungen ermöglichen muss. Die Realität sieht jedoch anders aus: Die Menschen

---

121 Quelle: Statistisches Bundesamt. Die Zahlen sind im Internet frei verfügbar.

werden entmündigt, indem der Staat ihnen die Hälfte ihres Einkommens wegnimmt. Schließlich ist Geld eine nicht unwichtige Komponente der Freiheit und Selbstverwirklichung des Einzelnen. Wenn man gerne abends beim Italiener um die Ecke essen gehen oder aber einen Betrag für Lampedusa-Flüchtlinge spenden[122] möchte, so kann man dies nur dann tun, wenn man das Geld dazu hat. Hat man es nicht, so muss man zuhause bleiben oder die Flüchtlinge, die einem so wichtig sind, ihrem Schicksal überlassen.

Berücksichtigen wir nun, dass der durchschnittliche Haushalt einen nicht unbeträchtlichen Teil seines Einkommens für die Grundbedürfnisse Ernährung, Kleidung, Energie und Wohnen aufbringt, so bleibt ein frei verfügbares Einkommen übrig. Der Bruttoverdienst eines durchschnittlichen Haushalts (2 Personen) in Deutschland beträgt monatlich gut 3.700 €. Ohne Staat blieben diesem Durchschnittshaushalt 2.600 € monatlich zur freien Verfügung, wobei ich steuerfrei 500 € für Wohnen, 200 € für Energie (Strom, Heizen), 300 € für Ernährung und 100 € für Kleidung abgezogen habe (insgesamt 1.100 €). Mit Staat wird aus dem Einkommen zunächst einmal ein reales Netto in Höhe von 1.850 €. Abzüglich der oben aufgelisteten Grundversorgung bleiben dem Haushalt 750 € monatlich zur freien Verfügung. Dies bedeutet, dass die finanzielle Freiheit des Durchschnittshaushaltes, sich nach eigenen Vorstellungen zu entfalten, sich durch den Staat auf deutlich weniger als ein Drittel reduziert hat. Ohne Staat wären wir alle – zumindest finanziell – mehr als dreimal so frei.

Laut Regierungs- und Medienpropaganda leben wir im »freiesten Staat, der je auf deutschem Boden existiert hat«. Vergleichen wir doch mal: Die Staatsquote im Deutschen Kaiserreich stieg im Zuge der zunehmenden diplomatischen Span-

[122] Afrikanische Bootsflüchtlinge, die oftmals auf der italienischen Insel Lampedusa ankommen. Auf dieses Beispiel komme ich noch zurück.

nungen und den damit verbundenen Rüstungsanstrengungen zwischen 1880 und 1914 von 10% auf ungeheuerliche 14% an[123]. Das ist weniger als ein Drittel der heutigen Staatsquote in »diesem unserem«[124] Land nie dagewesener Freiheit.

Berücksichtigt man die aufgrund der damals verfügbaren Technologie erheblich geringere Produktivität im Kaiserreich, so musste der Staat absolut gesehen im Vergleich zu heute mit einem Almosen auskommen. Trotzdem wurden Straßen und Eisenbahnlinien gebaut, Krankenhäuser unterhalten und eine der stärksten Militärmächte der Welt geschaffen.

Eine Staatsquote von rund 50% wäre im Kaiserreich aufgrund des technologischen Standes natürlich nicht realisierbar gewesen. Die Menschen wären mehrheitlich verhungert, wenn sie die Hälfte der Früchte ihrer Arbeit hätten abgeben müssen. Heute kann dieser unersättliche Staatsmoloch nur durch die mit der technologischen Entwicklung verbundene Produktivitätszunahme existieren. Nur deshalb sind wir überhaupt in der Lage, diesen ausufernden Sozialismus finanzieren zu können.

Interessanterweise sind die modernen Sozialisten, die Grünen, deren Gutmenschen-Geist auch die anderen Parteien durchdrungen hat, ziemlich technologiefeindlich eingestellt. Damit kritisieren sie die Grundlage ihrer eigenen Existenz. Das lässt tief blicken in ihre Fähigkeit, Zusammenhänge zu durchschauen, weshalb sie aus Sicht der *Illuminaten* perfekt als Regierende geeignet sind.

Selbst zur Zeit der nationalsozialistischen Diktatur wurde den Bürgern weniger tief in die Taschen gegriffen. Die Staatsquote lag bei 30% und stieg durch die Kriegsanstrengungen auf rund 37%. Und das war immerhin ein System, das sich »sozialistisch« nannte. Außer dem finanziellen Aspekt hat »Freiheit« sicherlich noch weitere, wichtige Komponenten, doch zumin-

---

[123] Kohl (1985), S. 220

[124] Das vorherige zitieren Jürgen Kohls verleitete mich dazu, einen anderen Kohl zu zitieren.

dest in punkto Freiheit, das selbst erwirtschaftete Geld auch selbst ausgeben zu dürfen, war witzigerweise sogar das nationalsozialistische Regime »freiheitlicher« als unsere »freiheitlich demokratische Grundordnung«.

Wenn wir alle dreimal so viel frei verfügbares Geld in der Tasche hätten, so würde schließlich niemand daran gehindert, diese finanzielle Freiheit (über die er durch staatliche Bevormundung heute nur in erheblich geringerem Maße verfügt) dazu zu nutzen, einen Teil seines Geldes »den Armen« zu spenden.

Anhänger christlicher Moralvorstellungen könnten nach wie vor diesen ethischen Idealen frönen. In unserem Staat geht es jedoch darum, die Menschen zu dieser Moral zu zwingen, indem man ihnen ihr Geld mit staatlicher Gewalt raubt[125], um es dann nach Gutdünken zugunsten jener fragwürdigen, auf aberwitzigen religiösen Vorstellungen beruhenden Moral umzuverteilen. Den Vorteil daraus für die *Bruderschaft* habe ich mehrfach erläutert.

Natürlich geht es ganz ohne Staat auch nicht. Aber war das Kaiserreich – ob man sich mit dessen Machtstrukturen anfreunden kann oder nicht, spielt keine Rolle – nicht ein funktionierendes Staatswesen?

Würde bei der heutigen Produktivität die Staatsquote 10% betragen, so wäre dies absolut gesehen ein Vielfaches dessen, was dem Kaiser und seiner Regierung zur Verfügung stand.

Nach einer utilitaristischen Ethik würde man natürlich versuchen, die Staatsquote möglichst niedrig zu halten, indem man den Bürgern selbst überlässt, für welche Moralvorstellungen sie ihr selbst erwirtschaftetes Geld ausgeben oder eben nicht. Die zuvor genannten 10% wären sicherlich ausreichend, um einen hervorragend funktionierenden Staat zu finanzieren, der

---

[125] Die Hälfte seiner Arbeitskraft in das Recht investieren zu müssen, in diesem Staat leben zu dürfen, kann man nur als staatlich legitimierten Raub bezeichnen.

seinen eigentlichen Aufgaben nachgeht[126], statt uns zu bevormunden. Zusätzlich könnte man diese Staatseinnahmen so weit wie möglich verursachungsgerecht erheben, damit jeder Bürger die Freiheit hat, selbst zu entscheiden, ob er diese oder jene staatliche Leistung nutzen will oder nicht. Beispiele wären die Finanzierung der Verkehrsinfrastruktur über eine Mineralölsteuer, der Polizei durch Gesetzesbrecher und der Gerichte durch die klagenden Parteien (gerechterweise durch die, die zu Unrecht streitet, wie es ja auch heute schon weitgehend der Fall ist).

Zinszahlungen des Staates auf geschöpftes Geld würden nicht anfallen, da sich die Geldschöpfung in öffentlicher Hand befände. Die damit verbundene Verwaltung könnte durch Zinsen auf an Privatpersonen und Unternehmen verliehenes Geld bezahlt werden. Übrig blieben nur die staatlichen Fixkosten, beispielsweise für den möglichst schlank gehaltenen Regierungsapparat, Rüstung (ließe sich leider nicht vermeiden) und einen weiteren, wichtigen Punkt, den ich näher erläutern möchte: Bildung und Forschung.

Es ist ein Trugschluss, sozialen Frieden durch den Transfer von Geld an die Unzufriedenen erhalten zu können. Dies bedeutet lediglich, dass der produktive Teil der Bevölkerung gezwungen wird, ohne Gegenleistung für den unproduktiven Teil (das sind sowohl die Geld mit Geld verdienenden Reichen als auch diejenigen, die aufgrund von Faulheit und/oder Dummheit ihre materiellen Bedürfnisse nicht selbst befriedigen können) zu arbeiten. Arbeit ohne Gegenleistung nennt man Sklaverei.

Statt Transferleistungen ist Chancengleichheit jedoch ein wichtiges Instrument zur Schaffung eines gerechten sozialen Friedens. Aus diesem Grunde ist es wichtig, dass jeder im Rahmen seiner Fähigkeiten Zugang zu jeglicher Bildung hat. Auf diese Weise wird echte Demokratie gewährleistet, indem

[126] Innere und äußere Sicherheit, Infrastruktur, Forschung und Bildung.

jeder in jede Position in Wirtschaft, Forschung und Staat gelangen kann. Wer nach der Ausbildung mit seinem Einkommen und seiner Position nicht zufrieden ist, kann bei freiem Zugang zur Bildung die Schuld dafür jedenfalls nicht auf die Gesellschaft schieben. Er war entsprechend seiner Fähigkeiten nicht zu Höherem berufen, oder er kam aus »bildungsfernen Schichten«, weshalb er von seinen Eltern nicht unterstützt oder sogar am beruflichen Weiterkommen gehindert wurde. Dann wäre die richtige Adresse für seine Beschwerde die seiner Eltern, jedoch nicht die der Gesellschaft.

Zusammenfassend können wir feststellen, dass der **2. Grundsatz**, das Vorschreiben von christlicher Moral durch den Staat, in der westlichen Welt im Sinne der *Bruderschaft* umgesetzt ist. Mit anderen Worten, dieser in der Realität umgesetzte Grundsatz ist ein klarer Hinweis auf die *Illuminaten*herrschaft. Was die Institutionen angeht, mögen wir in Deutschland in einer halbwegs[127] säkularen Gesellschaft leben, nicht jedoch was die Ethik anbelangt. Letztere wird immer noch durch christliche Vorstellungen für alle verbindlich diktiert und mit staatlicher Gewalt durchgesetzt.

Kommen wir nun zum Vergleich des **3. Grundsatzes** mit der Wirklichkeit. Er legt fest, welche Persönlichkeitstypen die Regierung bilden sollten. In Fall A sind es in ihrem jeweiligen Ressort möglichst Qualifizierte, im Fall B sind es bevorzugt Menschen, die als Gegenleistung für Macht und Geld bereit sind, eigene Überzeugungen (sofern überhaupt vorhanden) zurückzustellen.

Um die Frage zu klären, ob Fall A oder B bei uns realisiert ist, möchte ich zunächst am Beispiel der aktuellen (Juni 2014) Regierung der Bundesrepublik Deutschland die Qualifikation der Regierenden prüfen. Die Ressorts der Minister und ihr qualifizierendes Studium sind in Tabelle 2.5.1 aufgeführt:

---

[127] Abgesehen von der staatlichen Unterstützung der Kirchen.

Tabelle 2.5.1:

Minister	Ressort	Studium
Gabriel, Sigmar	Wirtschaft und Energie	Germanistik, Politik, Soziologie (Lehramt)
Steinmeier, Frank-Walter	Auswärtiges Amt	Rechtswissenschaft (Promotion), Politikwissenschaft
de Maizière, Thomas	Inneres	Rechtswissenschaft (Promotion)
Maas, Heiko	Justiz und Verbraucherschutz	Rechtswissenschaft
Schäuble, Wolfgang	Finanzen	Rechts- und Wirtschaftswissenschaften (Promotion)
Nahles, Andrea	Arbeit und Soziales	Germanistik, Politikwissenschaft (Magister Artium)
Schmidt, Christian	Ernährung und Landwirtschaft	Rechtswissenschaft
von der Leyen, Ursula	Verteidigung	Medizin
Schwesig, Manuela	Familie, Senioren, Frauen und Jugend	Studium des Gehobenen Dienstes in der Steuerverwaltung
Gröhe, Hermann	Gesundheit	Rechtswissenschaft
Dobrindt, Alexander	Verkehr und digitale Infrastruktur	Soziologie
Hendricks, Barbara	Umwelt, Naturschutz, Bau und Reaktorsicherheit	Geschichte und Sozialwissenschaften (Lehramt, Promotion)
Wanka, Johanna	Bildung und Forschung	Mathematik (Promotion)
Müller, Gerd	Wirtschaftliche Zusammenarbeit und Entwicklung	Pädagogik, Psychologie, Politik- und Wirtschaftswissenschaften (Promotion)
Altmeier, Peter	Besondere Aufgaben	Rechtswissenschaft

Die meisten Besetzungen scheinen wie ein schlechter Scherz. Nur 4 von 14 Besetzungen haben eine gewisse Vorbildung zu ihrem Thema. Alle anderen haben schlicht keine Ahnung von den fachlichen Hintergründen, worüber sie entscheiden.

Gabriel: Mit einem Lehramtsstudium der Germanistik, Soziologie und Politik ist man sicherlich nicht qualifiziert, Regierungsentscheidungen zu den Themen Wirtschaft und Energie zu treffen.

Steinmeier: Für das Auswärtige Amt sind Kenntnisse des deutschen Rechts keine Hilfe. Politikwissenschaft hört sich schon besser an. Dieser Eindruck verfliegt sofort wieder, wenn wir uns sein Promotionsthema anschauen: *Tradition und Perspektiven staatlicher Intervention zur Verhinderung und Beseitigung von Obdachlosigkeit.* Keinerlei Bezug zur Außenpolitik.

de Maizière: Als Innenminister ist er mit einem Studium der Rechtswissenschaften qualifiziert.

Maas: Justizminister und Rechtswissenschaft passen!

Schäuble: Finanzen sind mit Rechts- und Wirtschaftwissenschaften kompatibel.

Nahles: Ein Magister Artium Studium Germanistik und Politik soll für »Arbeit und Soziales« qualifizieren? Auf jeden Fall ist Frau Nahles ein Vorbild für das Nicht-Arbeiten: Sie studierte 20 Semester.

Schmidt: Heutzutage erwirbt man offensichtlich Kenntnisse über Ernährung und Landwirtschaft in einem Rechtswissenschaftsstudium. Erstaunlich!

Von der Leyen: Ja, ein Medizinstudium qualifiziert sicherlich, um beurteilen zu können, ob Drohnen angeschafft werden sollen oder nicht. Schließlich ist militärische Strategie etwas, das man mal eben so nebenbei machen kann.

Schwesig: Als Ministerin für »alle außer Männer« ist man (frau) als Steuer- und Steuerfahndungsexpertin goldrichtig.

Gröhe: Wenn man sich als Rechtswissenschaftler mit Ernährung und Landwirtschaft auskennt (Schmidt), warum dann nicht auch mit Gesundheit? Wir lernen daraus: Rechtsanwälte wissen und können alles!

Dobrindt: Was um alles in der Welt qualifiziert einen Soziologen auch nur ansatzweise, Entscheidungen über Infrastruktur zu treffen? Besonders die digitale Infrastruktur (Internet) ist und wird erst recht in Zukunft überlebenswichtig für Deutschland sein und verlangt daher nach *kompetenten* Entscheidungen.

Hendricks: Sozialwissenschaftler haben sicherlich einen fundierten Zugang zum Thema Reaktorsicherheit. Das ist eine Frechheit!

Wanka: Ich denke, ohne Ironie, dass sie als Mathematikerin für das Ressourt Bildung und Forschung qualifiziert ist.

Müller: Was hat das Ressort »Wirtschaftliche Zusammenarbeit und Entwicklung« mit seinem Abschluss als Diplom-Wirtschaftspädagoge zu tun. Besonders sein Promotionsthema *Die Junge Union Bayern und ihr Beitrag zur politischen Jugend- und Erwachsenenbildung* wirkt im Zusammenhang mit seiner Aufgabe absurd.

Altmeier: Besondere Aufgaben? Da nimmt man natürlich einen Rechtswissenschaftler, denn wir haben ja bereits gesehen, dass die alles können.

Es wird deutlich, dass bei weitem nicht die qualifiziertesten Politiker die jeweiligen Ressorts leiten. Einige haben praktisch überhaupt keine Ahnung von ihrem Fachgebiet. Dies nährt natürlich den Verdacht, dass diejenigen Politiker in unserer Republik die entsprechenden Posten zugeschoben bekommen, die am lautstärksten die Parteilinie vertreten haben. Falls dieser Verdacht stimmt und die Parteilinie durch die *Illuminaten* wie im Fall B vorgegeben wird, so müssten wir beobachten können, dass sich die Regierungspolitik nicht verändert, egal welche Partei an der Macht ist.

Genau das können wir auch beobachten! Werfen wir zunächst einen Blick auf die Staatsquote. Schließlich ist sie ein Maß[128] für die Freiheit der Bürger, über ihr eigenes Geld selbst bestimmen zu können. Seit der Gründung der BRD stieg sie von 1950 bis Anfang der Siebziger von 30% auf ca. 48% an und pendelt seitdem um einen Wert von 45%. Es ist kein Trend erkennbar, dass diese Größe auch nur im Geringsten von der Zusammensetzung der Regierung abhing. In diesem wichtigen Punkt sind sich alle Parteien offensichtlich einig. Ähnlich verhielt es sich mit dem Anteil der Sozialausgaben am Volkseinkommen. Er verdoppelte sich von rund 14% im Jahre 1950 auf über 30% in den 2000er Jahren[129]. Mit der Regierungsübernahme von Schwarzgelb Anfang der Achtziger gab es kurzzeitig einen Rückgang von 28% bis auf 26% im Jahre 1990 und stieg dann unter der gleichen Regierung auf über 30%. Der kurze Rückgang hatte also wahrscheinlich wirtschaftliche, nicht politische Ursachen. Also auch diese wichtige Kenngröße persönlicher Selbstbestimmung ist von der Regierungszusammensetzung unabhängig.

Wen also hätte man wählen sollen, um dieser staatlichen Abzocke der Produktiven ein Ende zu bereiten? Oder besteht tatsächlich kein Bedarf für eine solche Partei, weil 100% der Deutschen es besser finden, dass Lehrer und Rechtsanwälte über ihr Geld bestimmen, statt sie selbst?

100% sind es sicher nicht, schließlich gibt es ganz furchtbare Verbrecher, die tatsächlich der Meinung sind, besagte Lehrer und Rechtsanwälte könnten ihnen mal kreuzweise oral den Anus säubern. Diese Schurken nehmen die Bemerkung Gottes offensichtlich nicht sonderlich ernst, dass sie als Wohlhabende die Bösen sind, die »schwieriger ins Himmelsreich kommen, als ein Kamel durch ein Nadelöhr«. Und wenn dem tatsächlich

---

[128] Genaugenommen 100% minus Staatsquote.

[129] Kohl (1985), S.231 und BMSA: Sozialbericht 2009, T1 (1960–2005 in Fünfjahresabständen)

so sein sollte, wäre dies natürlich erst recht ein Grund, sein eigenes Geld im Diesseits selbst zu verprassen, statt es verprassen zu lassen. Schließlich ist im Jenseits für die »Reichen« Schluss mit lustig.

Dieses ungeheuerliche Verbrechen, sich nicht dem staatlichen Diktat beugen zu wollen, wird natürlich im Rahmen einer Kampagne Baphomet'scher Prägung verteufelt. Schließlich ist es nicht hinnehmbar, dass sich manche Leute nicht staatlich beklauen lassen wollen.

Es wird nicht mehr von »Steuerhinterziehung« gesprochen, sondern gleich von »Steuerbetrug« – ein Begriff, der von den *illuminierten* Medien (siehe weiter hinten bei der Diskussion des 4. Grundsatzes) reihum verwendet wird. Analysieren wir diesen Begriff doch einmal.

Ein Betrug liegt vor, wenn zwei Parteien ein Geschäft abschließen, wobei die eine Partei die andere über den tatsächlichen Wert ihrer Ware täuscht. Wenn ich Ihnen beispielsweise ein gebrauchtes Auto verkaufe und Sie bezüglich der tatsächlichen Laufleistung belüge, indem ich den Tachostand zurückgedreht habe, so liegt ein Betrug vor.

Bei Steuerhinterziehung liegt dem Ganzen jedoch überhaupt kein Geschäft zugrunde, in das man einwilligen kann oder eben nicht – die Voraussetzung, um überhaupt betrügen zu können. Stattdessen wird von einer Partei (dem Staat) einfach eine Zahlungsforderung diktiert, die nicht verhandelt werden kann und zu dessen Zahlung die andere Partei (der Steuerzahler) mit Gewalt gezwungen wird.

Letzterer hat, wie wir zuvor gesehen haben, auch keine Möglichkeit, durch die Wahl einer anderen Partei Einfluss auf die Höhe dieser Forderung zu nehmen. Wohlgemerkt: Steuerhinterziehung ist im juristischen Sinne ein Verstoß gegen die von der Legislative verabschiedeten Steuergesetze.

Steuern zu hinterziehen ist jedoch genauso wenig ein Betrug, wie zur Zeit der Erbuntertänigkeit dem Gerichtsherren das

Recht der ersten Nacht (Ius primae noctis)[130] zu verwehren. Ich finde dieses Beispiel gar nicht so schlecht und erlaube mir an dieser Stelle, die Dinge durch eine anzügliche Wortwahl auf den Punkt zu bringen: Es ist zwar illegal, aber sicher kein Betrug, wenn man verhindern möchte, vom Staat gefickt zu werden.

Doch zurück zum zentralen Punkt dieses Abschnitts: der Ununterscheidbarkeit der Parteien in den wesentlichen Fragen. Damit meine ich natürlich nicht Fragen der Art, ob Hartz IV um 5 Euro monatlich erhöht oder der Spitzensteuersatz um 2% steigen oder fallen sollte.

Schauen wir uns das Thema Krieg an, das im vergangenen Jahrhundert das Leben der Menschen, speziell in Deutschland, nachhaltig verändert hat, weshalb dem Thema schon eine hohe Bedeutung beigemessen werden sollte.

Der erste Kriegseinsatz deutscher Truppen nach dem Ende des 2. Weltkrieges wurde von einer rot-grünen (!) Regierung beschlossen. Es handelte sich um den Jugoslawienkrieg. Gerade die Grünen, die sich immer als Pazifisten dargestellt hatten, segneten nun den ersten deutschen Kriegseinsatz der Nachkriegsgeschichte ab.

Wäre die CDU mit oder ohne FDP an der Macht gewesen, hätte das Ergebnis natürlich nicht anders ausgesehen. Wen also hätte man wählen sollen, wenn man mit diesem Kriegseinsatz nicht einverstanden war?

Ein anderes wichtiges Thema ist die Energiepolitik. Dazu ist der Standpunkt der Grünen hinreichend bekannt. Wenn jemand also lieber billige Energie haben wollte statt teurer »alternativer« Energie und damit verbundener Verschandelung deutscher Landschaften mit Windrädern, wusste er immerhin, wen er wählen musste. Oder? Nein, der Ausstieg aus der Kernener-

---

[130] Der Gerichtsherr hatte zu jener Zeit das Recht, bei der Heirat von Paaren, die seiner Gerichtsbarkeit unterstanden, die erste Nacht mit der Braut einzufordern.

gie[131] und der »Energiewandel« (der unser aller frei verfügbares Einkommen weiter reduziert und uns tiefer in die Zinsknechtschaft der *Illuminaten* treibt) wurde von Schwarzgelb beschlossen! Wen hätte man also wählen können, wenn man anderer Meinung war?

Wenn diese Beispiele nicht ausreichen, fragen Sie sich doch ganz einfach einmal selbst, welchen Unterschied es für Sie persönlich gemacht hat, ob nun Schwarzgelb, Rotgelb, Schwarzrot oder Rotgrün die Regierung bildeten? Wenn es keine spürbaren Unterschiede gibt, folgt daraus, dass wir alle zwar wählen dürfen, aber nicht zwischen echten Alternativen.

Oder werfen wir einen Blick über den großen Teich. Macht es auch nur den geringsten Unterschied, ob die Demokraten oder die Republikaner in den USA an der Macht sind? Hat sich etwa eine der beiden Parteien der für das Wohl der Allgemeinheit so wichtigen Verstaatlichung der Geldschöpfung verschrieben? Sind nicht unisono beide Parteien der Meinung, die USA wären verpflichtet, bis in alle Ewigkeit Israel zu unterstützen? Wen muss ein Amerikaner wählen, wenn er der Meinung ist, sein Land sollte sich da raushalten (weil daraus der »Kampf gegen den Terror« mit Hunderten Milliarden jährlichen Rüstungsausgaben resultiert)?

Der 2. Golfkrieg[132] wurde vom Demokraten Bill Clinton begonnen und von den Republikanern begeistert weitergeführt. Der neuerliche Einmarsch der Amerikaner in den Irak (nach den Terroranschlägen vom 11. September 2001) wurde von dem Republikaner George W. Bush befohlen mit der Begründung, der Irak verfüge über Massenvernichtungswaffen und würde den Terror Al-Qaidas finanzieren. Beides stellte sich als falsch heraus. Hat der Demokrat und Friedensnobelpreisträger

---

[131] Es spielt keine Rolle, ob Sie lieber Leser, dafür oder dagegen sind. Mir geht es darum, aufzuzeigen, dass die Parteien keine echten Alternativen zueinander darstellen.

[132] Der 1. Golfkrieg fand zwischen Iran und Irak statt.

Barack Obama die Dinge geradegerückt, sich bei den Irakern für das unsägliche Leid und die Zerstörungen entschuldigt? Hat er Reparationszahlungen für diese unprovozierte Aggression geleistet?

Oder nehmen wir die nächste Posse des Theaters zwischen Republikanern und Demokraten. Der die Bürgerrechte massiv einschränkende »Patriot Act« (siehe nächster Abschnitt) wurde von der republikanischen Regierung unter Präsident Bush im Zuge der Terroranschläge vom 11. September und der darauf folgenden Anthrax-Briefe eingeführt.

Die diktatorischen Vollmachten, die die Grundlage der Freiheit, die Gewaltenteilung, außer Kraft setzen, waren von vornherein zeitlich befristet. Am 02. März 2006 wurden 14 der 16 Punkte des Gesetzes vom US-Senat unbefristet verlängert und die übrigen 2 Punkte auf weitere vier Jahre befristet. Dies geschah mit 89 zu 10 Gegenstimmen, wobei Letztere ausschließlich von den Demokraten und einem unabhängigen Abgeordneten stammten.

Am 7. März wurde das Ganze durch das Repräsentantenhaus gewunken und zwar mit 214:13 Stimmen der Republikaner und gegen 66:124 Stimmen der Demokraten. Doch dann kam der Demokraten-Messias persönlich, der Friedensnobelpreisträger und Hoffnungsträger aller Waisen und Witwen an die Macht: Yes-we-can-Oberdemokrat Obama.

Jetzt war wohl endlich damit Schluss, dass die Freiheitsrechte mit den Füßen getreten wurden. Leider nicht.

Die Gegenwehr der Demokraten, als die Republikaner noch an der Macht waren, war natürlich nur eine Show für das blöde Wahlvolk (die ja schließlich glauben sollten, zwischen Alternativen entscheiden zu können). Am 1. März 2010 unterschrieb Obama persönlich die weitere Verlängerung des Patriot Acts und am 26. Mai 2011 verlieh er durch seine Unterschrift der Verlängerung von drei besonders totalitären Bestimmungen (siehe nächster Abschnitt) Gesetzeskraft.

Ich bin ganz bestimmt kein Freund von Schmierereien an Häuserwänden (Graffiti). Zu meiner Studienzeit war an eins der Universitätsgebäude der Spruch gesprüht worden: »*Wenn Wahlen etwas ändern würden, wären sie verboten.*« Ich denke, dass in diesem Spruch mehr Wahrheit steckt, als uns allen lieb sein kann.

Bei genauerer Betrachtung dreht sich das Gezänk der Parteien lediglich um Nichtigkeiten. In den wirklich wichtigen Fragen sind sich jedoch alle einig. Wenn die Parteilinien nahezu deckungsgleich sind, muss es eine übergeordnete Instanz geben, die diese Linie festlegt.

Vor diesem Hintergrund grenzt es schon fast an Naivität, die Existenz der *Illuminaten* als »Verschwörungstheorie« abzutun. Auf der Wunschliste der *Bruderschaft* stehen (siehe 3. Grundsatz) Politiker, die ihr eigenes Wohl über das Gemeinwohl stellen. Nur solche Charaktere lassen sich durch die Vergabe von Geld, Karriere und Macht in die von den *Illuminaten* gewünschte Richtung steuern.

Doch sind wirklich alle Politiker so? Lassen Sie uns nicht den häufig begangenen Fehler machen, zu verallgemeinern und nicht zu differenzieren. Wie ich bereits im Abschnitt 2.4 über die Entstehung der Fed ausführte, gab es zu jener Zeit durchaus idealistische Politiker, die es als ihre Aufgabe ansahen, das Glück der Bürger zu mehren, was gleichbedeutend damit ist, über ihre Freiheit zu wachen. Dementsprechend lehnten sie die Grundlage der Gelddiktatur, die private Geldschöpfung, rigoros ab. Solche Politiker gab es auch im Nachkriegsdeutschland.

Ich bin davon überzeugt, dass Männer wie Konrad Adenauer oder Helmut Schmidt das Beste aus der Situation (verlorener »totaler« Krieg, Holocaust, Fremdbestimmung durch Siegermächte) für das deutsche Volk machen wollten. Sie versuchten zu retten, was noch zu retten war (hoffentlich diskreditiere ich diese Männer nicht durch positive Erwähnung in meinem Buch).

Auch heute gibt es sicherlich immer noch Politiker dieses Schlages. Es scheint jedoch so zu sein, dass diese durch ihre »Ecken und Kanten« (so nennt man Leute, die ihre eigene Meinung haben und diese dann auch noch frecherweise vertreten) immer schwieriger in die Toppositionen kommen. Einfacher ist es für den opportunistischen Egomanen, dem seine eigene Karriere über alles geht.

Ein starkes Indiz dafür, dass dieser Typ unter den Regierenden weit verbreitet ist, ergibt sich dadurch, dass ich einfach wahllos eine Kalenderwoche herausgriff (30. Juni – 06. Juli 2014) und mir die Mühe machte, die Meldungen dieser einzigen Woche über krasse Verfehlungen von Toppolitikern zu sammeln.

Diese Verfehlungen deuten in die Richtung, dass sich das Denken dieser Politiker im Wesentlichen um sich selbst dreht und dass sie glauben, sie selbst stünden außerhalb der Gesetze, die nur für das einfache Volk gelten. Als Medium diente mir mein Lieblingsportal für regimetreue Speichelleckerei: Spiegel Online. Somit ist ausgeschlossen, dass es sich um Schmutzkampagnen irgendwelcher finsteren Verschwörer gegen unsere edlen Politiker handelt.

Da hätten wir zunächst einmal den SPD-»Innenexperten« Michael Hartmann. Drogenfahnder wurden auf ihn aufmerksam, weshalb seine Immunität als Abgeordneter aufgehoben wurde[133]. In der Woche darauf gab er zu, Crystal Meth konsumiert zu haben[134] – eine Substanz, die zu den »harten« Drogen zählt.

Werfen wir einen Blick auf diesen Politiker, seine öffentlich kommunizierten Moralvorstellungen und seine politischen

---

[133] http://www.spiegel.de/politik/deutschland/spd-innenexperte-michael-hartmann-tritt-nach-drogenvorwuerfen-zurueck-a-978875.html

[134] http://www.spiegel.de/politik/deutschland/michael-hartmann-spd-abgeordneter-gesteht-konsum-vom-crystal-meth-a-980096.html

Meinungen. Um einen Überblick darüber zu bekommen, gibt es die wunderschöne Webseite[135] »wen wählen«, auf der sich der Bürger ein Bild von den Kandidaten machen kann. Die Überschrift über die dortige Seite Hartmanns lautet »Weil der Mensch zählt«. Keine Ahnung, was diese an Schwachsinn grenzende Trivialität soll und wessen geistige Verfassung mit so einem nichtssagenden Spruch kompatibel ist.

Dann erfahren wir über die politischen Ziele und moralischen Werte eine Auflistung der üblichen, gleichgeschalteten, nichtssagenden Floskeln: »Gleichheit« muss natürlich ganz oben stehen, die »Schere zwischen Arm und Reich schließen« (Großartig! Hartmann will das Zinssystem abschaffen!), blabla, Menschenwürde, Bürgerrechte (er meint wahrscheinlich das Recht, Steuern zu zahlen), wieder Gleichberechtigung (kann man ja nicht oft genug wiederholen), Offenheit und Toleranz, weiteres Blabla und schließlich christliche Werte. Ach ja, »Heimatliebe, Patriotismus und Brauchtum« hat er auch noch erwähnt. Ein paar konservative Wähler, die blöd genug sind, ihm das abzunehmen, können schließlich nicht schaden.

Dann folgt eine Liste von politischen Standpunkten, denen der Kandidat zustimmen oder die er ablehnen kann. »Steuern senken« lehnt er natürlich ab und »private Vermögen« sollen zusätzlich besteuert werden.

Schließlich werden die Produktiven noch nicht genug ausgeplündert und die Armen können natürlich nicht reich genug beschenkt werden. Ebenso sind Atomkraft und Gentechnologie für ihn Teufelszeug.

Aber ich habe Sie, lieber Leser, nun genug mit dieser profillosen Gestalt gelangweilt. Deshalb möchte ich nur noch einen weiteren Punkt erwähnen, der in einem doch recht seltsamen Kontrast zu seinem tatsächlichen Verhalten steht. Die Aussage: »Weiche Drogen« wie Haschisch und Marihuana sollen legali-

[135] http://www.wen-waehlen.de/btw13/kandidaten/26213-michael-hartmann.html

siert werden« verneint Hartmann ausdrücklich. Wie sollen wir in diesem Zusammenhang seinen eigenen Crystal Meth-Kauf und -Konsum verstehen? Aus der Tatsache, dass er selbst harte Drogen kauft und konsumiert, kann man schließen, dass er entgegen seiner kommunizierten Meinung (sogar weiche Drogen zu verbieten) in Wirklichkeit die Meinung hat, der Konsum von Drogen, selbst von harten, sei vertretbar (sonst hätte er die Finger davon gelassen). Oder ist er vielleicht der Meinung, dass die dumme Bevölkerung natürlich bevormundet werden muss, was für ihn selbst, als Angehörigen der Politkaste und damit der Herrenmenschen, natürlich nicht gilt? Wie sind vor diesem Hintergrund kommunizierter und tatsächlicher Moralvorstellung seine anderen Bekenntnisse zu Menschen- und Bürgerrechten, christlichen Werten usw. zu verstehen?

Es liegt auf der Hand, dass er genau diese »Selbstverständlichkeiten« absondert, weil sie der vorgegeben Linie entsprechen. Schließlich wäre die Karriere eines Politikers schnell beendet, wenn er den freien Konsum harter Drogen propagiert oder wenn er sich nicht all die anderen Lippenbekenntnisse über Gleichheit usw. auf die Fahne schreiben würde.

Die zweite Meldung beinhaltete den Wechsel des FDP-Politikers, ehemaligen Entwicklungshilfeministers und Generalsekretärs seiner Partei, Dirk Niebel, in die Rüstungsbranche. Sie, nachdem Sie meine Ausführungen bis hierher gelesen haben, dürfte dies nach der von mir aufgezeigten Vernetzung von Finanz-, Sozial- und Rüstungsindustrie nicht mehr wundern. Also lassen wir SPON zu Worte kommen[136], dessen Journalisten als Akkreditierte 3. Ordnung natürlich keine Ahnung von den Hintergründen haben, sondern sich ganz naiv über die »Kaltschnäuzigkeit« Niebels wundern:

---

[136] http://www.spiegel.de/politik/deutschland/wirbel-um-waffenlobbyist-niebel-debatte-um-karenzzeit-regelung-a-978776.html

Der Seitenwechsel von Niebel ist atemberaubend: Als oberster Entwicklungshelfer Deutschlands sollte er die zivile Komponente der internationalen Krisenpolitik voranbringen, nun wird der Ex-Minister für eine der größten Waffenschmieden der Welt [Rheinmetall, Anm. von mir] *Kontakte knüpfen.*

Niebel war einmal FDP-Generalsekretär, aber offenbar hat er mit der Politik ein für alle Mal abgeschlossen, anders ist der Schritt nicht zu erklären. Die Kaltschnäuzigkeit Niebels ist allerdings nur das eine. Bei vielen Bürgern dürfte sein Seitenwechsel Vorurteile über den gesamten Betrieb bestärken. Nach dem Motto: Glaubwürdigkeit? Doch nicht in der Politik.

Der letzte Satz suggeriert, dass die den Artikel verfassenden Journalisten, Florian Gathmann und Veit Medick, natürlich Verständnis dafür haben, wenn die Bürger angesichts einer derartigen Heuchelei ihren Glauben an die Politik verlieren, dass es sich dabei aber nur um eine Verstärkung ohnehin bestehender Vorurteile handeln würde, von denen das Denken der Bürger natürlich durchsetzt ist. Auf dieses Vorurteil jener selbsternannten Elite, von der die meisten in ihrem Leben außer Gelaber nichts produziert haben, das Denken der hart arbeitenden Bevölkerung sei durch Vorurteile geprägt, möchte ich etwas näher eingehen. Schließlich wird uns von den Schreiberlingen immer wieder vorgeworfen, unsere Vorurteile nicht nur gegen Politiker, sondern auch gegen Schwule und Ausländer zu hegen und zu pflegen. Dabei wird suggeriert, wir Bürger besaufen uns in den Kneipen, um an den Stammtischen wirre Kritik am System zu üben, die wir dann lallenderweise als »Stammtischparolen« formulieren[137]. Und falls ein Politiker es doch wagen sollte, diese »Vorurteile« zu bedienen, ist er ein

[137] Das geht natürlich nicht, was man effektiv durch ein Rauchverbot in Kneipen eindämmen kann. Dann bleiben viele dieser hirnlosen Alkoholiker natürlich zuhause, statt den gesellschaftlichen Frieden mit ihren Vorurteilen zu gefährden.

»Populist«. Erkennen Sie die Baphomet'sche Vermischung von richtig und falsch? Vorurteile gegen Politiker vom Schlage Niebels sind offensichtlich gerechtfertigt, während es niemanden etwas angeht, mit wem ein anderer einvernehmlich ins Bett steigt. Mit anderen Worten: Vorurteile gegen Schwule basieren wieder auf dem Kerngedanken religiöser Ethik, man dürfe anderen die eigenen Moralvorstellungen aufzwingen.

Ebenso kommen sicherlich Ausländer nach Deutschland, die eine Bereicherung für die Gesellschaft sind, indem sie beispielsweise überdurchschnittlich viel Steuern zahlen. Auf die überwiegende Mehrheit der Ausländer trifft dies jedoch nicht zu. Die »Vorurteile« der meisten Deutschen dürften sich nicht auf den aus Vietnam stammenden Chirurgen, sondern eher auf »Isch-ficke-Deine-Mutter-Ali« beziehen, der seine überschüssige sexuelle Energie aus Nahrung gewinnt, die andere unter staatlichem Zwang für ihn erzeugen müssen[138]. Wenn man jedoch mit seinem eigenen Geld den lieben Ali über zwangseingezogene Steuern lieber nicht finanzieren will, wird einem von der gleichen Journalistenkaste »Ausländerfeindlichkeit« unterstellt – die nächste Baphomet'sche Verwirrung. Worin, bitteschön, soll denn die »Feindlichkeit« bestehen, wenn man jemandem nicht einfach so, mir nichts, dir nichts, ohne jede Gegenleistung sein Geld geben will? Also, ich finde »Ausländerfeindlichkeit« mindestens so schön wie »Steuerbetrug«. Eben weil's so schön ist, bin ich vom Thema abgeschweift, den Artikeln bei SPON über die Verfehlungen von Politikern einer einzigen Woche.

Der dritte Bericht (wir sind immer noch in der gleichen Woche) dreht sich um einen alten Bekannten (der geistert mit seinen sexuellen Vorlieben für Kinder schon seit Wochen durch die Presse): Es geht um den SPD-Abgeordneten Sebastian

[138] Ich bin der Meinung, dass Polemik in gewissen Fällen durchaus angebracht ist.

Edathy. Der SPON-Bericht[139] bezieht sich auf einen Untersuchungsausschuss des Bundestages, der gebildet wurde, um zu klären, wer wann was darüber wusste, dass Pädo-Basti, der ehemalige Vorsitzende des Innenausschusses, ehemalige Vorsitzende des Rechtsausschusses und Leiter des »Untersuchungsausschusses zur Terrorgruppe Nationalsozialistischer Untergrund (NSU)« über das Internet Kinderpornographie gegen Bezahlung bezog.

Nun mal langsam. Er leitete die Ermittlungen gegen den NSU? Gerade dieser Fall ist so voller seltsamer Begebenheiten und Ungereimtheiten, könnte es da nicht sein, dass Edathy auf etwas gestoßen ist, das er veröffentlichen wollte und was »gewissen Kreisen« überhaupt nicht passte? Deshalb zogen sie ihn mit dem besonders schändlichen Vorwurf der Kinderpornographie aus dem Verkehr? Nein, nicht alles, was nach Verschwörungstheorie riecht, ist auch eine. Dies bestätigte Edathy selbst in einem SPON-Interview, indem er seine Neigung zugibt und zu verharmlosen[140] sucht:

»In der Kunstgeschichte hat der männliche Akt, auch der Kinder- und Jugendakt, übrigens eine lange Tradition. Man muss daran keinen Gefallen finden, man darf es aber, ohne darüber öffentlich Rechenschaft abzulegen. Wenn jemand sagt, ich finde das nicht gut, kann ich das verstehen. Das private Verhalten meines Nachbarn muss mir nicht gefallen. Der kann ästhetisch finden, was er will. Wenn es legal ist, geht dieses Verhalten aber zugleich niemanden etwas an.«[141]

---

[139] http://www.spiegel.de/politik/deutschland/edathy-untersuchungsausschuss-alle-fakten-zur-kinderporno-affaere-a-978520.html

[140] Dies klingt nach einer Vorverurteilung meinerseits, was sie auch ist und ich im Folgenden begründen werde.

[141] http://www.spiegel.de/spiegel/print/d-125966631.html

Es geht also darum, was Herr Edathy »ästhetisch« findet, nicht etwa, was ihn geil macht. Jetzt fühle ich mich persönlich ertappt, eine schmutzige Phantasie zu haben, weil ich tatsächlich von Letzterem ausgegangen war. Und er besteht darauf, dass jeder das Recht hat, sich nicht von anderen in sein »privates Verhalten« hineinreden zu lassen. Das sagt er als Politiker der SPD, die uns allen die von mir lang und breit erklärte Sozialmoral, verbunden mit dem Entzug der Hälfte unserer Arbeitsleistung, aufzwingt.

Möglicherweise meint er im Zuge seiner ungerechtfertigten Arroganz, er als Herrenmensch habe das Recht auf eine private Moral, der Bürger jedoch nicht. Dabei ist seine Moral überhaupt nicht privat, denn er fügt anderen mit seinem Verhalten massiven Schaden zu (siehe weiter unten).

Eine Verschwörung gab es tatsächlich, jedoch nicht im Zusammenhang mit dem NSU. Sie war viel offensichtlicher und auch nicht professionell umgesetzt. Da waren keine *Illuminaten*, sondern *Dilettanten* am Werk. Doch eins nach dem anderen.

Zunächst eine kurze Zusammenfassung der Geschichte:

Im Herbst 2010 schlossen kanadische Behörden die »Operation Spade« ab, in deren Zuge sie die Daten einer Vielzahl von Kunden jener Unternehmen sammelten, die gegen Geld kinderpornographisches Material im Internet verkauft hatten.

Die Datensätze deutscher »User« sandten sie an das Bundeskriminalamt (BKA), wo die Daten Anfang 2012 gesichtet wurden.

Unter diesen Nutzern der kanadischen Internet-Plattformen waren ein Spitzenbeamter des BKA und der Abgeordnete Edathy. Der BKA-Beamte wurde sofort damit konfrontiert, trat eiligst von seinem Posten zurück und vermied gegen Zahlung einer fünfstelligen Summe einen Prozess.

Edathy hingegen blieb zunächst unbehelligt. Das BKA gab an, dass keiner der Beamten, die die kanadischen Daten gesichtet hatten, Edathy gekannt habe, man also zu jenem Zeitpunkt nicht gewusst habe, dass es sich um einen Bundestagsabgeordneten handelte.

Diese Aussage ist unglaubwürdig, weil Edathy im Rahmen seiner Tätigkeit als Vorsitzender des Innenausschusses im Jahre 2007 das BKA, speziell die Abteilung SO 12, die sich mit Kinderpornographie beschäftigt, aufgesucht hatte. Außerdem hatte der Leiter genau dieser Abteilung, Christian Hoppe, im Mai 2012 vor dem NSU-Untersuchungsausschuss ausgesagt, dessen Leiter nun mal Edathy war. Es ist also mehr als offensichtlich, dass die ganze Sache vertuscht werden sollte.

Lange Rede, kurzer Sinn, die Geschichte kam dann doch ans Licht, als ein Nienburger Polizeibeamter im Oktober 2013 Edathy auf der Liste sah und sofort wusste, um wen es sich handelt (hohe BKA-Beamte sind dazu offensichtlich nicht in der Lage) und die Behörde darüber informierte. Jetzt war die Sache nicht mehr unter den Teppich zu kehren.

Die Staatsanwaltschaft wurde eingeschaltet. Der Präsident des BKA, Jörg Zierke, informierte umgehend den Staatssekretär im Innenministerium, Klaus-Dieter Fritsche, der wiederum sofort seinem Vorgesetzten, Innenminister Hans-Peter Friedrich, Bericht erstattete.

Dieser gab die Informationen über Edathy an den SPD-Vorsitzenden Sigmar Gabriel weiter, der wiederum Fraktionschef Frank-Walter Steinmeier ins Boot holte.

Im Februar 2014 meldete Edathy seinen Laptop als gestohlen. Selbstverständlich kann man die nun folgende Behauptung nicht beweisen, doch sie ist mehr als naheliegend:

Edathy wurde von der SPD-Spitze über die gegen ihn laufenden Ermittlungen informiert. Somit wurde ihm Gelegenheit gegeben, Beweise zu vernichten.

Wie war das noch mal mit dem Gleichheitsgrundsatz, der seinen Ursprung darin hat, dass das Gesetz auf alle Menschen gleich angewendet werden soll? Dieser Gleichheitsgrundsatz wird schließlich gerade von den Politikern immer wieder hervorgehoben[142].

Doch, wie man so schön sagt, scheinen manche Politiker der Meinung zu sein, etwas gleicher zu sein als die übrige Bevölkerung. Wenn gegen Sie oder mich ein Verfahren läuft, treten die Jungs vom BKA urplötzlich unsere Tür ein. Dann haben wir bestenfalls noch Zeit, uns eine Unterhose anzuziehen, bevor unsere Wohnung auf den Kopf gestellt wird. Herr Edathy konnte sich jedoch in aller Ruhe den Laptop mit den Kinderpornos »klauen lassen« (Letzteres ist eine ungeheuerliche Behauptung meinerseits, die ich, wie gesagt, nicht beweisen kann, weshalb sie also nur als Vermutung, nicht als Tatsache, gewertet werden sollte).

Um den Schein zu wahren, musste immerhin der Innenminister Friedrich zurücktreten und es wurde ein Verfahren wegen Geheimnisverrats gegen ihn eingeleitet. Gabriel und/oder Steinmeier, die diese Informationen mit hoher Wahrscheinlichkeit weitergaben, sodass Edathy Beweise vernichten konnte, bleiben unbehelligt. Erzählen Sie mal ihrem Kumpel, dass die Drogenfahndung hinter ihm her ist, damit er die Tütchen mit dem Pulver rechtzeitig verschwinden lassen kann. Wenn das raus kommt, haben Sie ziemlich gute Karten, den Hauptpreis einer Unterbringung auf Staatskosten zu gewinnen. Wie war das noch mit dem Gleichheitsgefasel, das bei »wen wählen« bei jedem Politiker unter »Werte« zu finden ist?

Abschließend möchte ich noch ein paar Worte zum Vergehen Edathys verlieren, um zu beleuchten, ob es sich dabei wirklich um »Privatsache« handelt. Zunächst wurde ihm vorgeworfen, er habe Bilder nackter männlicher Jugendlicher bei der kanadischen Firma Azov Films gekauft. Diese Bilder seien

---

142 Selbst bei »Wen wählen« findet man bei Edathy unter »Welche Werte und Ziele sind mir wichtig«, Punkt 8, »Gleichberechtigung aller Menschen«. Siehe http://www.wen-waehlen.de/btw13/kandidaten/26127-sebastian-edathy.html

nicht pornographischer Natur (lediglich nackte Jungs). Laut Süddeutscher Zeitung verfügt das Landeskriminalamt Sachsen jedoch über Beweise, dass Edathy mit seinem als gestohlen gemeldeten Laptop eindeutig kinderpornographische Bilder heruntergeladen hat, die nicht mit dem »harmloseren« Azov-Material identisch sind. Diese Informationen stammen vom Server (Proxy) des Bundestages, der Verbindungsdaten drei Monate lang speichert. Dieser Umstand hat die Polit-Gemeinde natürlich aufgeschreckt.

Totale Überwachung der Bürger muss wegen des »Kampfes gegen den Terror« natürlich sein. Aber Speicherung der Verbindungsdaten von Bundestagsabgeordneten, die dann auch noch gegen sie verwendet werden können? Das geht natürlich nicht. Durch die Edathy-Affaire überhaupt erst aufmerksam geworden (nicht nur arrogant, sondern auch blöd, die perfekte Mischung fürs Regieren), reagierten unsere »Volksvertreter« prompt: die Speicherung ihrer Daten wird auf sieben Tage reduziert[143]. Interessant. Uns wird doch immer wieder gesagt, Überwachung wäre nichts Schlimmes, wenn man nichts zu verbergen hat ...

Doch zurück zum eigentlichen Vergehen Edathys. Kinderpornographisches Material zu kaufen bedeutet natürlich, dass bei den Verkäufern ein wirtschaftliches Interesse besteht, derartiges Material bereitzustellen. Gerade bei Jugendlichen liegt jedoch ein sehr stark ausgeprägtes Schamgefühl vor, weshalb es eher den perversen Phantasien der Pädophilen entspricht, statt der Realität, dass sich Jugendliche freiwillig für pornographische Aufnahmen hergeben. Der Anteil der Kinder und Jugendlichen, die zur Bereicherung der Anbieter zu derartigen Aufnahmen gezwungen werden, dürfte überwältigend sein, wenn nicht gar 100% betragen. Kunden wie Edathy fördern somit, dass Kinder und Jugendliche zu Nacktheit und sogar zu

---

[143] http://www.spiegel.de/politik/deutschland/interne-datenspeicherung-bundestag-schraubt-fristen-runter-a-973422.html

sexuellen Handlungen vor der Kamera gezwungen werden – mit unabsehbaren Folgen für die Psyche des Heranwachsenden.

Schließen wir nun den Kreis: Ein von den *Illuminaten* konstruiertes System fördert nicht nur, es fordert, dass die Regierung den Bürgern die Moral vorgibt. Dieses Denkmuster wurde den Regierenden bereits im Kindesalter über die mit göttlichem Recht die Moral vorgebende Religion indoktriniert.

Der Glaube der Politiker, dass sich die Bevölkerung nach von den Mächtigen vorgegebener (christlicher) Moral zu richten hat, ist nicht weit von einem ähnlichen Muster des Denkens entfernt, nach dem sich andere nach den sexuellen Vorlieben der Mächtigen zu richten haben. Schließlich sind Moral und Sexualität enge Verwandte.

Wenn ich an dieser Stelle erwähne, dass neben dem üblichen Blabla, das man auch bei allen anderen Politikern über Menschenwürde usw. findet, bei Edathy die »Christlichen Werte« ebenfalls erwähnt sind (»Wen wählen«, Punkt 17) und zusätzlich auf den grassierenden sexuellen Kindesmissbrauch in kirchlichen Einrichtungen hinweise, dann dürfte der Zusammenhang durch die Verwandtschaft der Denkmuster, Moral und Sexualität anderen aufzuzwingen, mehr als offensichtlich sein.

Der letzte Fall der Berichterstattung aus der Woche vom 30.06 – 06.07.2014 über einen Politiker, der glaubt, dass die Gesetze nur für die Bürger, jedoch nicht für seine Kaste gelten, ist der ehemalige französische Staatspräsiden Sarkozy. Es handelt sich um den üblichen politischen Sumpf aus Korruption und Bestechung. Da sich für uns keine weiteren Erkenntnisse daraus ableiten lassen, ist die Affäre es nicht wert, hier weiter analysiert zu werden. Der geneigte Leser kann bei SPON[144] mehr erfahren und mag sich sein Teil über »Verschwörungstheorien« denken.

---

[144] http://www.spiegel.de/politik/ausland/nicolas-sakorzy-ermittlungsverfahren-eroeffnet-a-978666.html

Dies waren die Berichte über kriminelles Verhalten hoher bis höchster Politiker einer einzigen Woche. Wenn man dies auf einen längeren Zeitraum hochrechnet und die Dunkelziffer bedenkt, ergibt sich daraus ein ziemlich klares Bild, welcher Typ Mensch durch das von den *Illuminaten* konstruierte System die besten Aufstiegschancen hat – nämlich jene selbstherrlichen Psychopathen, die ihr eigenes Wohl ins Zentrum sämtlicher Überlegungen stellen und für die der Rest der Menschheit nur Mittel zum Zweck ist, um ihre Ziele zu erreichen. Genau dieser Typus ist natürlich höchst empfänglich für Bestechung, also genau der richtige »Geschäftspartner« für die *Illuminaten.*

Psychopathen[145]? Ist das nicht ein wenig zu hart? Ich denke nicht. Es handelt sich dabei um ein äußerst interessantes Thema, das ich gerne auf Wunsch an anderer Stelle ausführen werde. Bis dahin empfehle ich das Buch des Forschungspsychologen Prof. Dr. Kevin Dutton: *Psychopathen – Was man von Heiligen, Anwälten und Serienmördern lernen kann*[146]. Ich finde, »Politiker« hat er im Titel vergessen. Aber die sehen sich schließlich selbst oft als Heilige, sind meistens Anwälte (siehe Liste der Regierungsmitglieder), und aus ihren Reihen rekrutieren sich die schlimmsten Massenmörder der Geschichte – also geschenkt, Professor Dutton. In lockerer Sprache, gespickt mit einer Reihe persönlicher Erlebnisse, beschreibt Dutton die Eigenschaften und Strategien der Psychopathen. Neben Skrupel-

---

[145] Bitte stellen Sie sich darunter nicht die Hannibal Lectors und biblischen Priester (siehe Abschnitt 2.2) dieser Welt vor, die Gefallen daran finden, Menschen in kleine Stücke zu schneiden. Dieser Psychopathentyp ist natürlich besonders medienwirksam. Doch es ist meist nicht der Drang zu morden, der diese Menschen antreibt, sondern ganz einfach der Drang zu bekommen, was sie wollen. Das kann Geld und Macht sein oder eben die Erfüllung sexueller Phantasien. Vom »normalen« Menschen unterscheidet sich der Psychopath darin, dass es ihm völlig egal ist, wie es anderen Menschen bei der Verwirklichung dieser Ziele geht.

[146] Dutton (2014)

losigkeit, Fokussiertheit und Furchtlosigkeit, die oft zu unvorsichtigem Verhalten führt und wie im Fall Edathy die Ursache ist, entdeckt zu werden, gehört ein aufgesetzter »Charme« zu den Merkmalen eines Psychopathen. Damit ist die Fähigkeit gemeint, andere Menschen erfolgreich zu täuschen, indem man ihnen »den roten Teppich« ausrollt, um es mit den Worten Duttons zu sagen. Dies ist die Fähigkeit, den Menschen genau das vorzuspielen, was sie sehen wollen (Wunschdenken befriedigen). Auf diese Weise erlangt der Psychopath Macht über seine Mitmenschen.

Ist es nicht genau das, was wir an den vier Beispielen einer Woche bei jenen Politikern vorgefunden haben? Sie rollen uns den »roten Teppich« aus, indem sie vorgeben, für »Gleichheit vor dem Gesetz«, »Menschenwürde«, »christliche Werte« und ähnliche Floskeln einzustehen. Tatsächlich bedeuten ihnen diese geschauspielerten Werte überhaupt nichts und sie verfolgen mit Skrupellosigkeit, Furchtlosigkeit (weshalb sie gelegentlich auf die Nase fallen) und Fokussiertheit lediglich ihre eigenen Interessen. Dieses System, in dem Täuschung den Aufstieg innerhalb der Parteien erheblich erleichtert, sollte man vielleicht statt »parlamentarischer Demokratie« besser »psychopathische Demokratie« nennen.

Aber, wie ich nicht oft genug erwähnen kann, machen Sie bitte nicht den Fehler, zu verallgemeinern. Auch wenn der Großteil der Politiker in unserem System die Eigeninteressen vor jene der Allgemeinheit stellt, so folgt daraus noch lange nicht, dass dies bei allen Politikern der Fall ist. Ein Beispiel für »Idealisten« waren die Abgeordneten, die sich gegen den Federal Reserve Act stemmten, oder Frauen und Männer im Nachkriegsdeutschland, die das Beste aus der Situation machen wollten. Auch heute gibt es solche Menschen in den »etablierten« Parteien. Ich hatte selbst die Freude, einige von ihnen kennenzulernen. Natürlich ist diesen Politikern das Treiben ihrer psychopathischen Kollegen bewusst. Sie verfolgen jedoch die Strategie, die Dinge im Rahmen ihrer Möglichkeiten in eine positive Richtung zu lenken, wobei sie jedoch aufpassen müssen, nicht gegen eines der vielen Redeverbote zu verstoßen. So ist es beispielsweise heute nicht mehr möglich, öffentlich gegen die Zuwanderung von unqualifizierten »Flüchtlingen« in unsere Sozialsysteme Stellung zu beziehen, oder von Zuwanderern einer Religionsgemeinschaft, deren Ideologie zwangsläufig einen gewissen Anteil an Radikalisierung hervorbringt. In diesem Fall – wieder eine gezielt Baphomet'sche Verwirrung – wird man als »Rassist« bezeichnet, obwohl die Ablehnung von religiösem Fundamentalismus (der bei allen drei Wüstenreligionen zu einem gewissen Prozentsatz vorhanden ist) oder die Aufnahme von Zuwanderern in das von den Steuerzahlern finanzierte Sozialsystem überhaupt nichts mit der »Rasse« der Religiösen oder der Zuwanderer zu tun hat.

Der Hintergrund ist klar: Die Zuwanderung Unqualifizierter erhöht die Staatsverschuldung und damit die Zinsgewinne der *Illuminaten*. Die Zuwanderung von religiösen Fundamentalisten (die meist unqualifiziert sind, also doppelt nützlich für die *Bruderschaft*), zerstört den gesellschaftlichen Frieden und liefert somit die Begründung für die totale Überwachung und die Einschränkung von Freiheitsrechten (über das »Normalmaß« des Sozialstaates hinaus, der dem produktiven Teil der Bevölkerung die Hälfte ihres Einkommens und zwei Drittel ihres frei verfügbaren Geldes raubt, was alleine schon eine krasse Einschränkung von Freiheitsrechten ist). Die Bedeutung von Überwachung für die *Bruderschaft* schildere ich im nächsten Abschnitt.

Kommen wir zum letzten, dem **4. Grundsatz**: der Gewaltenteilung. In den Szenarien A und B unterscheiden sie sich nur in einem Punkt: den Medien. Während es im Sinne einer ernst gemeinten freiheitlichen Grundordnung von elementarer Bedeutung ist, dass die Medien von den drei anderen Gewalten getrennt sind, spielt dies für ein *Illuminaten*-System keine besondere Rolle. Schließlich können unser Freunde von der *Bruderschaft* ohnehin davon ausgehen, dass sie es sind, die die Medien mit ihrem uner*schöpflichen* Geld kontrollieren. Für den Fall, dass dies aus irgendeinem unerfindlichen Grund nicht ohne Weiteres möglich sein sollte (denken Sie an das Ruderboot), ist es sogar besser, wenn den anderen drei Gewalten eine direkte Kontrolle über die Medien eingeräumt wird. Ein solcher Fall könnte z.B. vorliegen, wenn ein Medienmogul partout nicht nach der Pfeife der *Illuminaten* tanzen will, oder wenn man gerade mal wieder ein Land mit einer »freiheitlich demokratischen Grundordnung« nach *Illuminaten*art, also durch militärische Eroberung, beglückt hat. In diesem Fall kann es natürlich passieren, dass in der Medienlandschaft des »demokratisierten« ehemaligen Feindes noch keine der *Bruderschaft* hörigen Strukturen vorhanden sind.

Der Aufbau eines solchen Netzwerkes braucht Zeit und kann nur durch Leute vor Ort durchgeführt werden. Dies zu organisieren, eignet sich natürlich die soeben von den *Illuminaten* eingesetzte, ihnen loyal ergebene Regierung hervorragend. Für diesen seltsamen Fall wäre eine strikte Trennung von Medien und Regierung (Legislative) für die *Bruderschaft* sogar schädlich. Doch diesen seltsamen Fall gibt es tatsächlich, und zwar handelt es sich um die Situation im besetzten Deutschland (oder erst kürzlich im besetzten Irak). Aber bleiben wir natürlich bei Deutschland:

Da es der *Bruderschaft* ja nie um wirkliche Freiheit ging, gründete man zur »Demokratisierung« des Landes das öffentlich-rechtliche Staatsfernsehen, das – nun wird es nicht nur baphometisch, sondern wirklich lächerlich – »Staatsferne« garantieren sollte. Seitdem werden wir täglich mit jeder Blähung jedes noch so unwichtigen Politikers belästigt, obwohl es für uns alle nicht den geringsten Unterschied macht, welche Opportunistenfraktion gerade an der Regierung ist. Es geht lediglich darum, dem Volk jeden Tag die gleichen Gesichter zu präsentieren, um den Eindruck zu erwecken, diese Leute seien irgendwie wichtig, und die Parteien, denen sie angehören, seien »seriös«.

Es handelt sich beim öffentlich-rechtlichen Staatsfunk um eine gigantische Propagandamaschine, um den Menschen tagtäglich einzutrichtern, was sie denken und wen sie wählen sollen. Auf diese Weise erhält sich das System selbst am Leben. Leider sind es nicht nur die Blähungen völlig unwichtiger Zeitgenossen, die uns dort als äußerst bedeutsam verkauft werden, das ganze System bläht sich auch noch selbst bis ins geradezu Absurde auf.

Das Budget des öffentlich-rechtlichen Rundfunks beträgt in Deutschland rund acht Milliarden €, das ist mehr als der gesamte Umsatz Hollywoods. Diese gigantische Summe wird über Zwangsgebühren finanziert, die heute jeder zahlen muss, sofern er ein Dach über dem Kopf hat. Das Ganze scheint wie ein irres Experiment, bei dem ausgetestet werden soll, was sich eine Bevölkerung alles gefallen lässt. Dafür, dass wir mit zu einem großen Teil völlig konträr zu unseren Interessen gerichteter Propaganda berieselt werden, muss jedermann dieser Werbeplattform für profilneurotische Politiker und Journalisten sein sauer verdientes Geld »abführen«.

Wer nun meint, das Volk bräuchte jedoch so etwas wie eine »mediale Grundversorgung«, was im Zeitalter des Internets und Hunderten von Sendern schlicht verrückt ist, oder die Inhalte dieser Staatssender wären irgendwie »höherwertig«, der würde schließlich von niemandem daran gehindert, für dieses Angebot zu zahlen[147].

Es ist jedoch eine bodenlose Frechheit, dass diejenigen, die gegenteiliger Meinung sind, einfach zur Zahlung gezwungen werden. 17,98 € im Monat sind für einen alleinverdienenden

[147] Wie technisch realisiert würde, dass Leute, die nicht zahlen, die Programme auch nicht sehen können, ist nicht mein Problem. Ein Vorschlag wäre die beim Bezahlfernsehen übliche Verschlüsselung.

Familienvater schon recht viel Geld, weil das Meiste seines Einkommens[148] ohnehin schon für den Staat und die Lebenshaltungskosten draufgeht.

Mit dem bisschen frei verfügbarer Kohle würde er sicherlich lieber seinen Kindern eine Freude machen, statt den Systemspeichelleckern sein hart verdientes Geld dafür zu geben, »auf Gebührenzahlers Kosten in der Provence Bauernhöfe zu Landhäusern umzubauen, sich wegen ihrer aus Brasilien importierten, 35 Jahre jüngeren Freundin zum Narren zu machen, an Oldtimer-Rennen teilzunehmen, mit ihren Segelbooten um die Welt zu schippern [und] übers Wochenende mal eben so zu einer Opernpremiere nach New York zu düsen«, um es mit den Worten Akif Pirinçcis zu sagen. In seinem Buch »Deutschland von Sinnen«[149] schildert der Deutsche türkischer Abstammung zu Lachtränen rührend (wenn das Ganze nicht so traurig wäre) und mit durchaus angebrachter Polemik das ganze Ausmaß an Volksverdummung, Volksverarschung und Abzocke durch diesen öffentlich-rechtlichen Moloch.

Eigentlich handelt es sich hier um ein echtes Glanzstück der *Illuminaten*: Normalerweise müssen sie über eine Reihe von Akkreditierten die Mehrheitsanteile an Medienunternehmen mittels ihres aus dem Nichts geschöpften Geldes »erwerben«, um die Kontrolle zu erlangen.

Im Falle öffentlich-rechtlichen Rundfunks lassen sie sogar diejenigen, die auf diese Weise hirngewaschen werden sollen, für diese Hirnwäsche bezahlen. Und die Programmdirektoren, Reporter und Journalisten (Akkreditierte 2. und 3. Ordnung) übertreffen sich aufgrund der fürstlichen Gehälter, die todsi-

[148] Lieber alleinverdienender Familienvater, auch wenn Sie keine oder nur wenig Einkommensteuer zahlen, so wird trotzdem rund die Hälfte ihres Geldes durch die ganzen anderen Steuern, Abgaben usw. vom Staat »eingezogen«. Wenn Sie's nicht selber nachrechnen können, dürfen Sie mir dies getrost glauben.

[149] Pirinçci (2014), S. 157 ff

cher an jedem Monatsersten auf ihrem Konto sind, natürlich gegenseitig darin, die vorgegebene Linie zu vertreten, ohne natürlich zu wissen, von wem diese Linie eigentlich vorgegeben wurde.

In einem solchen Umfeld kommt natürlich niemand auf die Idee, selbst die irrsinnigsten Vorgaben infrage zu stellen. Aus diesem Land, in dem Milch und Honig fließen und man sich 35 Jahre jüngere brasilianische Freundinnen leisten kann, will selbstredend niemand verbannt werden. Stattdessen bemühen sich die Kollegen von den privaten Medien redlich, ihren öffentlich-rechtlichen Kollegen nachzuäffen, sie vielleicht in Sachen Linientreue sogar noch zu übertreffen, um mit ein bisschen Glück irgendwann einmal in diesen erlauchten Kreis zwangsgebührenfinanzierter, staatlich legitimierter und sich selbst fürchterlich wichtig nehmender Volkserzieher aufgenommen zu werden. Einfach nur genial!

Auch hier zeigt sich übrigens wieder das nun mehrfach aufgezeigte Fehlen echter Demokratie im Sinne von wählbaren Alternativen: Wen, zum Teufel, kann ich wählen, um diesem legalisierten Diebstahl ein Ende zu bereiten?

2.6 Überwachung

In einem Schachspiel bedroht man idealerweise mit einem Zug gleich mehrere gegnerische Figuren. Die *Illuminaten* beherrschen diese Technik grandios. Ihre Maßnahmen sind meist so ausgerichtet, wie ich bereits erwähnte, dass sie »mehrere Fliegen mit einer Klappe« schlagen.

Beim Thema Überwachung denken wir zunächst einmal an finstere Gesellen, die unsere Telefonate abhören und mit mehr oder weniger trickreich programmierten Trojanern unsere PCs ausspähen. Das ist sicherlich richtig (zu dieser »höheren« Stufe komme ich weiter unten), doch Überwachung beginnt schon viel früher – beim Steuersystem.

In den vorherigen Abschnitten haben wir folgende Vorteile für die *Illuminaten* aus diesem System abgeleitet:

1. Durch die Staatsschulden in Verbindung mit einem progressiven Steuersystem erhält die *Bruderschaft* Zinszahlungen für Staatskredite von »Besserverdienenden«, die privat keine Kredite aufnehmen würden.

2. Durch die extreme Steuerlast bleibt den Menschen nur ein Bruchteil ihres frei verfügbaren Geldes, weshalb sie in erheblich größerem Umfang private Kredite aufnehmen.

Auf diese Weise sichert sich die *Bruderschaft* einen beträchtlichen Anteil am Produktionskuchen einer Volkswirtschaft, ohne irgendeine Gegenleistung dafür zu erbringen. Doch es gibt noch einen dritten Vorteil, den das Steuersystem für die *Illuminaten* bereithält:

3. Durch die Umsatz- und vor allem Einkommensteuer, liegen im Finanzamt detaillierte Informationen über jeden einzelnen Geschäftsvorfall, über jede Dienstreise, über das private Einkommen jedes Bürgers und über das Vermögen jedes Einzelnen vor.

Dieses Steuersystem legitimierte schließlich die Abschaffung des Bankgeheimnisses. Jeder Finanzbeamte kann nun ihre

Kreditkartenabrechnungen durchstöbern und sehen, welchen Puff[150] Sie besucht haben.

Das Steuersystem ist also zusätzlich eine gigantische Überwachungsmaschinerie, die tiefe Einblicke in die Wirtschaft, die finanzielle Situation und das Privatleben jedes Bürgers ermöglicht. Aber nicht nur das. Wenn man zumindest einen kleinen Teil der gezahlten Steuern zurückbekommen möchte, muss man die Belege für jedes Hotel und für die entsprechenden Fahrten einreichen. Daher weiß der Finanzbeamte auch genau, wann der Steuerpflichtige wo gewesen ist und in welchem Hotel er oder sie übernachtete.

Falls Sie, lieber Leser, Angestellter sind, verhält es sich nicht anders, außer dass die Belege nicht von Ihnen, sondern von der Firma, bei der Sie beschäftigt sind, eingereicht werden. Falls man beispielsweise herausbekommen möchte, ob sich zwei Personen an einem bestimmten Ort getroffen haben, braucht man nur die eingereichten Belege von Hotels oder Geschäftsessen miteinander abzugleichen. Auf diese Weise können sich Finanzbeamte und ihre Vorgesetzten – eine Kette, die über die verschiedenen Akkreditierungsstufen natürlich bis zu den *Illuminaten* reicht – bei Bedarf einen Überblick beschaffen, ob ihre »Schäfchen« tun was sie sollen oder irgendwelche Extratouren fahren. Schließlich könnte eine Verschwörung gegen die Verschwörung im Gange sein.

Doch dies ist der eher harmlose Aspekt des Steuerüberwachungssystems. Durch Kenntnis der exakten finanziellen Situation von Unternehmen und Privatleuten kennt die *Bruderschaft* immer den richtigen Zeitpunkt, wann wer zur Akkreditierung bereit ist und an welcher Stelle der finanzielle Hebel angesetzt werden muss, um den vielleicht noch ein wenig Renitenten in die für *illuminierte* Zuwendungen empfängliche Position zu bugsieren. Wie ich bereits ausführte, ist nicht Materie und Geld

---

[150] Das ist natürlich nur ein drastisches Beispiel für eine Privatausgabe, die man nicht gerne an die große Glocke gehängt wissen will.

die eigentliche Grundlage unserer Existenz und damit die Quelle von Macht, sondern Information. Wieder ein Kreis, der sich schließt.

Natürlich bräuchte unser Steuersystem bei weitem nicht so kompliziert zu sein und es müsste auch nicht jedes Kaugummi dokumentiert werden, das jemand bei einem Geschäftsessen konsumiert. Ich möchte lediglich darauf aufmerksam machen, dass der irrsinnige bürokratische Aufwand, der dort getrieben wird, nicht etwa der »Steuergerechtigkeit«, sondern der Überwachung dient.

Doch machen wir weiter mit der »mehrere Fliegen mit einer Klappe«-Methode. Der »Kampf gegen den Terror«, ausgelöst durch die Vorfälle am 11. September 2001 in New York[151], führte für die *Bruderschaft* zu folgenden positiven Effekten:

1. Die USA geben heute knapp $ 700 Milliarden für die Rüstung aus, und das bei $ 14 Billionen Staatsverschuldung. Gegen die daraus resultierenden Zinsgewinne stehen für die *Bruderschaft* keinerlei Kosten.

2. Die Rüstungsausgaben fließen in die von den Akkreditierten kontrollierten Industrien, wodurch die *Illuminaten* doppelt am »Kampf gegen den Terror« verdienen.

Doch es gibt noch einen weiteren, nicht unerheblichen Vorteil für die *Bruderschaft*:

3. Durch die allgegenwärtige »Terrorgefahr« hat man einen plausiblen Grund, um die nächste Stufe der Überwachung zu zünden. Diesmal geht es nicht nur um die dem Finanzamt bekannten wirtschaftlichen Dinge, sondern um tiefe Einblicke in alle Details der Privatsphäre der Menschen. Schließlich könnte man den Puffbesuch statt mit der Kreditkarte auch mit Bargeld bezahlen. Das geht natürlich nicht, aus Sicht der *Illuminaten*. Schließlich wollen die wissen, was wer so treibt, um es im

---

[151] Die Hintergründe dieser Terroranschläge werde ich in einem Folgeband ausführlich erläutern. Hier geht es jedoch um die Auswirkungen.

passenden Moment gegen ihn zu verwenden. Deshalb arbeiten sie auch an der Abschaffung des Bargeldes und ein paar weiteren Nettigkeiten, auf die ich aber erst im nächsten Buch eingehen kann.

Doch wie tief gehen diese Einblicke und warum sind sie für die *Illuminaten* so nützlich? Diesen beiden Fragen werden wir uns nun etwas genauer widmen. Zuvor möchte ich jedoch die Problematik »Überwachung« aus Sicht der *Illuminaten* in den Gesamtzusammenhang einreihen. Wie wir in Abschnitt 2.5 gesehen haben, ist die Gewaltenteilung für die *Bruderschaft* recht nützlich, weil durch sie die Illusion einer freiheitlichen Grundordnung aufrechterhalten wird (Illusion deshalb, weil die drei Gewalten separat von der *Bruderschaft* kontrolliert werden, genau dort die drei Gewalten also wieder zusammenlaufen) und weil man die Akkreditierten, die jenen drei Gewalten vorstehen, im Bedarfsfall wunderschön gegeneinander ausspielen kann. So hält man sie bei der Stange. Doch die Gewaltenteilung hat auch einen Nachteil für die *Illuminaten*: Es ergeben sich organisatorisch/bürokratische Hemmnisse.

Selbstverständlich ist es nicht durchführbar, die gesamte Akkreditiertenkette von oben nach unten in Gang zu setzen, um beispielsweise jedes noch so unbedeutende Gerichtsurteil zu beeinflussen. Dieser Mechanismus kann systembedingt nur in besonders wichtigen Fällen eingesetzt werden. Im Allgemeinen müssen die Gerichte unabhängig von direkten Anweisungen im Rahmen des Spielraums, den die von der Legislative vorgegebenen Gesetze ermöglichen, im Sinne der *Bruderschaft* arbeiten. Dieses System funktioniert recht gut, es versagt jedoch im Falle der selbstverständlich von den *Illuminaten* angestrebten Totalüberwachung (warum diese absolute Macht verleiht und zementiert, dazu komme ich noch).

Dieses organisatorische Problem ergibt sich daraus, dass die Überwachung von Zielpersonen eindeutig zum Aufgabenbereich der Exekutive gehört. Letztere kann allerdings nur auf

Anweisung der Judikative tätig werden. Die Gewaltenteilung verlangt also, dass für die Überwachung einer Zielperson eine richterliche Erlaubnis vorliegen muss. Ein einfacher Richter, der natürlich nicht die geringste Ahnung von den Plänen (und der Existenz) der *Bruderschaft* hat, erteilt eine solche Erlaubnis zur Überwachung nur entsprechend der dafür vorgesehenen Gesetze. Letztere fordern einen begründeten Verdacht, dass die Zielperson in eine Straftat verwickelt ist.

Aus diesen Gründen macht die Gewaltenteilung eine Massenüberwachung, also die Ausspähung der gesamten Bevölkerung, unmöglich (dazu müsste für jeden Bürger eine solche Überwachung richterlich gestattet werden – völlig undurchführbar).

Damit sind wir auch schon beim oben erwähnten 3. Vorteil, den der »Kampf gegen den Terror« für die *Bruderschaft* hat. Es wird argumentiert, dass der Exekutive die Möglichkeit eingeräumt werden muss, jedem Verdacht schnell und unbürokratisch nachgehen zu können, um sie in die Lage zu versetzen, Terroranschläge bereits im Vorfeld zu vereiteln.

Dies bedeutet, dass der Exekutive das Recht eingeräumt werden muss, ohne Genehmigung durch die Judikative vorzugehen. Genau dieses Recht erhielt die Exekutive durch den in der Folge der Anschläge vom 11. September 2001 in Kraft getretenen »Patriot Act«, den ich bereits in meinen Ausführungen über die »Wahlmöglichkeiten« in den westlichen Demokratien erwähnte. Das am 25. Oktober 2001 vom Kongress der Vereinigten Staaten verabschiedete Gesetz enthält noch eine ganze Reihe weiterer Einschränkungen der Bürgerrechte, für uns ist an dieser Stelle jedoch der Überwachungsaspekt von Interesse.

Der Bundespolizei (Federal Bureau of Investigation, FBI), dem militärischen Geheimdienst (National Security Agency, NSA) und dem zivilem Geheimdienst (Central Intelligence Agency, CIA) wurde das Recht eingeräumt, ohne richterliche

Anordnung Überwachungsmaßnahmen durchzuführen. Damit war der Weg frei für Massenüberwachungen.

Vor diesem Hintergrund wundert mich die öffentliche Empörung, die nach den Enthüllungen des Edward Snowden[152] allerorts zu vernehmen war. Wozu sonst sollte die Aufhebung der Gewaltenteilung gut sein, wenn nicht zur praktischen Umsetzung von Massenüberwachung? Würde es um die Bespitzelung Einzelner gehen, könnten Polizei und Geheimdienste doch nach wie vor schön brav ihre Maßnahmen von den Gerichten genehmigen lassen. Man könnte auch ein Verfahren etablieren, dass eine solche Genehmigung im Eiltempo durchgeführt werden kann, sofern akute Gefahr im Verzug ist. Deshalb *kann* das Aushebeln der Gerichte nur den Sinn haben, den Anfangsverdacht, in eine Straftat verwickelt zu sein, als Voraussetzung für eine Überwachungsmaßnahme abzuschaffen, um auf diese Weise jeden bespitzeln zu können. Da der Sinn des »Patriot Act« also unzweifelhaft klar war, braucht man sich heute nicht zu wundern, dass er von Polizei und Geheimdiensten auch umgesetzt wird. Eine weltweite Empörung bis hin zu empfindlichen Sanktionen und einem Handelsboykott gegen die USA nach dem 25. Oktober 2001 hätte ich verstanden, die hysterischen Reaktionen auf die Snowden-Enthüllungen halte ich jedoch teils für geheuchelt, teils der Dummheit geschuldet.

Seltsamerweise gibt es selbst heute weder die Sanktionen noch den Handelsboykott gegen die USA, obwohl das Ausspähen der weltweiten Wirtschaft und der Kommunikation der

---

[152] Der ehemalige Mitarbeiter der Beratungsfirma Booz Allen Hamilton arbeitete als externer IT-Berater in einem Büro der NSA auf Hawaii, gelangte dort in den Besitz von Dokumenten, die die weltweite Internet-Überwachung durch die NSA belegen, machte daraufhin Karriere als »Whistleblower« und hält sich derzeit in Russland auf. Schließlich ist es in »demokratischen« (Volksherrschaft!) Staaten wie den USA strafbar, das Volk über die Machenschaften der vom Volk gewählten Regierung aufzuklären.

Politiker souveräner (oder doch nicht?) Staaten durchaus als kriegerischer Akt gewertet werden muss. Dies ist ein klarer Hinweis darauf, dass die Weltherrschaft der *Illuminaten* längst Realität ist.

Doch kommen wir nun zu den Details, was die NSA und damit die *Bruderschaft* so alles über jeden von uns weiß:

Zunächst einmal werden die Telefonverbindungsdaten gesammelt. Das bedeutet, die NSA weiß, wer wann mit wem telefoniert hat. Doch im Zeitalter des Mobilfunks enthalten diese Verbindungsdaten noch weitere wichtige Informationen, und zwar die genauen Standorte der Gesprächsteilnehmer.

Zusätzlich werden sämtliche Internetaktivitäten aufgezeichnet: Emails, Kommentare in Foren, Blogs, soziale Netzwerke (Facebook, Xing, Twitter usw.). Außerdem haben Bundespolizei und Geheimdienste freien Zugriff auf die Bankdaten.

All diese Daten (Telefonverbindungsdaten inklusive Bewegungsprofil, Internetnutzung und Finanzdaten) werden bei der NSA in einer gigantischen Acumolo-Datenbank abgespeichert und stehen somit zur Auswertung zur Verfügung.

Mithilfe intelligenter, Muster erkennender Auswertungssoftware werden aus diesen Daten Profile erstellt, die

- eine ganze Menge über die Persönlichkeit enthalten (zu welchen Themen hat jemand im Internet welche Stellung bezogen, private in sozialen Netzwerken preisgegebene Informationen, welche Meinung äußert er zu relevanten Themen in Emails usw., welche sexuellen Vorlieben hat er),
- die soziale Vernetzung rekonstruieren (mit wem steht derjenige per Telefon, Mail usw. in Verbindung),
- das Bewegungsverhalten widerspiegeln (wann ist derjenige wo gewesen) und
- seine finanzielle Situation offenlegen.

Von einem solchen Tiefgang hätte »die Partei« in Orwells »1984« nur träumen können. Falls die Mustererkennungssoftware zu dem Schluss kommt, dass *Ihr Profil* für die Geheimdienste interessant ist, weil Sie z.B. häufig systemkritische Bemerkungen in Foren hinterließen und mit anderen »Auffälligen« in Kontakt stehen, gehören Sie zu den Gewinnern des NSA-Aufmerksamkeits-Wettbewerbs.

In diesem Fall schaut sich Big Brother ihre Daten genauer an und startet eine gezielte Überwachung ihrer Person. Dies bedeutet, es werden nicht nur ihre Daten gesammelt, sondern ihre Telefongespräche abgehört und ihre Emails von Geheimdienstlern gelesen.

Auf diese Weise ist die *Bruderschaft* bestens darüber informiert, ob sich irgendwo etwas zusammenbraut, was ihren Plänen zuwider läuft. Gelegentlich aufgedeckte und im Vorfeld vereitelte, tatsächlich geplante oder nur vorgetäuschte Terroranschläge sind ein Nebenprodukt des Ganzen, das verwendet wird, um die Überwachungspraxis immer wieder zu rechtfertigen.

Doch was passiert nun, wenn sich bei einer solchen Einzelüberwachung herausstellt, dass sich jemand schädlich für das *Illuminaten*-System verhält? Je nach gesellschaftlicher Bedeutung der Person und der Schwere ihres Vergehens wird stufenweise vorgegangen, wobei die Stufen 1 – 4 dem Ausschluss aus der Gesellschaft und Stufe 5 dem Ausschluss aus dem Leben dienen:

Stufe 1: Es werden private Informationen über die Person veröffentlicht (z.B. über ihre sexuellen Vorlieben oder ihre finanziellen Verhältnisse).

Stufe 2: Es werden unwahre Gerüchte über die Person in sozialen Netzwerken gestreut, die speziell durch die Vermischung mit Stufe 1 glaubwürdig wirken.

Stufe 3: Man verwendet Fälschungen. Es werden beispielsweise Fotos der Person in kompromittierenden Situationen hergestellt und Emails unter seinem Namen an seine sozialen Kontakte gesendet, die auf perfide Art diese Kontakte zerstören.

Stufe 4: Der Person werden Fallen gestellt. Diese können beispielsweise darin bestehen, dass man der Person einen besonders attraktiven Sexualpartner anbietet (sogenannte »honey traps«, Honigfallen), wobei die kompromittierenden Situationen natürlich dokumentiert werden. Ein anderes Beispiel wäre, die Person zu Drogenkonsum zu überreden oder – abhängig von ihrer finanziellen Situation – die Person zu einer grenzwertig legalen oder illegalen Handlung gegen Bestechung zu veranlassen.

Stufe 5: Der Selbstmord, ein tödlicher Unfall oder eine natürliche Todesursache (wie »Herzinfarkt«) werden vorgetäuscht. In so etwas haben die Geheimdienste nicht nur in James-Bond-Filmen, sondern auch in der Realität, jahrzehntelange Erfahrung.

Vielleicht glauben Sie, lieber Leser, ich würde hier ein wenig übertreiben. Nein, ich habe untertrieben.

Glenn Greenwald, der von Edward Snowden in alles eingeweiht wurde, veröffentlichte Dokumente, die belegen, wie der britische Geheimdienst GCHQ (Government Communications Headquarters) in den oben beschriebenen Fällen vorgeht. Diese Dokumente können Sie im Internet selbst studieren, wenn Sie mögen[153].

Man gründete die Spezialabteilung JTRIG (Joint Threat Research Intelligence Group), deren einzige Aufgabe es ist, unliebsame Zeitgenossen zu verleumden, zu diskreditieren, Organisationen zu zersetzen und letztlich den Gegner zu »zerstören«.

Zu diesem Zweck wurde eine Einheit namens HSOC (Human Science Operation Cell) installiert, die nach neuesten wissenschaftlichen Erkenntnissen zum Fühlen, Denken und Handeln des Menschen Strategien zu genau den zuvor genannten Zwecken entwirft.

---

[153] https://firstlook.org/theintercept/2014/02/24/jtrig-manipulation/

Falls Sie dies immer noch nicht glauben können (was zugegebenermaßen auch schwerfällt), dann glauben Sie vielleicht der Frankfurter Allgemeinen Zeitung[154] oder Wikipedia[155], die beide nicht unbedingt im Verdacht stehen, aufrührerische, Verschwörungstheorien fördernde Quellen zu sein.

Vielleicht ist es Ihnen schon aufgefallen: Das System ist rückbezüglich, d.h. logisch in sich geschlossen. Lassen Sie mich diesen Gedanken ausführen:

Die Öffentlichkeit akzeptiert Überwachung als Folge der »ständigen Terrorgefahr«. Das bedeutet, die Bevölkerung glaubt, die Überwachung diene einem guten Zweck, nämlich der »Terrorabwehr«.

Die überwachenden Organe (Polizei und Geheimdienste) sind folglich die »Guten«, weshalb die aus Überwachungsmaßnahmen gewonnen Informationen glaubwürdig sind. Deshalb werden auch die real existierenden Täuschungen (siehe obige Ausführungen über die JTRIG) der Geheimdienste als Wahrheiten akzeptiert.

Wenn also behauptet wird, man verfüge über geheimdienstliche Informationen, dass mal wieder ein Terroranschlag kurz bevorstand und nur knapp vereitelt werden konnte, so wird die Begehrlichkeit geweckt, dass der nächste Anschlag doch bitteschön nicht nur knapp, sondern am besten schon während die bösen Terroristen auch nur über ihre schurkischen Pläne nachdenken, verhindert werden möge.

Das geht natürlich am besten mit noch mehr Überwachung. Und sollte sich dagegen wider Erwarten doch Widerstand regen, so hat man zwei wunderschöne Möglichkeiten:

Entweder werden die Rädelsführer dieses ruchlosen Widerstandes diskreditiert (was ja aus obigen Gründen glaubhaft

---

[154] http://www.faz.net/aktuell/feuilleton/debatten/ueberwachung/britischer-geheimdienst-so-werden-menschen-vernichtet-12820556
[155] http://de.wikipedia.org/wiki/JTRIG

ist)[156] oder es wird flugs ein echter Terroranschlag durchgeführt. Spätestens dann wird jedem klar, dass wir diese Totalüberwachung wirklich brauchen und dass diejenigen, die sich dagegen auflehnen, die Verabschiedung von Überwachungsgesetzen verschleppen oder gar verhindern, somit für den Tod von Menschen verantwortlich sind. Alles klar?

Die zuletzt genannte Methode, ein echter Terroranschlag, ist genau das Ereignis, das man braucht, um dieses sich selbst erhaltende System ins Leben zu rufen.

Falls jemand von Ihnen trotz der weiter oben *bewiesenen* kriminellen, extrem ruchlosen Aktivitäten der Geheimdienste Zweifel daran hat, dass die Regierung dazu fähig ist, selbst einen Anschlag gegen die eigene Bevölkerung durchzuführen und es einem anderen unterzuschieben, so möchte ich nochmals zu Bedenken geben:

Speziell mit den Anschlägen vom 11. September 2001 wurde nicht nur die Totalüberwachung begründet, die zu einer erheblichen Machtsteigerung der *Illuminaten* führte, die Anschläge sind auch die Begründung für jährlich Hunderte Milliarden Rüstungsausgaben, und das in einem hochverschuldeten Staat, weshalb obendrein entsprechende Zinszahlungen fällig werden.

Neben dem wertvollsten auf dieser Welt, Information, profitiert die *Bruderschaft* in Form von Billionen Dollars von diesem Terrorangriff [157]. Und da sollen wir tatsächlich die Geschichte von den verrückten Selbstmord-Islamisten glauben?

Die tatsächlichen Hintergründe dieses diabolischen Anschlages liegen mir im Detail vor. Das Thema ist jedoch zu umfangreich, um es hier kurz und knapp abzuhandeln, weshalb ich Sie auf einen Folgeband vertrösten muss.

---

[156] Aus den von mir zitierten Dokumenten der JTRIG geht eindeutig hervor, dass die Verleumdungsaktivitäten beispielsweise auch gegen Netzaktivisten gerichtet sind.

[157] Siehe auch von Salomon (2014), S. 37 ff

Wie ich bereits mehrfach erwähnte, gleicht die Fahrt der *Illuminaten* durch die Weltgeschichte der Fahrt mit einem Ruderboot über unruhige Gewässer. Immer wieder treten unvorhersehbare Ereignisse auf, die dazu führen, dass die Ruderer gegensteuern müssen. Die Enthüllungen Edward Snowdens waren ein solches Ereignis.

Natürlich ließ die *Bruderschaft* über ihre Akkreditierten die Totalüberwachung nach allen Regeln der Kunst ausbauen, und sie wollte auch, dass der Öffentlichkeit bekannt ist, dass derartige Anstrengungen »im Prinzip« unternommen werden (damit sämtliche Aussagen der Geheimdienste vor dem Hintergrund des gigantischen Informationsapparates auch glaubwürdig sind). Was die *Illuminaten* jedoch weniger lustig finden, ist der Umstand, dass die Welt von Snowden über den tatsächlichen, *jedermann betreffenden* Umfang der Abhörmaßnahmen informiert wurde. Denn dieses Ausmaß der Bespitzelung sämtlicher Bürger, das den faschistoiden »Patriot Act« sogar bei weitem übertrifft, war natürlich in dieser Form niemals kommuniziert worden.

Jetzt sieht es also auf einmal (berechtigterweise) so aus, dass die Geheimdienste und damit die dafür verantwortlichen Regierungen mit, sagen wir mal, »unlauteren Methoden« vorgehen. Damit geht natürlich eine wesentliche Komponente des Ganzen sich selbst erhaltenden Systems den Bach runter: die Glaubwürdigkeit. Das haben natürlich nicht nur böse Verschwörungstheoretiker wie ich erkannt, sonders das Ganze ist so offensichtlich und einfach nicht mehr wegzudiskutieren, weshalb genau dieser Gedanke sogar bis zu unseren Freunden bei SPON durchgedrungen ist[158]. Dieser erstaunliche Umstand ist sicherlich damit zu erklären, dass der Kolumnist des Artikels, Sascha Lobo, zusammen mit Jan Fleischhauer zur geistigen Elite der Kolumnisten dieses Nachrichtenportals gehört.

---

[158] http://www.spiegel.de/netzwelt/netzpolitik/sascha-lobo-ueber-geheimdienst-beweise-nach-der-snowden-affaere-a-983570.html

Bevor mir die beiden nun Danke-Mails schreiben, möchte ich noch darauf hinweisen, dass dies angesichts von Leuten wie Jakob Augstein natürlich auch keine Kunst ist.

Wenn die Glaubwürdigkeit des illuminierten Systems jedoch bröckelt, so ist natürlich ein Gegensteuern (Ruderboot) erforderlich. Die beste Methode, den Glauben der Menschen wieder herzustellen, dass wir den Überwachungsstaat und die gigantischen Rüstungsausgaben im »Kampf gegen den Terror« dringend brauchen und dass es nur unsere Regierungen sind, die uns vor noch Schlimmerem bewahren können, ist natürlich: ein weiterer Terroranschlag. Ich bin schon sehr auf die nächste »Show« der Akkreditierten gespannt.

Die Sache hat aus Sicht der *Bruderschaft* jedoch einen Haken: Die Ereignisse vom 11. September 2001 hatte man den meisten Menschen noch als echte Terroranschläge verkaufen können. Mittlerweile hingegen haben viele diese Lügengeschichte als das erkannt, was sie ist: eine von einer kleinen Elite geplante Aktion, um Juden und Christen gegen die Moslems aufzuhetzen (Rüstung, Zinsen auf Staatsverschuldung), und um die Totalüberwachung der Bevölkerung zu legitimieren. Dem nächsten Terroranschlag würde also seitens eines Großteils der Bevölkerung mit erheblich größerer Skepsis begegnet werden als vor 13 Jahren. **Folglich muss etwas Anderes her. Kein einfacher Terroranschlag, so spektakulär er auch sein mag, sondern etwas Größeres, Gewaltigeres, etwas, das jeden Skeptiker und Widerständler verstummen lassen wird.**

Die *Illuminaten* wären heute nicht dort, wo sie sind, wenn sie dazu keine Pläne in der Schublade hätten. Diese Pläne sind den *Artur* durch ihre Agententätigkeit bekannt. Deshalb sind sie Teil des im Heiligen Gral gespeicherten Wissens. **Mit diesen Plänen werde ich mich in meinem nächsten Buch befassen.**

2.7 Familie, Senioren, Frauen und Jugend

Im vorletzten Abschnitt haben wir uns mit der Frage beschäftigt, wie eine Regierungsform aussehen muss, die entweder gut für die *Bruderschaft* oder gut für die Bevölkerung ist. In diesem Abschnitt wenden wir uns der Frage zu, wie das kulturelle Umfeld der Menschen konstruiert sein muss, um sie zu unwissenden Sklaven der *Bruderschaft* zu machen.

Ich habe diesen Abschnitt nach einem real existierenden[159] Ministerium der Bundesrepublik benannt, das ich unter 2.5 scherzhaft als »alles außer Männer« bezeichnet habe. Nähme man Letztere hinzu, so wären tatsächlich alle Beteiligten des kulturellen Umfeldes erwähnt, das ich hier nun untersuchen möchte.

Wie wir im Abschnitt »Überwachung« gesehen haben, lässt sich Letztere nur durch ein entsprechendes Sicherheitsbedürfnis legitimieren. Wenn man etwas genauer hinschaut, gilt dies nicht nur für die Überwachung, sondern auch für die gesamte Konstruktion des Sozialstaates.

Ein Sicherheitsbedürfnis entsteht nur dann, wenn man Angst hat. Deshalb liegt es im Interesse der *Illuminaten*, Angst zu erzeugen und die Lösung gleich mitzuliefern: der Staat, der alles richtet, der uns auffängt, wenn es uns mal schlecht geht und der uns vor den bösen Terroristen beschützt.

Die Angst vor Terroristen ist durch einen schicken Terroranschlag natürlich schnell geschürt, doch wie erzeugt man die Angst davor, in schwierigen Zeiten alleine dazustehen, weshalb man sich den Staat als Retter in der Not wünscht?

Die Lösung aus Sicht der *Bruderschaft* liegt darin, die Institution zu zerschlagen, die in einer gesunden Gesellschaft für die entsprechende Sicherheit sorgt: die Familie. Hat man diesen grundlegenden sozialen Verbund erst einmal kaputt regiert,

---

[159] Ich finde es passend, diese Floskel des Ober-Sozialisten Honecker auf die BRD anzuwenden.

ruft jeder nach (Ersatz)Vater namens Staat mit Vornamen »Sozial«.

Beginnen wir mit der Zerstörung der Familie, auch wenn uns die Politiker natürlich erzählen, die Familie sei ein hohes Gut. Doch wie sagt die Bibel so schön: An ihren Früchten werdet ihr sie erkennen![160]

Eine Familie besteht, wie der Titel dieses Abschnittes schon sagt, aus Senioren, Frauen und Jugend – und Männern. Um den Familienverbund zu zerstören, muss man also bei diesen vier Komponenten ansetzen.

Beginnen wir mit den Senioren. Das natürlich zwanghaft für Arbeiter und Angestellte vorgeschriebene Rentensystem dient einzig dazu, die alt gewordenen Eltern von ihren Kindern zu entfremden. Durch den sogenannten »Generationenvertrag« wird den arbeitenden Kindern das Geld per Diktat weggenommen, um dann – nach Abzug der Verwaltungskosten – vom Staat an jene älteren Menschen zu verteilen, die nach Ansicht der Regierung dazu berechtigt sind.

Dabei stellt sich natürlich die Frage, warum die Rentenbeiträge nicht direkt von den Kindern an diejenigen gezahlt werden, die von den Kindern, also jenen, die das Geld erwirtschaften, als »berechtigt« empfunden werden, nämlich vorzugsweise die eigenen Eltern.

Dieser Mechanismus war der seit Jahrtausenden gültige Vertrag zwischen den Generationen. Die Eltern opferten einen Großteil ihrer Ressourcen, um die Kinder »groß zu ziehen«, während die Kinder später für das Auskommen ihrer alt gewordenen Eltern sorgten.

Doch Letzteres ist zugegebenermaßen kein gutes Argument. Was früher gut war, muss nicht auch heute noch zwangsläufig gut sein, schließlich ändern sich die Zeiten. Also vergleichen wir den alten »Generationenvertrag«, nach dem die Kinder für

---

[160] Matthäus, Kap. 7, 16

ihre Eltern sorgen, mit der »sozial«staatlichen Version, nach der die Kinder das Geld in die Staatskasse zahlen, von wo es dann nach Gutdünken von Politikern umverteilt wird.

Betrachten wir die Sozialstaatvariante zunächst aus Sicht der im Arbeitsleben befindlichen Kinder. Wie in Abschnitt 2.5 erläutert, wird ihnen die Hälfte ihres Einkommens vom Staat weggenommen, was mehr als zwei Dritteln des frei verfügbaren Einkommens entspricht (nach Abzug von Essen, Kleidung, Wohnen). Dementsprechend bleibt nicht mehr viel übrig, was sie zum Lebensunterhalt ihrer Eltern beitragen könnten. Stattdessen wird die Rente vom Staat gezahlt, der damit als Wohltäter der Eltern (statt der Kinder) auftritt, was Kinder von ihren Eltern natürlich zum Teil entfremdet, d.h. den Familienverbund lockert. Wir halten fest: Den Kindern der Rentner wird das Geld, in dem Falle die Rentenbeiträge, unter Zwang abgenommen und sie werden entmündigt darüber zu bestimmen, für wen ihr hart verdientes Geld ausgegeben wird.

Werfen wir nun einen Blick auf die Sozi-Version der Altersversorgung aus Sicht der Rentner. Da sie ihre Rente ohnehin vom Staat bekommen, haben sie kein gesteigertes Interesse daran, überhaupt kostspielige Kinder in die Welt zu setzen. Genau diesen Effekt können wir beobachten, und er wird schließlich auch in allen Medien beklagt: der Geburtenrückgang. Deutschland stirbt aus, weshalb wir Migration brauchen (die in Wirklichkeit den Sozialstaat mehr belastet, als dass sie dazu beiträgt, was wiederum zur Zinsknechtschaft-Strategie der *Bruderschaft* beiträgt, siehe Abschnitte 2.3 und 2.4). Die tatsächliche Ursache für das Geburtendefizit, das familienfeindliche Rentensystem, wird natürlich nicht thematisiert. Das zu kritisieren ist nach *Illuminaten*leitlinie tabu, weil der Wegfall der familiären Sicherheit den Ruf der Bevölkerung zu jenem für die *Bruderschaft* so lukrativen Sozialstaat bewirkt (siehe Abschnitte 2.3 und 2.4). Durch diese Umleitung des Einkommens der Kinder über den Staat zu den Rentnern bleibt für Letztere natürlich weniger übrig, weil Verwaltungskosten und Zahlungen an Zuwanderer und Kinderlose ebenfalls aus dem Staatstopf erfolgen. Hinzu kommt, dass dic Alten weniger Wert auf die Ausbildung ihrer Kinder legen, die ebenfalls oftmals kostspielig ist. Schließlich ist es für sie ohne Bedeutung, wie viel ihre Kinder dereinst verdienen werden. Auch dieser Umstand passt hervorragend zur *Illuminaten*strategie, die sich natürlich eine wenig gebildete Bevölkerungsmasse wünscht, die mangels erlernter analytischer Fähigkeiten ihr Sklavendasein nicht erkennt.

Nun stellt sich natürlich die Frage, wie ein Generationenvertrag in heutiger Zeit *ohne* Sozialstaat aussehen würde. Dabei muss man zunächst berücksichtigen, dass die arbeitende Bevölkerung drei- bis viermal so viel Geld zur freien Verfügung hätte als heute. Wenn eine Familie unter dem Diktat des gegenwärtigen Sozialstaates gerade so »über die Runden« kommt, hätte sie nun erheblich mehr Geld in der Tasche. Einen Teil davon den Eltern zu geben, wäre nur recht und billig, schließlich haben Letztere durchschnittlich zwei Jahrzehnte für den Lebensunterhalt und die Ausbildung ihrer Kinder gesorgt. Ohne »Sozialstaat« hätten die Eltern also erstens eine echte Motivation, Kinder in die Welt zu setzen, und zweitens auch noch einen gewichtigen Ansporn, ihnen eine gute Ausbildung zu ermöglichen.

Nun möchte ich mich den Problemfällen zuwenden, die ohne »Sozialstaat« in diesem Zusammenhang entstehen könnten.

Erstens: Die Kinder sind nicht bereit, für ihre alten Eltern zu zahlen. In diesem Fall stellt sich zunächst einmal die Frage, warum sie ihre eigenen Eltern ihrem Schicksal überlassen wollen. Schließlich ist es, wie bereits erwähnt, nur fair, den Eltern etwas zurückzugeben. Wenn Kinder sich weigern, dies zu tun, so kann dieses Verhalten zwei Ursachen haben. Entweder (A) wurden die Kinder von ihren Eltern schlecht behandelt, vielleicht sogar misshandelt, dann geschieht es diesen Rentnern ganz recht, wenn sie ohne Hilfe dastehen. Mit anderen Worten: Warum sollen andere Menschen für die Alten bezahlen, wenn noch nicht einmal die eigenen Kinder dazu bereit sind? Oder (B) den Kindern geht jeglicher Gerechtigkeitssinn ab, weshalb sie ihr ohne Sozialstaat reichlich vorhandenes Geld lieber selbst verprassen, statt die Eltern mit einem Teil zu unterstützen. In diesem Fall hat die Erziehung der Eltern auf ganzer Linie versagt und sie haben der Gesellschaft mit solchen Kindern sicherlich keinen Gefallen getan. Auch hier stellt sich die Frage, warum die Gesellschaft für solche Eltern aufkommen sollte.

Zweitens: Ein Paar ist aufgrund bewusster Entscheidung (niemand soll zu etwas gezwungen werden, auch nicht zum Kinderkriegen) oder aufgrund von Unfruchtbarkeit kinderlos geblieben. Das wäre kein Problem, denn auch ohne bevormundenden Sozialstaat gäbe es natürlich die Möglichkeit, sich privat zu versichern (was einem weit weniger weh tun würde, als die Rentenbeiträge in Verbindung mit dem absurden Steuersystem heute). Was wäre aber mit denjenigen, die sowohl kinderlos geblieben sind als auch keine private Rentenversicherung abgeschlossen haben? Diese Leute haben nichts zum Erhalt der Gesellschaft beigetragen und noch nicht einmal für sich selbst gesorgt. Warum also sollte die Gesellschaft *gezwungen* sein, für deren Lebensunterhalt aufzukommen? Wohlgemerkt, auch ohne Sozialstaat stünde es jedem frei, von seinem nun vielfachen frei verfügbaren Einkommen Geld für solche kinder- und verantwortungslose Leute zu spenden. **Wer intelligent genug ist, Geld zu verdienen, ist auch intelligent genug, selbst zu bestimmen, wofür es ausgegeben wird.** Dazu braucht man keine Politiker, die in ihrem Wahn denken, über den Menschen zu stehen und für diese entscheiden zu dürfen.

Kommen wir nach den Senioren nun zu den Frauen und schauen uns an, wie sie von der Politik zur Destabilisierung der Familien instrumentalisiert werden. In diesem Zusammenhang ist von »Gleichberechtigung« die Rede. »Rechte« sind jedoch zumeist an »Pflichten« gekoppelt – oder sollten es zumindest sein. Falls Paare Kinder haben wollen, so ist nun mal den Frauen von der Natur die Pflicht auferlegt worden, die Kinder zu bekommen. Männer können das nicht. Männern ist jedoch von der Natur ein höherer Testosteronspiegel gegeben worden, was zur Ausbildung einer kräftigeren Muskulatur führt, weshalb sich Männer besser zur Nahrungsbeschaffung (Jagd) und harter körperlicher Arbeit eignen. Wenn also die unterschiedlichen natürlichen Eigenschaften, von denen es eine ganze Reihe weiterer gibt, zu von der Natur vorgesehenen unterschiedlichen Pflichten führen, so ist die Frage berechtigt, ob beiden Geschlechtern die gleichen Rechte eingeräumt werden sollen.

Dieser Gedanke dürfte bei der einen oder anderen Feministin unter meinen Lesern Schnappatmung oder Herzstolpern ausgelöst haben, weil mir diese Leserin nun unterstellt, ich wolle mit dieser Einleitung zum Thema Frauen und Gleichberechtigung die Rechte von Frauen beschneiden. Diese Sorge stammt wahrscheinlich aus der Erfahrung jener Feministinnen mit patriarchalischen Idioten (siehe Abschnitt 2.2). Doch das Gegenteil ist der Fall. Eine rationale Analyse der menschlichen Sozialstrukturen führt unweigerlich zum Schluss, dass Frauen für die Gesellschaft einen höheren Wert haben als Männer, weshalb ihnen auch mehr Rechte zugestanden werden sollten.

Gleichberechtigung im Sinne des Zeitgeistes bedeutet jedoch, dass die Frauen wie Männer sein sollten – sie sollen die gleiche Arbeit tun, was zwanghaft durch »Frauenquoten« erreicht werden soll, sie sollen zum Militär gehen (dürfen) und sich in Afghanistan über den Haufen schießen lassen (dürfen) usw. usf.

Ob die Frauen dabei glücklich werden, wenn sie sich im ständigen Wettbewerb mit von der Natur nun mal für bestimmte Aufgaben besser geeigneten Männern befinden, steht allerdings auf einem ganz anderen Blatt. Stattdessen haben Frauen aufgrund ihres höheren Wertes das Recht, sich erst gar nicht auf diesen Existenzkampf einlassen zu müssen. Sie haben das Recht, von ihren Männern versorgt zu werden und müssen deshalb nicht die geringsten Gewissensbisse oder Minderwertigkeitskomplexe haben, die ihnen von illuminierter Seite eingeredet werden. Doch dazu komme ich noch.

Doch nun möchte ich erst einmal darauf eingehen, warum Frauen – rational betrachtet – wertvoller für die Gesellschaft sind als Männer. Zunächst sind Letztere bei ihrer Partnerinnenwahl weit weniger wählerisch als Frauen. Der Grund dafür ist denkbar einfach:

Männer sind biologisch dazu in der Lage, jeden Tag ein Kind (oder mehrere) zu zeugen, Frauen können dies nur alle neun Monate. Folglich besteht die Fortpflanzungsstrategie der Männer darin, möglichst viele Frauen zu schwängern, während Frauen darauf bedacht sind, sich einen möglichst attraktiven und erfolgreichen Geschlechtspartner auszusuchen.

Deshalb erfolgt die Selektion der Gene für gesunde, starke und intelligente Nachkommen im Wesentlichen durch die Frau, deren Beitrag zur Evolution des Menschen, d.h. zu einer gesunden, sich weiter entwickelnden Gesellschaft erheblich höher ist als der des Mannes. Diesen Punkt haben wir bereits im Abschnitt 2.2 im Zusammenhang mit Patriarchat und Religion beleuchtet.

Ein weiterer Grund für den höheren Wert der Frau besteht darin, dass eine Gesellschaft auf Männer leichter verzichten kann als auf Frauen. Führen wir dazu folgendes Gedankenexperiment durch:

Ein Virus rafft beim Volk A 99% der Männer, jedoch keine Frauen dahin, beim Volk B führt ein anderes Virus zum Tod von 49,5% der Männer und 49,5% der Frauen. Welches Volk erholt sich wohl schneller von der Seuche?

Die Antwort ist zu trivial, als dass ich sie hier ausführen muss. Daraus ergibt sich übrigens auch, dass es aus gesellschaftlicher Sicht Wahnsinn ist, Frauen im Krieg zu verheizen. Auf solch einen Unfug können nur Sozialisten kommen.

Die eigentliche Ursache für den höheren Wert der Frau liegt darin, dass die Frauen die Aufgaben der Männer (Jagd, schwere körperliche Arbeit) zwar schlechter, aber zumindest prinzipiell ausführen können, weshalb der Verlust von Männern für die Gesellschaft nachteilig ist, sich aber nicht katastrophal auswirkt.

Umgekehrt sind Männer prinzipiell nicht in der Lage, die Aufgabe der Frau, das Gebären von Kindern, zu übernehmen. Damit meine ich natürlich nicht, es sei die *alleinige* Aufgabe der Frau, Kinder zu gebären, das wäre eine böswillige Unterstellung. Es geht mir hier um den rein rational begründeten höheren Wert der Frau für die Gesellschaft, woraus sich entsprechend größere Rechte ableiten.

Spannen wir nun den Bogen: Aus dem von den *Illuminaten* gewollten Patriarchat (weshalb sie die Wüstenreligionen entsprechend frauenfeindlich konstruierten, Abschnitt 2.2) folgt neben der Dummzüchtung der Gesellschaft der im Rahmen der Aufklärung erwachsene berechtigte Wunsch der Frau, diesem Missstand ein Ende zu bereiten. Leider sind viele Frauen auf den üblichen *Illuminaten*trick hereingefallen: *Basis = Verallgemeinerung*. Aus der Wortverdrehung des Rechtsgrundsatzes »Das Gesetz wird auf alle Menschen gleich angewandt« folgt eben nicht der irrsinnige Grundsatz von der »Gleichheit aller Menschen«. Keine zwei Menschen sind gleich, erst recht nicht Mann und Frau.

Die Gleichheit mit dem Mann einzufordern, diskriminiert die Frau in ähnlicher Weise wie im Patriarchat: Sie muss sich verbiegen, um den Ansprüchen der Gesellschaft und sich selbst gegenüber gerecht zu werden, wobei sie ihre Natur unterdrücken muss. Doch auch diese neuere »Gleichberechtigung« genannte Variante der Unterdrückung der Frau ist absolut im Interesse der *Bruderschaft*.

Wenn sich die Frau statt um die Familie, archaisch gesprochen: primär um Nahrungsbeschaffung, modern gesprochen: primär um die Karriere, kümmert, so wird folgendes bewirkt: Die intelligenten, leistungsfähigen Frauen (die sich, s.o., auch die erfolgreichsten Männer aussuchen) machen Karriere, weshalb sie ihre wertvollen Gene nicht an Nachkommen weitergeben. In den wenigen Fällen, in denen sie dies doch tun, werden die Kinder in die Obhut des Sozialstaates gegeben (Krippen, Kindergärten), der dies natürlich wunderschön für die von den Religionen bekannte frühkindliche Indoktrination nutzen kann – ganz zu schweigen von den psychischen Schäden, die ein Kind durch die Trennung von der Mutter erleidet. Die weniger intelligenten und leistungsfähigen Frauen (die auch nicht unbedingt die intelligenten, leistungsfähigen Geschlechtspartner abbekommen), die keine Chance auf Karriere haben, können sich besonders vor dem Hintergrund sozialstaatlicher Segnungen fröhlich aufs Kinderkriegen konzentrieren. Der Effekt ist eine ähnliche Dummzüchtung wie im Falle des Patriarchats – ganz im Sinne der *Illuminaten.* Vor diesem Hintergrund wird sofort klar, warum einerseits vom illuminierten »Mainstream« Gleichberechtigung propagiert und andererseits der scheinbar völlig dazu im Widerspruch stehende Zuzug von Menschen aus archaisch/patriarchalischen Gesellschaften nicht nur gefördert, sondern gefordert wird. Der Effekt der Dummzüchtung ist der gleiche.

Also, liebe Frauen, ihr seid den Männern nicht gleich, folglich solltet ihr auch nicht die gleichen Rechte einfordern. Ihr seid, gesellschaftlich betrachtet, von höherem Wert als Männer, also habt ihr durchaus mehr Rechte, speziell das Recht, von euren Männern respektiert und auf Händen getragen zu werden. Männer, die dazu nicht bereit sind, sind Idioten, von denen ihr die Finger lassen solltet. Ihr dürft die Männer ruhig ausnutzen, indem ihr sie die wenigen Dinge tun lasst, die sie besser[161] können als ihr.

Wir haben nun gesehen, wie Senioren von ihren Kindern und Frauen von Männern entfremdet werden. Zur Zerstörung der statt des Sozialstaates Sicherheit bietenden Familie fehlt noch die Entfremdung der Jugend von ihren Eltern. Dieser Punkt ist schnell abgehandelt. Durch die in den illuminierten Medien propagierte »Jugendkultur« gelten Alte als hässlich und Eltern als »uncool«. Stattdessen werden den Jugendlichen tätowierte Arschlöcher mit dem geistigen Horizont von Eintagsfliegen als »Vorbilder« präsentiert. Diese Entfremdungstaktik der *Bruderschaft* ist derart offensichtlich, dass ich meiner Meinung nach nicht weiter darauf eingehen muss.

Zusammenfassend möchte ich festhalten, dass alle Mitglieder einer Familie durch die von den *Illuminaten* über die Medien bzw. den Sozialstaat konstruierten Verhältnisse gegeneinander aufgewiegelt bzw. voneinander entfremdet werden. Auf diese Weise wird erreicht, dass die Menschen die Sicherheit der Familie verlieren und so vom Staat abhängig gemacht werden. Dieser Staat nutzt diese Abhängigkeit, um seine Bürger in allen Lebensbereichen zu bevormunden und ihrer Entscheidungsfreiheit zu berauben.

Abhängigkeit und Unfreiheit – vergleichen Sie dies bitte mit den fett gedruckten Worten am Schluss der Rede des letzten idealistischen Präsidenten der USA, der sich den *Illuminaten* nicht unterordnete und dafür mit seinem Leben bezahlte. Diesem großen Staatsmann möchte ich das Schlusswort zu diesem Buch überlassen.

---

[161] Damit ist »im Durchschnitt« gemeint. Selbstverständlich gibt es einige Frauen, die stärker, reaktionsschneller usw. sind als einige Männer. Im Durchschnitt gilt dies jedoch nicht.

2.8 Schlusswort

Geheimhaltung ist abstoßend in einer freien und offenen Gesellschaft. Als Volk haben wir eine natürliche und historische Abneigung gegen Geheimgesellschaften und Geheimbünde. Die Nachteile einer übermäßigen Geheimhaltung übersteigen die Gefahren, mit denen diese Geheimhaltung gerechtfertigt wird. Es macht keinen Sinn, einer unfreien Gesellschaft zu begegnen, indem man ihre Beschränkungen imitiert. Das Überleben unserer Nation hat keinen Wert, wenn unsere freiheitlichen Traditionen nicht ebenfalls fortbestehen.

Es gibt eine sehr ernste Gefahr, dass der Vorwand der Sicherheit missbraucht wird, um Zensur und Geheimhaltung auszudehnen*.*

Ich habe nicht die Absicht, so etwas zu dulden, sofern dies in meiner Kontrolle liegt, und kein Beamter meiner Administration, egal in welchem Rang, zivil oder militärisch, sollte meine Worte hier und heute Abend als eine Entschuldigung interpretieren, Nachrichten zu zensieren oder dezent zu unterdrücken, unsere Fehler zuzudecken oder der Presse und der Öffentlichkeit Tatsachen vorzuenthalten, die sie erfahren sollten.

Wir haben es mit einer monolithischen und ruchlosen weltweiten Verschwörung zu tun, die ihren Einfluss mit verdeckten Mitteln ausbreitet: mit Infiltration statt Invasion, mit Umsturz statt Wahlen, mit Einschüchterung statt Selbstbestimmung, mit Guerillakämpfern bei Nacht, statt Armeen am Tag. Es ist ein System, das mit gewaltigen menschlichen und materiellen Ressourcen eine komplexe und effiziente Maschinerie aufgebaut hat, die militärische, diplomatische, geheimdienstliche, wirtschaftliche, wissenschaftliche und politische Operationen verbindet.

Ihre Pläne werden nicht veröffentlicht, sondern verborgen, ihre Fehlschläge werden begraben, nicht publiziert, Andersdenkende werden nicht belobigt, sondern zum Schweigen

gebracht, keine Ausgabe wird in Frage gestellt, kein Gerücht wird gedruckt, kein Geheimnis enthüllt.

Kein Präsident sollte die öffentliche Untersuchung seines Regierungsprogramms fürchten, weil aus der genauen Kenntnis sowohl Unterstützung wie auch Opposition kommt, und beides ist notwendig. Ich bitte Ihre Zeitungen nicht, meine Regierung zu unterstützen, aber ich bitte Sie um Ihre Mithilfe bei der enormen Aufgabe, das amerikanische Volk zu informieren und zu alarmieren, weil ich vollstes Vertrauen in die Reaktion und das Engagement unserer Bürger habe, wenn sie über alles uneingeschränkt informiert werden.

Ich will die Kontroversen unter Ihren Lesern nicht ersticken, ich begrüße sie sogar. Meine Regierung wird auch offen zu ihren Fehlern stehen, weil ein kluger Mann einst sagte, Irrtümer werden erst zu Fehlern, wenn man sich weigert, sie zu korrigieren.

Wir haben die Absicht, volle Verantwortung für unsere Fehler zu übernehmen, und wir erwarten von Ihnen, dass Sie uns darauf hinweisen, wenn wir das versäumen. Ohne Debatte und Kritik kann keine Regierung und kein Land erfolgreich sein, und keine Republik kann überleben.

Deshalb verfügte der athenische (altgriechische) Gesetzgeber Solon, dass es ein Verbrechen für jeden Bürger sei, vor Meinungsverschiedenheiten zurückzuweichen, und genau deshalb wurde unsere Presse durch den ersten Verfassungszusatz besonders geschützt.

Die Pressefreiheit in Amerika wurde nicht durch einen speziellen Verfassungszusatz geschützt, um zu amüsieren und Leser zu gewinnen, nicht um das Triviale und Sentimentale zu fördern, nicht um dem Publikum immer das zu geben, was es gerade will, sondern um über Gefahren und Möglichkeiten zu informieren, um aufzurütteln und zu reflektieren, um unsere Krisen festzustellen und unsere Chancen aufzuzeigen, manchmal sogar die öffentliche Meinung zu führen, zu formen, zu bilden, herauszufordern. Das bedeutet mehr Berichte und Analysen von internationalen Ereignissen, denn das alles ist heute nicht mehr weit weg, sondern ganz in der Nähe und vor der Haustür.

Das bedeutet mehr Aufmerksamkeit und besseres Verständnis der Nachrichten sowie verbesserte Berichterstattung, und es bedeutet schließlich, dass die Regierung auf allen Ebenen ihre Verpflichtungen erfüllen muss, Sie mit unzensierten Informationen außerhalb der engen Grenzen der Staatssicherheit zu versorgen.

Und so liegt es in der Verantwortung der Printmedien, die Taten des Menschen aufzuzeichnen, sein Gewissen zu bewahren, der Bote seiner Nachrichten zu sein, damit wir die Kraft und den Beistand finden, auf dass mit Ihrer Hilfe der Mensch zu dem werde, wozu er geboren wurde: ***frei und unabhängig****.*

(John F. Kennedy, Präsident der USA 1961-1963, ermordet am 22. November 1963, Rede vor Zeitungsverlegern im Waldorf-Astoria in New York am 27. April 1961)

Literaturverzeichnis

Barker A.T., Jalinous R., Freeston I.L., *Non-invasive magnetic stimulation of human motor cortex*, Lancet 1, S. 1106-1107 (1985)

Berlitz, Charles, *Geheimnisse versunkener Welten*, Dt. Bücherbund, (1972)

Bulwer-Lytton, Edward, *The Coming Race*. Edinburgh (1871), Deutsche Version: Edward Bulwer-Lytton: *Das kommende Geschlecht*. Deutscher Taschenbuch-Verlag, München (1999)

Cases O., Seif I., Grimsby J., et al., *Aggressive behavior and altered amounts of brain serotonin and norepinephrine in mice lacking MAOA*, Science 268, Nr. 5218, (1995)

Caspi A., McClay J., Moffitt T.E., et al., *Role of genotype in the cycle of violence in maltreated children*, Science 297, Nr. 5582 (2002)

Dawkins, Richard, *Der entzauberte Regenbogen*, Rowohlt Taschenbuch Verlag, 2. Auflage (2007)

Dawkins, Richard, *Der Gotteswahn*, 4. Auflage, Ullstein Taschenbuch (2008)

Dutton, Kevin, *Psychopathen*, Deutscher TaschenbuchVerlag, 6. Auflage (2014)

Griffin, G. Edward, *Die Kreatur von Jekyll Island,* Kopp Verlag (2006)

Hüther, Gerald u. Weser, Inge, *Das Geheimnis der ersten neun Monate: Unsere frühesten Prägungen*, Beltz (2012)

Hüther, Gerald, *Was wir sind und was wir sein könnten*, 3. Auflage, Fischer (2013)

Kandel, Eric, *Auf der Suche nach dem Gedächtnis – Die Entstehung einer neuen Wissenschaft des Geistes*, Siedler Verlag (2006)

Kohl, Jürgen, *Staatsausgaben in Westeuropa: Analysen zur langfristigen Entwicklung der öffentlichen Finanzen,* Campus Verlag (1985)

Krüger, Anke, *Schuld oder Präjudizierung? Die Protokolle des Templerprozesses im Textvergleich (1307 – 1312).* In: *Historisches Jahrbuch.* Bd. 117 (1997)

Leslie, Desmond u. Adamski, George, *Flying Saucers have landed,* Werner Laurie (1953)

Nietzsche, Friedrich, *Jenseits von Gut und Böse: Zur Genealogie der Moral*, Anaconda (2006)

Nietzsche, Friedrich, *Der Antichrist: Versuch einer Kritik des Christentums*, Nikol (2008)

Orwell, George, *1984*, Diana Verlag (1950)

Pirinçci, Akif, *Deutschland von Sinnen*, Manuscriptum (2014)

Roth, Gerhard, *Fühlen, Denken, Handeln*, 1. Auflage, Surkamp (2003)

Salomon von, Julian, *Die Schlüssel der Offenbarung – Als Agent der Dritten Macht*, HJB Verlag (2014)

Schwabe, Klaus, *Quellen zum Friedensschluß von Versailles,* Wissenschaftliche Buchgesellschaft (1997)

Shenoy, Sudha, *A Note of Government Monopoly of Money in Theory and History*, in Hayek, F. A., *Choice in Currency*, Ludwig von Mises Institute (2011)

Taylor, Ken, *Kosmische Kultstätten der Welt: Von Stonehenge bis zu den Maya-Tempeln,* 1. Auflage, Franckh-Kosmos (2012)

Vanderlip, Frank, A., *From Farm Boy to Financier*, D. Appleton-Century Company (1935)

Wühle, Matthias, *Geld- und Währungspolitik der Reichsbank 1875 – 1914: Der Transformationsprozess der deutschen Geldverfassung*, Peter Lang (2011)

Newsletter

Wenn Sie mehrmals jährlich kostenlos per E-Mail
Infos zu unseren Neuerscheinungen
in der Reihe *Alternative Realität*
erhalten möchten,
abonnieren Sie bitte unseren Newsletter.
Dazu müssen Sie nur auf der Seite

www.alternative-realitaet.de

Ihre E-Mail-Adresse angeben und auf *Senden* klicken.
Natürlich können Sie den Newsletter
jederzeit wieder abbestellen.

Auf der gleichen Internetseite
finden Sie übrigens einen aktuellen News-Ticker.